QUEREMOS QUE SEAS RICO

QUEREMOS

QUE SEAS

RICO

DOS HOMBRES • UN MENSAJE

DONALD J.
TRUMP

MEREDITH MCIVER

ROBERT T.
KIYOSAKI

SHARON LECHTER

AGUILAR

Título original: *Why We Want You to Be Rich*
Publicado originalmente por TecchPress Inc.
Copyright © 2006, Donald J. Trump y Robert T. Kiyosaki
De esta edición:
D. R. © Santillana Ediciones Generales S.A. de C.V., 2007.
Av. Universidad 767, Col. del Valle
México, 03100, D.F. Teléfono (55) 54207530
www.editorialaguilar.com.mx

Argentina
Av. Leandro N. Alem, 720
C1001AAP Buenos Aires
Tel. (54 114) 119 50 00
Fax (54 114) 912 74 40
Bolivia
Av. Arce, 2333
La Paz
Tel. (591 2) 44 11 22
Fax (591 2) 44 22 0
Colombia
Calle 80, n°10-23
Bogotá
Tel. (57 1) 635 12 00
Fax (57 1) 236 93 82
Costa Rica
La Uruca
Del Edificio de Aviación
Civil 200 m al Oeste
San José de Costa Rica
Tel. (506) 220 42 42 y
220 47 70
Fax (506) 220 13 20
Chile
Dr. Aníbal Ariztía, 1444
Providencia
Santiago de Chile
Tel. (56 2) 384 30 00
Fax (56 2) 384 30 60

Ecuador
Av. Eloy Alfaro, N33-347 y Av. 6
de Diciembre
Quito
Tel. (593 2) 244 66 56 y 244
21 54
Fax (593 2) 244 87 91
El Salvador
Siemens, 51
Zona Industrial Santa Elena
Antiguo Cuscatlan - La Libertad
Tel. (503) 2 505 89 y 2 289 89 20
Fax (503) 2 278 60 66
España
Torrelaguna, 60
28043 Madrid
Tel. (34 91) 744 90 60
Fax (34 91) 744 92 24
Estados Unidos
2105 NW 86th Avenue
Doral, FL 33122
Tel. (1 305) 591 95 22 y 591
22 32
Fax (1 305) 591 91 45
Guatemala
7ª avenida, 11-11
Zona n° 9
Guatemala CA
Tel. (502) 24 29 43 00
Fax (502) 24 29 43 43

Honduras
Colonia Tepeyac Con-
tigua a Banco Cuscatlan
Boulevard Juan Pablo,
frente al Templo Adven-
tista 7° Día, Casa 1626
Tegucigalpa
Tel. (504) 239 98 84
México
Av. Universidad, 767
Colonia del Valle
03100 México DF
Tel. (52 5) 554 20 75 30
Fax (52 5) 556 01 10 67
Panamá
Av. Juan Pablo II, n° 15.
Apartado Postal 863199,
zona 7
Urbanización Industrial
La Locería - Ciudad de
Panamá
Tel. (507) 260 09 45
Paraguay
Av. Venezuela, 276
Entre Mariscal López y
España
Asunción
Tel. y fax (595 21) 213
294 y 214 983

Perú
Av. San Felipe, 731
Jesús María
Lima
Tel. (51 1) 218 10 14
Fax. (51 1) 463 39 86
Puerto Rico
Av. Rooselvelt, 1506
Guaynabo 00968
Puerto Rico
Tel. (1 787) 781 98 00
Fax (1 787) 782 61 49
República Dominicana
Juan Sánchez Ramírez, n° 9
Gazcue
Santo Domingo RD
Tel. (1809) 682 13 82 y
221 08 70
Fax (1809) 689 10 22
Uruguay
Constitución, 1889
11800 Montevideo
Uruguay
Tel. (598 2) 402 73 42 y
402 72 71
Fax (598 2) 401 51 86
Venezuela
Av. Rómulo Gallegos
Edificio Zulia, 1°. Sector
Monte Cristo. Boleita Norte
Caracas
Tel. (58 212) 235 30 33
Fax (58 212) 239 10 51

Primera edición: marzo de 2007
Primera reimpresión: marzo de 2007
ISBN: 978-970-770-817-4 (rústica)
ISBN: 978-970-770-410-7 (pasta dura)
Traducción y diseño de interiores: Gerardo Hernández Clark
Adaptación de cubierta: Antonio Ruano Gómez

DEDICAMOS ESTE LIBRO
A WILLIAM ZANKER Y A THE LEARNING ANNEX,
Y CELEBRAMOS SU COMPROMISO
CON LA EDUCACIÓN FINANCIERA.

Donald J. Trump

Robert T. Kiyosaki

ÍNDICE

Parte 3.   Momentos cruciales: más allá de ganar o perder   209

Parte 4.   ¿Qué harías si estuvieras en mis zapatos?   287

QUEREMOS QUE SEAS RICO

*Los ricos son cada vez más ricos pero, ¿qué hay de ti?
La clase media está desapareciendo, y una clase media en reducción
es una amenaza para la estabilidad de Estados Unidos y para la
democracia en el mundo. Queremos que seas rico para que seas parte
de la solución y no parte del problema.*

DONALD J. TRUMP Y ROBERT T. KIYOSAKI

Donald J. Trump y Robert T. Kiyosaki

Donald Trump y Robert Kiyosaki están preocupados. Les alarma que los ricos son cada vez más ricos y Estados Unidos es cada vez más pobre. Al igual que las capas de hielo en los polos, la clase media está desapareciendo. Estados Unidos está convirtiéndose en una sociedad dividida en dos clases. Pronto serás rico o pobre, Donald y Robert quieren que seas rico.

Este fenómeno —la desaparición de la clase media— es un problema global, pero sucede sobre todo en los países ricos del Grupo de los Ocho (Inglaterra, Francia, Alemania, Japón, entre otros).

Alan Greenspan, ex presidente de la Junta de la Reserva Federal de Estados Unidos, afirmó: "Como he dicho frecuentemente, ésta no es la clase de problema que una sociedad democrática —capitalista— pueda admitir sin tomar cartas en el asunto". Asimismo, explicó que la brecha entre los ingresos de los ricos y el resto de la población estadounidense es tan grande, y crece a tal velocidad, que puede poner en riesgo la estabilidad del capitalismo democrático.

El problema es la educación

¿Cuál es la causa principal del problema, según el presidente de la Junta de la Reserva Federal de Estados Unidos? En pocas palabras, la falta de educación. Greenspan señala que los niños estadounidenses superan el promedio mundial hacia el cuarto grado, pero para el decimosegundo están muy rezagados: "Debemos hacer algo para evitar que esto ocurra".

Donald Trump y Robert Kiyosaki también culpan a las deficiencias educativas, pero se concentran en otra clase de educación: la financiera. Ambos están muy preocupados por la ausencia de educación financiera de calidad en Estados Unidos, en cualquier nivel. Ambos culpan a la falta de educación financiera de que Estados Unidos haya pasado de ser el país más rico del mundo al más endeudado de la historia, y con tanta rapidez. La debilidad de la economía estadounidense y del dólar (la divisa utilizada como reserva mundialmente) no favorecen en nada la estabilidad mundial. Como suele decirse en otras partes del mundo: "Cuando Estados Unidos estornuda, el mundo pesca un resfriado".

Los dos son maestros

Donald Trump y Robert Kiyosaki son empresarios e inversionistas exitosos; hacen negocios y cuentan con reconocimiento internacional. También son maestros. Ambos son autores de *bestsellers*, diseñan juegos de mesa educativos, pronuncian conferencias en encuentros relacionados con la educación financiera y protagonizan programas de televisión educativos. Donald Trump tiene su exitosísima serie *El aprendiz*, y Robert Kiyosaki el programa *Rich's Dad Guide to Wealth* en PBS, reconocida cadena educativa de la televisión pública.

Ambos son maestros no porque necesitaran más dinero; lo son porque les preocupa tu destino y el de tu familia, del país y del mundo.

Los ricos que quieren mejorar las cosas suelen donar dinero a causas en las que creen, pero Donald y Robert ofrecen su tiempo además de dinero. Como afirma el dicho: "Da a una persona un pescado y lo alimentarás un día; enséñale a pescar y lo alimentarás toda su vida". En vez de sólo firmar cheques para ayudar a los pobres y a la clase media, Donald y Robert les enseñan a pescar. Además, un porcentaje de la venta de cada libro será donado a otras organizaciones que promueven la educación financiera.

Consejo final

Hay tres clases de consejos financieros: para los pobres, para la clase media y para los ricos. El consejo financiero para los pobres es que el gobierno se hará cargo de ellos. Los pobres cuentan con la seguridad social y Medicare.* El consejo financiero para la clase media es: obtén un empleo, trabaja duro, gasta lo menos posible, ahorra, invierte para el futuro en fondos de inversión y diversifica. La mayoría de las personas de la clase media son inversionistas pasivos: inversionistas que trabajan e invierten para no perder. Los ricos son inversionistas activos que trabajan e invierten para ganar. Este libro te enseñará a ser un inversionista activo, a desarrollar tus recursos para vivir una vida maravillosa trabajando e invirtiendo para ganar.

Donald Trump y Robert Kiyosaki son autores de *bestsellers* y reconocidos conferencistas porque enseñan a las personas a desarrollar sus habilidades, aprovechar sus recursos y mejorar su calidad de vida. Ellos no quieren que las personas trabajen duro y eviten los lujos; quieren que trabajen e inviertan para ganar.

Un poco de historia

Durante la era de caza y recolección en la evolución humana, las personas vivían en tribus y, en general, todos eran iguales. Aun el jefe de la tribu vivía de manera similar al resto: no contaban con aviones Lear, propiedades multimillonarias ni indemnizaciones por despido.

En la era agrícola, se conformó una sociedad dividida en dos clases: el rey y sus amigos ricos en una, y todos los demás (los campesinos que trabajaban para el rey) en la otra. Por lo general, el rey era due-

---

* Sistema de salud pública estadounidense. (*N. del E.*)

ño de la tierra. Los campesinos la trabajaban y pagaban al rey una especie de impuesto dándole una parte de sus cosechas. No tenían propiedades: la realeza poseía todo.

En la era industrial, nació en Estados Unidos la clase media moderna, así como la democracia.

Los padres fundadores de Estados Unidos quedaron tan impresionados por las cinco tribus de la Confederación de Iroquois, —que habitaba en la actual Nueva Inglaterra—, que adoptaron la organización tribal como modelo para nuestra democracia. Dicha organización contemplaba la elección de representantes, de cámaras alta y baja, y de una suprema corte (conformada exclusivamente por mujeres).

Mientras los fundadores de Estados Unidos imitaban la democracia de los iroquois, y florecía una poderosa clase media y la sociedad democrática, en Europa las ideas de democracia y clase media se consideraban utópicas.

Actualmente, en la era de la información, la clase media y el capitalismo democrático están muriendo. A diferencia de otras épocas, hoy existe una brecha enorme y creciente entre ricos y pobres. ¿Volveremos a la era agraria, en la que no había democracia y sólo existían dos clases, o evolucionaremos a una nueva forma de capitalismo y democracia?

Se avecinan problemas

Así como apenas hemos tomado conciencia de los efectos del calentamiento global, sólo ahora reparamos en los efectos de la desaparición de la clase media. Actualmente, la mayoría de clasemedieros se sienten seguros y satisfechos; no ven que se avecinan problemas.

Se sienten seguros porque creen que su gobierno se hará cargo de ellos; no se dan cuenta de que no hay mucho que éste pueda hacer para protegerlos. Los gobiernos, incluso el estadounidense, no pueden proteger a sus pueblos como en otro tiempo sencillamente porque ahora los problemas son *globales*. Por ejemplo, el precio del petróleo depende de países en los que Estados Unidos no tiene injerencia. El terrorismo no es una pugna contra naciones, sino contra las ideas. Un terrorista puede atacar en cualquier lugar y desaparecer entre la gente. Y la globalización, que provoca la pérdida de tantos empleos en Estados Unidos, es un problema generado porque ciertas empresas multinacionales están volviéndose más ricas y poderosas que muchos países. A la globalización también ha contribuido internet, que permite la comunicación instantánea con cualquier lugar del mundo en el momento que se desee.

En el ámbito nacional, así como los ambientalistas han notado la extinción de ciertas especies de animales como la rana, los economistas observan la desaparición de las pensiones y los servicios médicos para las clases media y baja. En pocos años, la generación nacida durante la mayor explosión demográfica de la historia, la de la posguerra, empezará a jubilarse, y la mayoría de los gobiernos no tiene recursos económicos para cumplir sus promesas y satisfacer sus necesidades.

Hombres de negocios, no políticos

Las personas esperan que los funcionarios de gobierno que han elegido, resuelvan los crecientes problemas que afectan a las clases media y baja. Donald Trump y Robert Kiyosaki no son políticos (aunque hay un importante movimiento en favor de la candidatura presidencial de Donald); ellos escriben este libro en su calidad de empresarios, inversionistas y educadores.

Ellos no prometen resolver tus problemas; lo que pretenden es que no te vuelvas víctima y los superes. No esperes que los políticos y funcionarios de gobierno ofrezcan soluciones. No pienses que *tienes derecho* a una vida segura, próspera y saludable. Donald y Robert desean que seas rico y contribuyas a la solución de los problemas que enfrentan nuestro país y el mundo.

Este libro no es un manual

Cuando de dinero se trata, muchas personas quieren que se les diga qué hacer exactamente; suelen formular preguntas específicas como: "Tengo 25 mil dólares, ¿qué debo hacer con ellos?" Si dices a una persona que no sabes qué hacer con tu dinero, estará encantada de decírtelo: te dirá que se lo des a ella.

Este libro no es un manual. Donald y Robert no te dirán en qué invertir; te dirán qué piensan, cómo obtienen ganancias y cuál es su perspectiva del mundo del dinero, los negocios y las inversiones.

Un asunto de visión

La mayoría de los millonarios no quieren que sepas lo que saben, ni sus secretos para ser ricos, pero Donald y Robert son diferentes: ellos desean compartir sus conocimientos contigo.

Una de las características del liderazgo es la visión. Este libro trata sobre la visión; su objetivo es que veas lo que la mayoría no ve, a través de los ojos de dos hombres que han ganado (y ocasionalmente perdido) en el juego del dinero. *Queremos que seas rico* trata sobre cómo piensan estos hombres y por qué. A través de sus ojos obtendrás información para mejorar tu futuro financiero.

Una advertencia

En el mundo del dinero hay otra palabra que se utiliza frecuentemente: *transparencia*. Transparencia tiene muchas acepciones, pero tres son pertinentes en este libro:

1. Franqueza, sinceridad.
2. Algo tan fino que se puede ver a través de él.
3. Claro, evidente.

Las personas desean mayor visión para ver por sí mismas y tomar sus propias decisiones. Debido a que nuestro sistema educativo no imparte educación financiera, las personas no pueden ver. Si no pueden ver, no hay transparencia. Debido a la falta de visión y transparencia, la persona que quiere invertir da su dinero para que otro lo invierta. Siguen ciegamente el consejo de trabajar duro, ahorrar, invertir para el futuro en fondos de inversión y diversificar. Trabajan duro y siguen este consejo porque no pueden ver.

Una advertencia: si crees que trabajar duro, ahorrar, invertir para el futuro en fondos de inversión y diversificar es un buen consejo, quizá este libro no sea para ti.

Donald y Robert no invierten en fondos de inversión porque a las compañías que los manejan no se les exige transparencia; no están obligadas a revelar sus gastos reales, y como la mayoría de los inversionistas *amateurs* no pueden ver, esto no les preocupa. Los inversionistas profesionales como Donald y Robert exigen transparencia en todas sus inversiones.

Aunque el consejo de ahorrar e invertir en fondos de inversión puede ser adecuado para las clases media y baja, no lo es para quienes desean ser ricos. Este libro te permitirá ver a través de los ojos de dos millonarios y observar un mundo al que pocos tienen acceso.

Cómo influye la historia en el momento actual

Este libro también examina la manera en que la historia ha provocado esta situación de emergencia financiera. Algunas fechas importantes:

1971. Nuestro dinero dejó de ser dinero y se convirtió en medio de cambio al perder el respaldo del oro. En este año, el ahorro se volvió una idea obsoleta y un mal consejo financiero. Actualmente, la clase media tiene muy poco en ahorros. *¿Se debe a que saben que el ahorro es una idea obsoleta?*

1973. Año de la primera crisis petrolera. Fue un problema político. Sin embargo, la crisis petrolera actual es un problema económico, de oferta y demanda, que nos afectará a todos. Algunos nos haremos más ricos, pero la mayoría seremos más pobres como resultado de la escasez de este recurso. *¿Cómo te afectará la crisis petrolera actual?*

1974. Se aprueba en Estados Unidos la Ley de Seguridad de Ingreso para el Empleado Retirado (er isa, por sus siglas en inglés). Con el tiempo, er isa se convirtió en lo que hoy conocemos como planes 401(k). Pocos cambios legislativos han impactado a tantas personas como éste. El 401(k) era originalmente una oscura fracción del régimen tributario estadounidense, creada para gerentes y ejecutivos de altos ingresos que buscaban la manera de ahorrar algunos dólares más. Luego de que el Departamento del Tesoro estadounidense determinó, en 1981, que todos los trabajadores podían usarlo, se convirtió en una revolución en cuanto al ahorro para el retiro. El problema es que el 401(k) es un plan de ahorro, no un plan para el retiro. Muchos trabajadores que tienen 401(k) no tendrán suficiente dinero para jubilarse simplemente porque el 401(k) fue diseñado para ejecutivos de muy altos ingresos, no para trabajadores de salarios modestos. En pocas palabras, el plan de ahorro 401(k) no es adecuado para 80 por ciento de los trabajadores, en especial para quienes ganan menos de 150 mil dólares al año. Millones de trabajadores clasemedieros descenderán a la clase baja a pesar de contar con el plan 401(k). *¿Tienes un plan 401(k)?*

1989. Cae el Muro de Berlín y se constituye la red informática mundial. En otras palabras, fracasa el comunismo, un sistema económico diseñado para proteger a los trabajadores, y el mismo año entramos en la era de la información. De un día para otro muchos jóvenes se hicieron millonarios y multimillonarios gracias a internet, mientras los trabajadores de la generación *baby-boom* * perdían sus empleos.

Muchos empleados mayores deben trabajar para otros más jóvenes porque sus conocimientos técnicos no están actualizados. En vez de recibir aumentos de sueldo, como en la era industrial, son despedidos porque sus conocimientos son obsoletos. *¿Tus conocimientos son obsoletos?*

1996. Se aprueba la Ley de Reforma de las Telecomunicaciones, la cual permitió que el mundo se conectara a través de cables de

---

* Conjunto de personas nacidas en Estados Unidos durante la explosión demográfica que siguió a la Segunda Guerra Mundial. (*N. del T.*)

fibra óptica y facilitó la globalización. Debido a esto, los trabajos de oficina pudieron exportarse; ahora conviene contratar programadores, médicos, abogados y contadores en países donde los honorarios por estos servicios son más bajos, debido al menor costo de la vida. *¿Trabajas en un campo que puede ser transformado por la fibra óptica?*

2001. China fue admitida en la Organización Mundial de Comercio (omc). En la actualidad, Estados Unidos y muchos otros países occidentales (los del Grupo de los Ocho entre ellos) son más consumidores que productores. Esto provoca un grave desequilibrio en la balanza comercial, y está acabando con nuestras fábricas.

Muchos negocios pequeños no pueden competir con compañías como Wal-Mart, que trabaja directamente con fábricas chinas.

Hoy, la clase media de Estados Unidos y otros países occidentales está desapareciendo, mientras las de China e India crecen. *¿Consumes productos fabricados en el extranjero?*

2004. Durante los debates sostenidos por Kerry y Bush, se habló de la pérdida de empleos en Estados Unidos a causa de la subcontratación en el extranjero, pero hay un problema más grave que ambos candidatos evadieron: el monto de la deuda externa estadounidense.

Se discute mucho acerca de los inmigrantes ilegales en nuestra fuerza de trabajo, pero hay un problema migratorio más grave del que no se habla: el monto de capital extranjero que sostiene a Estados Unidos a flote. En 2004, 44 por ciento de la deuda pública pertenecía a extranjeros. Ningún país importante había incurrido jamás en un nivel similar de deuda externa. Estados Unidos no tiene fondos para pagarla, y el monto de deuda que el mundo puede tolerar tiene un límite. *¿Puedes pagar tus deudas personales?*

Éste no es un libro político; aquí no se culpará a republicanos, demócratas, liberales ni conservadores. Este libro trata sobre el dinero, la educación financiera y las consecuencias de la falta de educación financiera y de gestión del dinero. Trata sobre cómo protegerte de la mala administración del dinero en el país. Los problemas actuales rebasan la capacidad gubernamental para enfrentarlos. Tal vez por eso nuestros políticos evitan hablar de los verdaderos problemas.

Estados Unidos tiene el nivel de vida más alto del mundo, pero para alcanzarlo nos hemos convertido en el país más endeudado del planeta. El dólar estadounidense es la moneda utilizada como reserva a nivel mundial y, hasta ahora, el mundo nos ha permitido imprimir cuantos dólares hemos querido. ¿Se trata de un cuento de hadas o de una pesadilla? Donald y Robert no creen que esta fantasía dure mucho; creen que está próxima una corrección a gran escala. Por desgracia, las clases media y baja serán las más afectadas. Por eso quieren que seas rico.

No es un libro para cambiar al mundo

Este libro no trata sobre cómo cambiar el mundo, sino sobre lo que debe cambiar en ti para que no seas víctima de un mundo en transformación. El mundo cambia rápidamente. Los políticos y la burocracia gubernamental no se transforman con la rapidez necesaria para proteger a los ciudadanos de estos cambios.

Hace poco se anunció que Bill Gates y Warren Buffett se unieron para resolver algunos de los problemas más apremiantes del mundo. Esto es encomiable, pues el dinero puede resolver muchas de nuestras dificultades, como el hambre, la vivienda y, con suerte, enfermedades (como el cáncer y el sida).

El dinero no puede resolver la pobreza

El único problema que el dinero no puede resolver es la pobreza. La pobreza tiene muchas causas, y una de ellas es la falta de educación financiera. Intentar resolver la pobreza con dinero, sólo provoca que haya más personas pobres y que los pobres continúen como están. Por eso Donald y Robert son maestros: saben que la verdadera solución a la pobreza mundial es la educación financiera, no el dinero. Si el dinero pudiera resolver la pobreza, donarían el suyo. Pero como no es así, donan su tiempo y conocimientos. Además, una parte de las ganancias generadas por este libro serán donadas a organizaciones no lucrativas que imparten educación financiera.

Conforme tu educación financiera aumente reconocerás oportunidades por todas partes. Una vez que seas rico, tal vez decidas también ayudar a cambiar el mundo. Es lo que Donald Trump y Robert Kiyosaki han elegido, por ello han unido sus fuerzas para compartir contigo lo que saben.

En este libro escucharás las voces de dos hombres con antecedentes, perspectivas y voces diferentes. Robert es un narrador y utiliza frecuentemente el diálogo en su escritura. Donald es directo y conciso: utiliza el menor número de palabras posible.

¿Eres capaz de leer este libro con la mente abierta? Si es así, verás a través de los ojos de estos hombres exitosos, y expandirás tu concepción del dinero y de lo que puede ser tu futuro financiero.

Por tu futuro de libertad financiera,

SHARON LECHTER

Donald J. Trump y Robert T. Kiyosaki

Sí, creamos una república casi perfecta pero, ¿serán ellos capaces de mantenerla, o en su regodearse en la opulencia se olvidarán de la libertad? La abundancia material sin carácter es el camino seguro a la destrucción. En verdad temo por mi país cuando reconozco que Dios es justo.

THOMAS JEFFERSON

Una parte de las ganancias generadas por este libro será donada a organizaciones no lucrativas que apoyan la educación financiera.

POR QUÉ DONALD TRUMP Y ROBERT KIYOSAKI ESCRIBIERON ESTE LIBRO

Por muchas razones, era casi imposible que Donald Trump y Robert Kiyosaki se conocieran y escribieran un libro en coautoría. Donald Trump es de Nueva York (la capital financiera del mundo), proviene de una familia rica y es un millonario que empezó a ganar dinero a corta edad. Robert Kiyosaki creció en Hawai (la capital turística del mundo), proviene de una familia de clase media y se hizo millonario en una etapa muy posterior de su vida.

Aunque ambos son libres financieramente y ya no *tienen* que trabajar, han decidido hacerlo más duro que nunca. Aunque no se mueven en los mismos círculos, hay algo que los une: tienen las mismas preocupaciones.

Donald y Robert venden millones de sus libros en todo el mundo, y cada uno pudo escribir otro *bestseller* por su cuenta. ¿Por qué decidieron hacerlo juntos? Seguramente has visto muchas veces sus libros en librerías. Quizá los compraste, quizá no, pero, ¿no te parece extraño que estas dos superestrellas se unieran para escribir un libro? ¡Tal vez lo hacen para llamar tu atención! Así de importante es.

La Parte uno de este libro contiene los recuerdos de Donald y Robert sobre cómo se conocieron y por qué decidieron realizar este proyecto.

Capítulo 1

UN MILLONARIO CONOCE A UN MULTIMILLONARIO

El recuento de Robert

Chicago, 6 de noviembre de 2005

Domingo por la tarde. Decenas de miles de personas asisten a una gran exposición de bienes raíces organizada por The Learning Annex en Chicago. El centro de convenciones está lleno de exhibidores, anuncios de inversiones y oportunidades para enriquecerse. En aulas más pequeñas, los instructores comparten su conocimiento y sabiduría sobre cómo los asistentes pueden amasar sus propias fortunas. El cavernoso centro está inundado de un rumor contagioso. Todos están emocionados por lo que aprenden y por cómo pueden cambiar su destino financiero.

Tras bambalinas, en la enorme sala donde trabajan los equipos de producción, se siente una emoción distinta, silenciosa, eléctrica. Una limusina larga y negra se detiene y las personas comienzan a murmurar: "¡Ya está aquí! ¡Ya llegó Donald Trump!"

Yo estoy con mi compañera y coautora, Sharon Lechter, en el salón verde, una habitación privada donde los conferencistas principales esperan antes de subir al escenario, por lo que no presencio la llegada de la limusina. Pero cuando veo a dos policías cruzar la puerta del salón verde, descubro que Donald Trump está a punto de entrar. Salgo apresuradamente para abrirles paso a él y a su comitiva.

Desde fuera del salón verde observo una figura alta e imponente bajar de la limusina. No puede ser otro que Donald Trump, cuya silueta es conocida en todo el mundo gracias al programa *El aprendiz*. Los afortunados que contábamos con pases para estar tras bambalinas, formamos espontáneamente dos filas. Como si hubiera sido preparado, Donald Trump camina entre las dos hileras de admiradores, sonriendo y asintiendo con la cabeza. Es un saludo reservado para la realeza y jefes de estado. Si hubiéramos estado en Hollywood, habría alfombra roja.

Bill Zanker, fundador y presidente de The Learning Annex, recibe a Donald, lo conduce al salón verde y cierra la puerta.

"¡Dios mío!", dice asombrada una joven. "¡Es más imponente en la vida real!" "¡No puedo creer lo alto que es!", dice una más. "¿Viste su cabello?", pregunta otra. Casi todos los hombres del grupo permanecemos en silencio.

La puerta del salón verde se abre de repente. Quienes alcanzan a mirar dentro ven a Donald hablar con los reporteros. Bill Zanker sale y se me acerca. "¿Estás listo para presentar a Donald?", me pregunta. "El Robert Kiyosaki de Padre Rico presentando a Donald. El público está encantado."

Donald Trump sale del salón verde y se dirige a donde Bill y yo estamos. Luego de unas palabras en privado con Bill, Donald voltea hacia mí y dice:

—Hola de nuevo. ¿Tú me vas a presentar?

Yo asiento con la cabeza.

—Genial. Veo que sigues en la lista de *bestsellers* de *The New York Times*. Es impresionante.

Luego, bajando la voz un poco, me dice:

—Quiero hablar contigo de algo. ¿Tienes tiempo ahora?

—Por supuesto.

—Tú eres el autor número uno en finanzas personales, y yo soy el autor número uno en negocios. Deberíamos escribir un libro juntos. ¿Qué te parece?

Atónito por la oferta, me quedo sin habla.

—Es una gran idea —dice Bill Zanker llenando el vacío creado por mi silencio—. Definitivamente sería un *bestseller*.

Finalmente me repongo y, débilmente, contesto:

—Gran idea. Hagámoslo.

Sé que Donald no acostumbra dar la mano, así que le extiendo la mía para comprobar si habla en serio acerca del libro. Así es, y nos damos la mano. Entonces, Donald voltea hacia Keith, su imponente guardaespaldas, y le dice: "Dale a Robert mi tarjeta".

De repente, Keith, el guardaespaldas de 1.90 metros de altura, deja de ser una figura intimidante, sonríe, saca un tarjetero de oro y me extiende una tarjeta de presentación de Donald Trump.

—Llámame la próxima vez que vayas a Nueva York y armamos el libro. Te presentaré a Meredith. Ella nos ayudará en el proyecto.

En ese momento presento a Donald y Sharon y, una vez más, nos damos la mano.

Es hora del espectáculo; me doy la vuelta y me dirijo al escenario del salón principal, donde más de 24 mil admiradores de Chicago esperan a Donald Trump. Tan pronto termino mi breve presentación, empieza a escucharse el tema del exitosísimo programa *El aprendiz*; miles de globos dorados caen del techo, y la multitud estalla en aplausos mientras Donald Trump sube al escenario.

El largo regreso a casa

En el viaje de regreso de Chicago a Phoenix empiezo a asimilar la realidad de aquel apretón de manos. "¿Quién soy yo para escribir un libro con Donald Trump?", me preguntaba una y otra vez. "¿Y de qué vamos a escribir?"

—¿Gusta una manta? —me pregunta la azafata sacándome bruscamente de mi confusión.

—No, gracias —respondo con una sonrisa.

Tan pronto se fue la azafata, surgió una idea en mi cabeza: "Podríamos escribir sobre bienes raíces".

Con ese pensamiento respingó mi crítico interno, quien me había torturado desde que me propusieron la idea del libro. El crítico preguntaba cínicamente: "¿Tú y Donald Trump escribiendo un libro sobre bienes raíces? En el mundo de bienes raíces, Donald Trump está en las ligas mayores y tú en las menores. Él construye rascacielos en Nueva York; ¿qué tienes tú? Algunos edificios residenciales, unas cuantas construcciones comerciales de pocos pisos y algunas tierras. Además, él es multimillonario y tú sólo millonario".

Hasta ese momento me sentía bastante satisfecho con lo que había alcanzado en mi vida, pero al considerar escribir un libro con Donald Trump, mis éxitos y logros me parecieron pequeños e intrascendentes. En vez de sentirme honrado porque Donald Trump me había pedido escribir un libro con él, me sentía miserable. "¿De qué podríamos escribir?", me preguntaba incesantemente mientras el avión volaba de Chicago a Phoenix.

Dos largas semanas

Aunque Donald me pidió llamar a Meredith McIver, quien él quería que coordinara el libro, no lo hice de inmediato. Finalmente, al cabo de dos semanas, Bill Zanker llamó desde Nueva York y me preguntó:

—¿Ya hablaste con Donald?

—No.

—¿Por qué?

—Por "gallina" —le contesté imitando los sonidos de esa ave—. Además, ¿de qué vamos a escribir? Los dos somos empresarios y los dos invertimos en bienes raíces, pero sus estados financieros tienen bastantes más ceros que los míos.

—Oh, por favor —dijo Bill—. Has vendido más de 26 millones de ejemplares de tus libros. Te conocen en todo el mundo. Has estado en la lista de *bestsellers* de *The New York Times* cinco años. ¡Cinco años! Sólo otros tres libros han durado tanto. No te subestimes. Ambos venden millones de ejemplares.

—Sí —respondí tímidamente—, pero aun así, él tiene más ceros y más comas. Sus edificios son más altos. Tiene un programa de éxito en la hora de mayor audiencia. Ambos jugamos golf, pero él es dueño de los campos. ¿De qué vamos a escribir?

—Robert, sólo llama a Meredith y lo descubrirás —dijo amablemente Bill—. Sólo háblale. Está esperando tu llamada. Márcale ahora.

—Está bien, está bien —respondí—. La llamaré ahora.

Y antes de que perdiera el valor, colgué con Bill y marqué el número de Meredith.

—Hola, estás hablando con Meredith McIver.

Así nació este libro.

La sala de juntas

12 de diciembre de 2005

Fui a Nueva York parar grabar un programa de televisión para la PBS y para una cita con Yahoo! Finance. Como iba a viajar a Nueva York de todos modos, Meredith y yo acordamos reunirnos para buscar el tema perfecto para el libro. El 12 de diciembre, mi esposa Kim y yo tomamos un taxi hacia la oficina de Donald Trump, y no sólo a su oficina: a su edificio de oficinas.

Quienes han visto *El aprendiz* estarán familiarizados con el recibidor dorado de la Torre Trump en la famosa Quinta Avenida de Nueva York. Parado en la acera como un pueblerino, me incliné hacia atrás mientras mi vista trepaba a las alturas, piso tras piso, hasta que mis ojos alcanzaron finalmente el punto donde el edificio y el cielo se encuentran. La Torre Trump es, sin lugar a dudas, mucho más grande que cualquiera de los edificios que Kim y yo poseemos. Aunque había pasado frente a ella muchas veces, me parecía mucho más alta ahora que iba a entrar para reunirme con Donald Trump en persona.

Estar en la Quinta Avenida me trajo muchos recuerdos. Recordé haber alzado la vista para ver edificios como éste la primera vez que estuve en Nueva York, para iniciar cursos en la Merchant Marine Academy, en 1965. Yo era un humilde y joven hawaiano que visitaba por vez primera la gran ciudad, y no se me hubiera permitido entrar en edificios como éste. En aquella época estaba de moda la película *El graduado,* y mis amigos y yo rondábamos la zona con la esperanza de encontrar a nuestra señora Robinson.

Ahí estaba yo, 40 años después, invitado por Donald Trump a su oficina y a su edificio. En ese instante hice un importante recuento de mi vida.

La mayoría de las personas me considera muy exitoso; he ganado y perdido millones de dólares siguiendo los principios que comparto en los libros de la serie Padre Rico. Pero estando ahí, frente a la Torre Trump, descubrí de golpe cuán lejos había llegado. Fue un sentimiento increíble.

Recordé una de las frases favoritas de Donald: "¡Piensa en grande!" Por el simple hecho de estar parado frente a ese edificio, me di cuenta de que mi pensamiento era mucho más grande ese día que cuando fui a Nueva York por vez primera. "¡Vaya!", dije en voz alta. Kim simplemente apretó mi mano.

Respiré profundo y entré con Kim a la Torre Trump. Nos dirigimos a los elevadores, donde nos abordaron unos guardias de seguridad. Una vez registrados, entramos al elevador y subimos a uno de los pisos más altos, donde Donald dirige su imperio.

Si has visto *El aprendiz,* estás familiarizado con la entrada a la oficina del señor Trump, y con la atractiva recepcionista que cuida la puerta. (Un dato para los curiosos: Donald mandó construir una réplica de su oficina unos pisos abajo de la oficina real, para el programa de televisión. En vez de entrar a su auténtica sala de juntas, baja por el elevador y entra a la réplica.) Aunque yo había visto el programa muchas veces, nunca, y quiero decir nunca, pensé que un día yo entraría al mundo de Donald Trump.

Fue una experiencia extraña sentir que estaba en el *set* del programa. Mi mente viajaba una y otra vez del programa de televisión a la vida real, y viceversa.

Quien nos recibió primero, una vez que la recepcionista nos invitó a sentarnos, fue Keith, el enorme guardaespaldas de Donald Trump. Cuando nos vio, nos saludó calurosamente, como si fuéramos viejos amigos. Se sentó junto a nosotros y nos hizo sentir en casa. Me sorprendió cuán simpático fue al hablarnos de su ocupación anterior, detective en Nueva York, y su trabajo actual como guardaespaldas personal de Donald. Estuvo con nosotros, nos ofreció agua y nos hizo compañía hasta que la puerta de la oficina principal se abrió y entró Meredith.

Meredith es la clásica joven ejecutiva de la ciudad de Nueva York: una atractiva mujer que podría sentirse en casa en Londres, París, Sydney, Tokio, Toronto o Pekín. Extendió la mano y nos sonrió cálidamente diciendo: "Me da mucho gusto conocerlos al fin".

Luego de agradecer a Keith su amabilidad, Kim y yo seguimos a Meredith y cruzamos las puertas de cristal para llegar a la sala de juntas, la auténtica. Mientras nos sentábamos, recordé de nuevo escenas del programa de televisión, con los candidatos a aprendiz sentados frente a Donald y sus consejeros. Yo pensaba en silencio: "¿Qué haces aquí? ¿Cómo llegaste a este lugar?" (En realidad, mis palabras fueron: "¿Qué (pitido) hago aquí?", y, "¿Cómo (pitido) llegué a este lugar?" Estoy seguro de que más de un aprendiz ha pensado lo mismo.

Luego de charlar unos minutos, Meredith preguntó:

—¿De qué te gustaría escribir?

—Bueno, me preocupa mucho la pobreza —contesté—. Creo que podríamos escribir sobre lo que haremos para terminar con ella. El título podría ser "Para terminar con la pobreza".

Meredith asintió con la cabeza.

—Ese podría ser un buen tema.

—También me preocupa que los ricos son cada vez más ricos y que Estados Unidos, como país, es cada vez más pobre. Podríamos escribir sobre la desaparición de las clases media y baja, de cómo los trabajos mejor pagados se importan de China e India. Asimismo, desde hace mucho me preocupa la desaparición de las pensiones y la bancarrota de la Seguridad Social y Medicare, ahora que los *baby boomers* empiezan a jubilarse.

—Al señor Trump le preocupan los mismos problemas —dijo Meredith—. Escribió un gran libro al respecto.

—*The America We Deserve*—dijo Kim.

—Sí—dijo Meredith—. Escribió sobre su preocupación por estos problemas así como sobre la amenaza de ataques terroristas, incluso antes del 11 de septiembre.

—¿Antes del 11 de septiembre?—preguntó Kim. Meredith asintió con la cabeza.

—Dedicó una sección entera no sólo al terrorismo sino al descontrol de la deuda pública. Pero no simplemente señala los problemas; también ofrece sus propias soluciones.

Kim asintió. Le había encantado ese libro.

—El señor Trump es mucho más que programas de televisión, desfiles de belleza, casinos y bienes raíces —continuó Meredith—. Cualquier persona interesada en los problemas mundiales y en su solución debe leer este libro.

—Definitivamente, tenemos intereses comunes —dije—. Sin ir más lejos, nos conocimos en The Learning Annex. Hemos sido maestros para esa organización durante años. Me llama la atención que una celebridad tan rica y famosa como el señor Trump vaya a hablar para el público en general. De hecho, siempre he querido saber por qué enseña. Pero como siempre andamos con prisa, nunca he podido preguntarle.

—Es un maestro nato —dijo Meredith—. Lo he comprobado en los años que llevo trabajando para él. Sólo piensa en *El aprendiz;* cuando Mark Burnett le presentó la idea del programa, el señor Trump insistió en que debía tener un valor educativo, o no lo haría.

—Es cierto —dijo Kim—. Yo espero las lecciones de negocios, y me gusta ver cómo maneja las diferentes situaciones. Pero lo mejor de todo es cuando revela el proceso de pensamiento detrás de sus actos. Me gusta saber por qué despide a alguien.

—*El aprendiz* es entretenido y educativo —dije—. No siento que al verlo desperdicie mi tiempo. Siempre aprendo algo práctico, algo que puedo usar.

—Quizá el punto de partida para este libro sea que ambos son maestros —intervino Kim—. Después de todo, ambos son empresarios e inversionistas en bienes raíces. Tú fundaste una compañía minera para la extracción de oro en China y salió a la Bolsa; también una para la inversión en bienes raíces, una compañía minera en Sudamérica para la extracción de plata, y una compañía petrolera. Muchos saben eso, tal como saben de la Torre Trump y de Trump Place.

—Pero no encontré petróleo —dije sarcásticamente. Kim rió y dijo:

—No todos los negocios tienen éxito.

—Y el señor Trump no siempre ha tenido éxito —agregó Meredith—. También ha tenido sus dificultades.

—Habló con mucha franqueza sobre sus dificultades financieras en *The Art of the Comeback* —dijo Kim—. Ése también fue un gran libro.

Meredith sonrió y asintió con la cabeza:

—A pesar de sus dificultades financieras, ambos han sido muy francos acerca de sus éxitos y fracasos. Dime, ¿por qué has sido tan abierto al hablar de tus problemas financieros?

—Porque quiero que las personas sepan... así es como aprendí tantas cosas. Quiero que las personas sepan que, ricos o pobres, todos tenemos problemas financieros.

—¡Exacto! El señor Trump piensa igual. Quiere sinceramente que las personas aprendan. Por eso comparte triunfos y fracasos. ¿Cuántos millonarios lo harían?

—No muchos —dije—. La mayoría de los ricos no quieren que los demás sepan cómo se enriquecieron, mucho menos que conozcan sus fracasos, y eso incluye a la familia de mi padre rico.

—¿A qué te refieres?

Miré a Kim y ella me sonrió de manera tranquilizadora.

—Cuando terminé de escribir *Padre rico, padre pobre* (Aguilar, 2004), llevé el libro a su familia, y ellos me pidieron que no se revelara su apellido en el libro, aunque no decía nada malo de mi padre rico. Simplemente no querían que nadie supiera cómo se habían enriquecido. Así, por respeto a su decisión, no he revelado el nombre de mi padre rico.

—¿Y eso te ha causado problemas? —preguntó Meredith.

—Sí —contesté—. Algunos me han llamado mentiroso porque creen que mi padre rico no existió.

—Es ridículo—dijo Kim mostrando frustración; era un tema delicado para nosotros—. Todo lo que Robert hizo es respetar los deseos de las personas que quiere. La mayoría de los ricos prefieren guardarse los secretos de su éxito.

—Y es ahí donde tú y el señor Trump se distinguen de los demás ricos —dijo Meredith sonriendo—. Ambos son maestros y desean compartir lo que saben, a pesar de las críticas.

> La mayoría de los ricos no quieren que los demás sepan cómo se enriquecieron, mucho menos que conozcan sus fracasos...
>
> Yo quiero que las personas sepan... así es como aprendí tantas cosas. Quiero que las personas sepan que, ricos o pobres, todos tenemos problemas financieros.
>
> ROBERT T. KIYOSAKI

—¿Al señor Trump también lo critican por enseñar y compartir sus conocimientos? —preguntó Kim.

—Oh, sí, más de lo que te imaginas —dijo Meredith—. Muchos creen que ofrece conferencias, escribe y diseña productos educativos, como su programa de televisión y su juego de mesa, porque quiere más publicidad o dinero. Aunque en efecto gana más dinero y la publicidad es buena, su motivación principal es enseñar y educar. En verdad quiere que otros sean ricos. Está muy preocupado por la situación financiera que enfrenta nuestro país y nuestra gente; le inquieta la mala administración de nuestra economía y la manera en que puede afectar al mundo; se pregunta por qué no se imparte educación financiera en nuestras escuelas. Por eso es muy generoso con sus conocimientos.

De repente, alguien tocó la puerta. Era Rhona, la asistente personal de Donald.

—El señor Trump estará con ustedes en cinco minutos, y se disculpa por el retraso. Le molesta hacer esperar a la gente, pero estaba en una llamada telefónica.

—No se preocupe —dije—. Este tiempo extra con Meredith ha resultado provechoso.

Rhona se retiró y Meredith nos condujo fuera de la sala de juntas. Mientras contemplaba el lujoso interior recordé los lugares donde yo había trabajado.

—¿Sabes algo? —dije—. Donald y yo tuvimos padres ricos de quienes aprendimos y para quienes frecuentemente trabajamos. En muchos sentidos, ambos fuimos aprendices en nuestra juventud.

—Tal vez lo que tienen en común es que son maestros y que pueden convertirse en consejeros del mundo —dijo Meredith mientras salíamos de la sala de juntas y cruzábamos el vestíbulo hacia la oficina de Donald Trump.

Encuentro de mentes

—Bienvenidos—dijo Donald poniéndose de pie tras su escritorio—. Perdón por hacerlos esperar.

—No te preocupes —dije recorriendo con la vista su oficina y contemplando los premios, placas y regalos que ha recibido de todo el mundo. Detrás de su escritorio estaba el equipo de radio que utiliza para su programa radiofónico semanal. Todo era muy impresionante.

Luego de la charla de reencuentro, llegamos al motivo original de nuestra reunión.

—Entonces, ¿de qué tratará nuestro libro?

—Creo que todos nos hemos preguntado lo mismo —contesté—. Como hay una enorme brecha entre nuestras respectivas operaciones de bienes raíces y estados financieros, no creo que hagamos buen equipo en lo que se refiere al dinero. Después de todo, tú eres multimillonario y yo un simple millonario.

Donald rió para sí.

—Nunca subestimes ser un millonario. Miles de millones de personas desearían estar en tu lugar.

—Lo sé, pero hay una clara diferencia entre millones y miles de millones. Después de todo, hay muchos millonarios en bancarrota.

—¿Qué quieres decir exactamente?

—Bueno, todos conocemos a personas cuyas casas han aumentado de valor, pero sus ingresos no. Por ejemplo, un ex compañero de la escuela en Hawai heredó la casa de sus padres cuando murieron. Como los precios de los bienes raíces han aumentado inusitadamente y la casa no tiene deudas, es técnicamente un millonario. Sin embargo, él y su esposa tienen dificultades financieras porque ganan menos de 90 mil dólares anuales. Tienen tres hijos en la escuela y no saben cómo pagarán su educación universitaria.

—Son ricos en pasivos y pobres en efectivo —dijo Donald.

—Sí, son millonarios en el papel, pero clasemedieros en la realidad. Si uno de ellos o sus hijos enferman, fácilmente podrían terminar en la pobreza.

—Eso ocurre a muchas personas, especialmente cuando se jubilan y dejan de trabajar. Si enferman, deben vender todo sólo para sobrevivir —agregó Donald con tono sombrío.

—Y el problema aumentará cuando la generación *baby-boom* se jubile en algunos años.

—Sí, lo sé —dijo Donald—. Incluso más que Seguridad Social, Medicare es la mayor deuda que embarga a nuestro país. No sé cómo se las arreglarán para pagar la atención médica, medicinas y cuidado para la vejez de 75 millones de nuevos jubilados. Me preocupa la generación de mis hijos y cómo hará para pagar la dependencia financiera de nuestra generación en el gobierno.

—Quizá deberíamos escribir sobre eso —dije.

—Bueno, yo ya escribí sobre eso en *The America We Deserve,* aunque este libro no despertó el interés que yo esperaba. Creo que es el mejor de los míos porque trata sobre los problemas que enfrentamos, no sólo sobre cómo hacerse rico. Pero no vendió tanto como mis otros libros.

—Yo también tengo uno así —dije—. Es *Rich Dad's Prophecy,* publicado en 2002. Habla sobre la desaparición del mercado bursátil cuando los *baby boomers* se jubilen y sobre la insuficiencia de nuestros planes 401(k). También trata de cómo muchos trabajadores perderán sus pensiones y jubilaciones en el futuro cercano.

—¿Y no vendió tampoco?

—No; igual que en tu caso, muchos dijeron que era mi mejor libro, pero las ventas no reflejaron ese juicio. Lo peor fueron las publicaciones de Wall Street, que no creyeron en mis predicciones.

—¿Qué ocurrió?

—Estuve molesto un tiempo y me sentí frustrado. Pero luego, hace apenas unos meses, *The New York Times Magazine* y *TIME Magazine* publicaron en sus reportajes principales prácticamente lo mismo que yo dije en 2002.

—¿Y qué decían?

Como yo llevaba ambas publicaciones para el programa de la PBS, las saqué de mi portafolios. En la edición del 31 de octubre de 2005 de *TIME Magazine,* el titular de portada dice: "La gran estafa de la jubilación", y el subtítulo, "A millones de estadounidenses que esperan jubilación subsidiada les espera una desagradable sorpresa. Cómo las corporaciones saquean el bolsillo de los contribuyentes... con la ayuda del Congreso".

—¡Sí! Leí eso —dijo Donald—. Recuerdo esa parte sobre las corporaciones que saquean los bolsillos con ayuda del Congreso. El artículo decía que los ricos roban legalmente a los trabajadores, con ayuda del gobierno.

—Es lo mismo que leí.

—Y, ¿qué dijo *New York Times Magazine?*

Al hablar sobre la segunda publicación, dije:

—Bien, la portada del 30 de octubre de 2005 dice: "Lamentamos informarle que ya no cuenta con pensión", y como subtítulo, "La siguiente debacle financiera de Estados Unidos".

Donald asintió con la cabeza

—A ti y a mí nos preocupan las mismas cosas.

—Eso parece. Por eso enseño, escribo y diseño juegos de mesa. No es por el dinero, aunque es bueno. Hay maneras mucho más sencillas de ganarlo. Yo enseño y diseño productos educativo debido a una profunda preocupación. Creo que nuestro país está en problemas, así como millones de estadounidenses.

—Yo también —dijo Donald—. Cuando tú y yo damos conferencias para The Learning Annex, viajamos durante dos días sólo para ofrecer una plática. Es mucho tiempo y energía para una conferencia de dos horas. Como dices, hay maneras mucho más sencillas de ganar dinero.

Kim y yo asentimos con la cabeza al mismo tiempo. Kim, quien también enseña, agregó:

—Todos ganamos más y con mayor facilidad en bienes raíces y otras inversiones, pero enseñar es nuestra pasión. Es una pasión que nos pone en esos aviones para volar todo el día, quedarnos una noche, ofrecer una breve plática y volar de regreso a casa. Claro que no es por el dinero.

Donald estuvo de acuerdo:

—Cuando hablamos frente a miles de personas en los encuentros de The Learning Annex, ¿no sientes compasión por ellos? Gastan su dinero y ocupan su tiempo para escucharnos. Aunque algunos ya son ricos y otros lo serán, muchos vivirán en una constante lucha financiera. Eso me rompe el corazón.

—Tal vez de eso deben escribir —dijo Meredith—. Quizá las personas necesitan saber por qué ustedes quieren que sean ricas, cuáles son sus preocupaciones.

—Y también por qué siguen trabajando aunque no lo necesitan —intervino Kim—. Ambos tienen dinero suficiente pero no pretenden retirarse. ¿Por qué no escriben sobre lo que los mantiene en marcha, lo que en realidad los motiva? ¿No es más importante la motivación que el dinero?

—Bueno, yo enseño porque me gusta hacerlo —dijo Donald—. Pero en verdad estoy preocupado. Ojalá me equivoque, pero creo que Estados Unidos está en dificultades financieras; que la administración de nuestro gobierno ha sido pésima, no digo que sea culpa de los demócratas o de los republicanos, es absurdo culpar a uno u otro grupo. Temo que la clase media está en peligro y está desapareciendo sin importar qué partido gobierna. Como he repetido frecuentemente, temo que muchos clasemedieros de hoy se conviertan en los nuevos pobres o, peor aún, que vayan cayendo poco a poco en la pobreza, incluso después de años de trabajo duro.

—Quizá deberíamos escribir sobre cómo acabar con la pobreza mediante la educación financiera —dije—. Después de todo, la ausencia de educación financiera nos ha metido en este embrollo. ¿Por qué no dejar que nos saque de él?

—Buena idea, pero necesitamos que las personas sepan salvarse *a sí mismas* antes de pretender acabar con la pobreza mundial, lo cual puede requerir mucho tiempo. Necesitamos hacer primero eso, antes de aspirar a cambiar el sistema educativo.

Y continuó:

—En unos cuantos años, millones de *baby boomers* se jubilarán y el gobierno deberá admitir que no tiene dinero. El precio del petróleo está por las nubes, nuestro dólar pierde valor, la inflación está fuera de control, y seguimos en guerra en Medio Oriente. Debemos tener respuestas ahora para quienes están buscándolas; debemos enseñar a las personas ahora, no mañana, a hacerse ricas o al menos a sobrevivir los próximos años.

En ese momento supe por qué estábamos juntos para escribir un libro.

El recuento de Donald

Conocer a Robert fue una de esas grandes sorpresas que la vida nos brinda de vez en cuando. Conocía sus logros, a saber, que había vendido millones de libros y había permanecido en la lista de *bestsellers* de *The New York Times* por cinco años. Estos no son logros menores. Esperaba que fuera una persona muy enérgica, intimidante incluso.

Tuve razón en cuanto a lo enérgico: de Robert emana una energía positiva que toca a cuantos están a su alrededor. No parece ser algo intencional sino natural. Eso me impresionó. Lo que me ganó completamente fue que es muy humilde, muy sencillo, incluso modesto. ¿Este es el hombre que ha vendido 26 millones de libros? Increíble. Me pregunté si era una farsa, una fachada, un papel que representaba por alguna razón. A veces puedo ser escéptico.

Pronto descubrí que Robert era sincero. Luego de hablar con él un par de veces supe que era auténtico y que disfrutaba enseñar casi tanto como lo hago yo. Cuando le conté que la única razón por la que había aceptado hacer *El aprendiz* era que tenía un trasfondo educativo, Robert me dijo: "Donald, tú eres un maestro, más que ninguna otra cosa". Creo que sólo otro maestro podía descubrirlo.

Hablamos sobre la importancia de la educación y mencionó el aspecto didáctico de *El aprendiz*. Asimismo, comentó que cada semana él y Kim aprendían algo del programa.

Le pregunté qué emprendería si tuviera el éxito garantizado, y rápidamente contestó: "Encontraríamos maneras de llegar y enseñar a muchas más personas".

Tal como le comenté en The Learning Annex en Chicago: yo era el autor número uno en negocios y él el autor más importante en finanzas personales. Juntos tendríamos la gran oportunidad de llegar a millones de personas, pero sobre todo, de divertirnos.

Robert comprendió mis intenciones al instante, y me gustó que quisiera considerar la propuesta antes de comprometerse. Yo sabía que era una persona reflexiva, que haría un examen introspectivo para tomar la decisión correcta. Cuando nos reunimos en mi oficina de Nueva York unas semanas después, lo primero que dijo fue: "Debo admitir que al principio me sentí un poco intimidado. Tuve una lucha interna: no sabía si teníamos suficientes cosas en común. Pero ganó la mejor parte de mí, la que rechaza la autocomplacencia". Robert fue honesto consigo y conmigo, y comprendí por qué sus libros han tenido ese éxito colosal.

Escribir puede ser divertido pero exige mucho trabajo, y mi agenda no permite muchas actividades extracurriculares, como lo es para mí la escritura. Pero ansiaba trabajar duro en algo nuevo, especialmente con alguien que compartiera mis preocupaciones y esperanzas.

Emerson dijo: "El educador es quien hace fácil lo difícil". Y también: "El conocimiento existe para impartirse".

Cuando hace años leí *Padre rico, padre pobre*, antes de conocer a Robert, recuerdo haber pensado que él tenía talento para facilitar el entendimiento de las cosas. Es una especie de narrador, y ésa es una de las claves para hacer las cosas accesibles a las personas. Por eso también es un gran orador, y con frecuencia se ha dicho lo mismo de mí. No sé si esa habilidad de cuentacuentos sea innata, pero nos ha permitido ayudar a los demás, y utilizar historias para simplificar temas aparentemente complejos.

Sé que al pensar en mí, muchos dicen: "Ah, el multimillonario". Es como si me cerraran la puerta en las narices. Mi hijo, Don Jr., ha dicho que soy como un obrero con un gran capital. Ha pasado mucho tiempo conmigo y sabe que, en el fondo, soy una persona simple. No es que sea simplón, pero mi enfoque suele ser sencillo. Y aunque lo que hago puede ser muy complejo, también sé desmenuzar.

> ¿De qué sirve
> tener grandes
> conocimientos si no
> los compartes?
>
> Donald J. Trump

Nadie comienza con un rascacielos completo; se empieza con unos planos y los cimientos. Sé que las cosas requieren tiempo y paciencia, y eso incluye a la educación.

Si has visto *El aprendiz,* sabes que somos duros con los aprendices porque en la vida real no hay mucho espacio ni compasión para las excusas. Como dice el dicho: "La vida no es un ensayo general". Es la realidad. Por eso es necesario correr cierto riesgo si quieres destacar. Robert y yo deseamos que ese riesgo resulte menos amenazador y un poco más tolerable.

Mis conocidos se sorprendieron al saber que iba a colaborar con otro empresario para escribir un libro. A los empresarios nos gusta tener el control, y compartirlo no es una situación atractiva. Pero cuando conoces a alguien que está en la misma longitud de onda que tú en tantos aspectos, se convierte en un placer. La unión nos hace más fuertes.

De hecho, una de las debilidades de muchos visionarios y empresarios es la incapacidad para comunicar su visión y metas. El camino puede ser muy solitario y, el viejo dicho: "No hay compañía en la cúspide", puede ser muy cierto.

A los empresarios nos gusta intentar cosas nuevas. Este tipo de colaboración fue nueva para Robert y para mí, y creo que nos hemos enriquecido mutuamente como educadores, conferencistas y personas al juntar nuestras distintas personalidades para lograr una unidad de amplio alcance y fácil de comprender. ¿De qué sirve tener grandes conocimientos si no los compartes?

Hay otro detalle divertido: los empresarios suelen evitar el trabajo en equipo; quieren tener el control, hacer las cosas en solitario, conseguirlas por sí mismos, y punto. Al menos es lo que dicen los expertos al analizar los tipos de personalidad adecuados para el empresario. Supongo que Robert y yo no encajamos en ese molde, pero eso nos molesta.

El resultado de este proceso cobró vida propia y se convirtió en más que un simple libro: se transformó en un ejemplo viviente de lo que hemos trabajado y experimentado desde nuestro primer encuentro hasta el día que terminamos el primer borrador. Pronto se convirtió en un interés común ofrecer educación financiera a todo aquel que quiera una vida mejor, en una época en que todos necesitamos estar equipados financieramente para el futuro. Este libro es para todo aquel que quiera avanzar y salir de su zona de comodidad. No importa si ya eres millonario o aún no; estas lecciones son útiles para todos sin importar su actual situación financiera.

Espero que aprendas y te diviertas con este proceso. No hay nada de aburrido en los negocios, como pronto descubrirás. Robert y yo tenemos algo más en común: no nos gusta aburrirnos; nos gusta actuar. Así pues, presta atención, concéntrate y diviértete. *Queremos que seas rico* tiene mucho que ofrecer. ¡Prepara tu antena y permanece en sintonía!

Capítulo 2

NUESTRAS PREOCUPACIONES COMUNES

La opinión de Robert

Dallas, Texas, 19 de febrero de 2006

Una vez más es tarde de domingo; la limusina se detiene frente a la entrada para participantes en la exposición de bienes raíces organizada por The Learning Annex. Una vez más, la emoción aumenta y corre la voz: "Ya llegó Donald". Y una vez más, la escolta policiaca entra primero para abrir el paso, se forman dos hileras y el señor Trump camina entre las filas de entusiastas admiradores.

Luego de transcurrida una hora, cuando la prensa se ha ido, Donald me pregunta:

—¿Qué tan grande es el público, y cómo es?

—Decenas de miles de asistentes, y son un gran público. Han venido de todas partes del mundo para estar aquí este fin de semana. Están muy emocionados y ansiosos por aprender.

Yo también estaba emocionado, pero por otras razones.

❦

Luego de nuestra última reunión, yo había leído el libro de Donald *The America We Deserve*. En él aborda muchos de los problemas que enfrentan el país y el mundo, como el terrorismo, la deuda pública y los servicios de salud. Los siguientes fragmentos provienen del capítulo dedicado a este último tema:

La Oficina General de la Contaduría del gobierno de Estados Unidos (GAO, por sus siglas en inglés), una dependencia investigadora y neutral del Congreso, describe un panorama poco halagüeño:

A diferencia de Seguridad Social, el programa HI de Medicare sufre un déficit en el flujo de efectivo desde 1992. Los impuestos sobre la renta han resultado insuficientes para cubrir los subsidios y los gastos del programa. [...] En resumen, Medicare ha llegado al punto en que recurre a las reservas públicas, un umbral que no se espera que Seguridad Social atraviese hasta 2013.

El programa actual de Medicare es insostenible en lo económico y en lo fiscal. Esto no es ninguna novedad: los miembros de su consejo de administración señalaron a principios de los noventa que el programa es insostenible en su forma actual.

En cuanto a las medidas de los políticos frente a este problema monstruoso, escribe:

Clinton se plantó frente al toro pero no se atrevió a tomarlo por los cuernos. Eludió las decisiones difíciles que deberán tomarse más adelante, cuando, como señala la GAO, serán mucho más dolorosas.

Pero aceptémoslo: Clinton no es el único político que elude asuntos difíciles. Hace falta una nueva clase de políticos que impulsen reformas significativas. Se requieren personas arriesgadas, con nervios de acero y visión.

A propósito de los servicios de salud para el largo plazo, afirma:

Hay otro aspecto del tema de los seguros médicos del que prácticamente no se habla: el que se refiere a la atención para el largo plazo. Con la generación *baby-boom* a punto de jubilarse y sus padres ya jubilados, es un problema grave.

Unas cuantas cifras nos darán una idea: el número de personas mayores se duplicará hasta alcanzar los 75 millones hacia 2030, y el número de ancianos en asilos se aumentará cinco veces.

Ya sé lo que dirán: "¿No se hace cargo Medicaid de los asilos?" Es una pregunta que plantean frecuentemente los *baby boomers,* quienes creen que sus padres están cubiertos y que ellos mismos lo estarán cuando contraten asistencia para el largo plazo.

He aquí la respuesta: Medicaid nunca se pensó como un proveedor de servicios de salud a largo plazo. Como han señalado el senador John Breaux y el diputado William Thomas: "La creciente demanda de servicios de salud para el largo plazo está llevando a Medicaid a la bancarrota".

Prácticamente uno de cada dos estadounidenses necesitará algún tipo de asistencia a largo plazo, pero sólo uno de cuatro podrá pagar asilos privados, cuyo costo (en 1999) es en promedio de 41 mil dólares anuales. Sólo uno por ciento de los estadounidenses han comprado seguros de asistencia para el largo plazo, por lo que la mayoría confía en Medicaid. De continuar la situación actual, se llevarán un gran chasco.

Después de una pequeña contribución inicial, Medicaid desaparecerá del mapa y los recursos del paciente se agotarán hasta dejarlo en la pobreza. Si los pacientes son tus padres, todo aquello por lo que han trabajado a lo largo de su vida desaparecerá. Ello puede significar que alguno quede desprotegido, o puede representar una carga financiera aplastante para las familias. El *boomer* que planeaba navegar por todo el mundo en su bote puede terminar vendiendo su auto para mantener a mamá o papá en un asilo decoroso.

Como ya mencioné, luego de mi primer encuentro con Donald supe por qué estábamos juntos para escribir este libro. Pero cuando leí *The America We Deserve* descubrí cuáles son nuestras preocupaciones comunes, comprendí por qué somos maestros y por qué deseamos que las personas sean ricas.

—————◆—————

En la sala verde, aquel día en Dallas, tracé el siguiente diagrama:

INGRESO
GASTO

ACTIVOS	PASIVOS

Seguridad social: 10 billones
Medicare: 62 billones

—¿72 billones en deuda fuera del balance? —preguntó Donald—. ¿Según quién?

—Según dos economistas —respondí—. En 1994, Kent Smetters y Jagadeesh Gokhale computaron laboriosamente la deuda que tenía nuestro gobierno con su pueblo ese año.

—Eso es mucho dinero.

—Es más que todo el dinero de todos los mercados de bonos y bursátiles del mundo. Creo que en 2000, el valor de todo el capital accionario de los mercados bursátiles del mundo era de 36 billones, y el valor de todos los bonos en el mercado de bonos del mundo era de 31 billones. Debemos a nuestro pueblo más que todo el dinero de los mercados de bonos y bursátiles juntos.

—Sabía que estábamos mal, pero no creí que tanto. No podemos pagarlo.

—Sólo si imprimimos más dinero, lo que acabaría con los ahorros de todos. Una posibilidad es la hiperinflación, pero eso en realidad no resolvería el problema; no sólo desaparecerían los ahorros sino que las personas con ingreso fijo también serían aniquiladas.

—Y éste no es sólo un problema de Estados Unidos —dijo Donald—. Si bien hablamos sobre personas y finanzas estadounidenses, este problema se siente en todo el mundo. Las personas viven más y los países, desde Europa hasta Asia, están preocupados por cómo proveerán servicios de salud y asistencia social a su pueblo.

De vuelta en la historia

En los años treinta del siglo XX, el gobierno alemán imprimió tanto dinero que casi pierde su valor. Hay una historia sobre una mujer con una carretilla llena de billetes que fue a comprar pan. Cuando salió de la panadería para tomar el dinero y pagar al panadero, descubrió que alguien había robado la carretilla y dejado el dinero.

La hiperinflación devalúa el dinero. Aunque el entorno social, político y económico que permitió la elección de Adolf Hitler como Canciller en 1933 fue complejo, su ascenso al poder se debió en gran medida a que los ahorros de la clase media habían desaparecido.

De regreso a Estados Unidos, en la misma década sucedió la Gran Depresión, que condujo a la elección de Franklin Delano Roosevelt como presidente. Roosevelt introdujo la seguridad social en 1935, una solución a un problema que todavía está por resolverse. En otras palabras, una solución a un problema causado hace más de 75 años se ha convertido en otro problema de proporciones mayores. Estamos tratando de mitigar un problema con el dinero del gobierno en vez de solucionarlo. Otras supuestas soluciones del gobierno fueron los programas Medicare (1955) y Medicaid (1966). Actualmente, los problemas son mucho más graves porque, de nuevo, no enfrentamos el problema real con la presteza necesaria.

En 1971, el presidente Nixon nos sustrajo del patrón oro, exactamente como lo hizo el gobierno alemán; actualmente, el dólar estadounidense está cayendo y los ahorros de las personas se agotan, dejando muy poco para su jubilación... aparte de seguridad social y Medicare, que también están en problemas. La historia se repite, sólo que el problema es mayor.

Lo que nos preocupa

Donald lo dijo primero: "Temo que hayamos desarrollado como país una mentalidad de 'merecimiento'. Y no me refiero sólo a los pobres; infinidad de personas, desde el presidente y los senadores, esperan una pensión del gobierno. En verdad me gustaría que tuviéramos lo suficiente para resolver sus problemas, pero eso llevaría al país a la bancarrota. Podemos pedir a los ricos que paguen lo de todos pero, ¿resolvería eso el problema? ¿Y por cuánto tiempo?"

Yo estoy de acuerdo. Donald y yo queremos que las personas abandonen la mentalidad de merecimiento y sean ricas para que resuelvan el problema... su problema.

Observa el siguiente diagrama:

Pensamientos ➤ Acciones ➤ Resultados

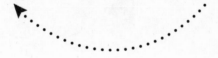

La mejor solución al problema de los malos resultados financieros es cambiar nuestros pensamientos, pensar como ricos y no como pobres o clasemedieros. Eso significa desechar la mentalidad de merecimiento, ya seas oficial militar, empleado del gobierno, maestro, asalariado o simplemente pobre. Si no dejamos de esperar que el gobierno se haga cargo de nosotros, seguiremos obteniendo los mismos resultados: una nación en bancarrota con habitantes bien educados pero económicamente necesitados.

Albert Einstein definió la locura como: "Hacer lo mismo una y otra vez y esperar resultados distintos". En este caso, considero una locura seguir enviando a nuestros hijos a la escuela sin enseñarles sobre el dinero.

En el cuadrante del flujo de dinero:

E significa empleado
A significa autoempleado
D significa dueño de negocio
I significa inversionista

Creo que debemos enseñar a más niños a ser dueños de negocios, empresarios que generen empleos, y a todos los niños a ser inversionistas del cuadrante I. Actualmente, nuestras escuelas realizan un buen trabajo educando a las personas a ser "E" o "A", pero prácticamente la educación no se dedica a formar "D" o "I".

En vez de terminar con una sólida educación financiera, la mayoría de los jóvenes dejan la escuela —algunos ya con deudas— preparados sólo para trabajar duro, ahorrar, liquidar deudas, invertir para el largo plazo y diversificar.

Warren Buffett dice lo siguiente acerca de la diversificación:

La diversificación es una defensa contra la ignorancia. No tiene sentido si sabes lo que haces.

Una de las claves para hacerse rico es saber lo que haces.

Otra vez tras bambalinas

—Quince minutos —dijo Bill Zanker a Donald.

—Muy bien —contestó él—. Estoy listo.

Mientras nos dirigíamos al escenario, Donald dijo:

—Entonces, la razón por la que queremos que sean ricos es que puedan resolver sus problemas financieros. Hay demasiadas personas convencidas de que la solución es el mercado de valores, el gobierno o una pensión.

—Es un buen comienzo —dije.

Les diremos *por qué* ser ricos, no *cómo...* y por qué seguimos trabajando aunque tenemos dinero suficiente.

—Queremos que encuentren sus propios *porqués* en vez de esperar una dádiva del gobierno. Así ayudaremos a solucionar el problema. Por supuesto, no podemos ayudar a todos porque no todos tienen el talento para ser ricos, pero podemos ayudar a quienes tienen el talento y el deseo de serlo.

—Esta mentalidad de merecimiento es un problema monstruoso— dijo Donald.

—Gigantesco —asentí.

—Más grande incluso que la deuda pública, la caída del dólar, la crisis petrolera y los programas para el retiro, que son problemas muy graves.

—Lo importante no son los problemas —dije—. Todos tenemos problemas financieros, incluso tú y yo. Lo importante es *cómo* los solucionamos.

> Queremos que la gente olvide la mentalidad de merecimiento y sea rica. Así podrá resolver el problema... sus propios problemas.
>
> ROBERT T. KIYOSAKI

—Tienes toda la razón —dijo Donald—. Como país, no podremos resolver nuestros problemas financieros si pensamos con una mentalidad de merecimiento. Éste es el meollo del problema. Por eso queremos que las personas sean ricas.

Mientras subía las escaleras del escenario para presentar a Donald, dije:

—Nuestros problemas financieros son resultado de nuestra forma de pensar. Debemos cambiar la manera en que pensamos acerca del dinero.

Diciendo esto, salí al escenario para presentar a Donald Trump a miles de admiradores y estudiantes.

—La opinión de Donald—

Pensamiento de grupo

Como dice Robert: "El país no puede resolver una grave crisis financiera con una obsoleta forma de pensar". Estoy totalmente de acuerdo. La mentalidad de merecimiento está por todas partes; de hecho, es una epidemia en nuestra economía.

Creo que todos hemos oído la expresión "pensamiento de grupo". Es esa mentalidad gregaria que parece exhibir lo mejor y lo peor de las personas. Con lo mejor me refiero a que, de vez en cuando, algún pastor saldrá a la superficie, pero es una situación improbable. Lo normal es que los lobos destaquen primero y la manada los siga. Nuestra intención es disolver la manada antes de que seamos incapaces de ver, escuchar, pensar y actuar por nosotros mismos. Quienes piensan por sí mismos difícilmente forman parte de una manada.

Al reflexionar sobre el pensamiento de grupo —que impide a las personas pensar por sí mismas en lo financiero y provoca que entreguen su dinero a los asesores financieros—, me viene a la memoria otra historia.

> Quienes piensan por sí mismos difícilmente forman parte de una manada.
>
> DONALD TRUMP

En mi programa radiofónico para Clear Channel decidí hablar sobre "Object Orange". Esto no tiene nada que ver con el proyecto "Gates" de Jeanne-Claude y Christo el año pasado en Central Park; es algo que ocurre en Detroit, Michigan.

Detroit tiene un problema con las casas abandonadas y en ruinas porque ha perdido cerca de un millón de habitantes en los últimos 50 años. Un grupo de artistas de la ciudad se cansó de ver edificios deshabitados y destartalados en su localidad y decidió hacer algo al respecto.

Para llevar la atención hacia estos edificios abandonados, los artistas los pintaron furtivamente de color naranja brillante por la noche. Como es difícil pasar por alto un edificio destartalado color naranja, varias de esas casas han sido demolidas.

Los artistas, que han permanecido en el anonimato porque podrían ser acusados de violación de domicilio, esperan que otros renegados con brochas se sumen a su proyecto.

Éste es un maravilloso ejemplo de personas que ponen manos a la obra y logran su objetivo; que se hacen cargo del problema en vez de esperar que alguien más actúe. Es poco convencional, pero está funcionando.

Sé que es una expresión de la que se abusa, pero el pensamiento "fuera de serie" está vivito y coleando, por lo menos en Detroit. Los artistas no son los únicos con derecho a ejercitar esa parte del cerebro;

todos podemos hacerlo. Empecemos a pensar de esa manera, sin importar dónde vivamos o a qué nos dediquemos. Lo peor que puede ocurrirnos, como individuos y como país, es que nos convirtamos en observadores pasivos, o que nos hundamos lentamente en nuestra zona de comodidad.

Como dije antes, la mejor manera de destacar es arriesgarse. No estamos en posición —aunque fuéramos la llamada superpotencia— de dormirnos en nuestros laureles. Ésa es la primera señal de la decadencia. Enfrentaremos muchos cambios y más vale estar preparados. No sucumbamos al "gran pensamiento de grupo", que no es sino la forma segura de llevar nuestro barco a pique.

Hoy, más que nunca, las personas deben cambiar su manera de pensar sobre sus finanzas y futuro financiero.

Robert y yo queremos que tu pensamiento se amplíe. Todos podemos beneficiarnos de la sabiduría de Descartes: "Pienso, luego existo".

¡Piensa en grande!

Capítulo 3

LA DESAPARICIÓN DE LA CLASE MEDIA

La opinión de Robert

Aumenta tu IQ financiero

Hay muchas definiciones de inteligencia, pero una de las más prácticas la aprendí de mi padre rico: "La inteligencia es la capacidad para resolver problemas". Por ejemplo, si en la escuela puedes resolver problemas de matemáticas se te considera inteligente. Fuera de la escuela, si puedes arreglar un auto se dice que tienes inteligencia automotriz. En lo monetario, mientras mayores sean los problemas financieros que puedes resolver, mayor será tu inteligencia financiera.

Actualmente, nuestro mundo enfrenta serios problemas financieros y muchos están interrelacionados. Entre los más apremiantes están:

1. La caída del valor del dólar.
2. El incremento de la deuda pública.
3. El inicio de la jubilación de los *baby boomers*.
4. El alza en el precio del petróleo.
5. El crecimiento de la brecha entre ricos y el resto de la población

6. La disminución de los sueldos.

7. La exportación de empleos.

8. La bancarrota inminente de seguridad social y Medicare.

9. La desaparición de los ahorros.

10. La falta de educación financiera.

Las preguntas urgentes son:

1. ¿Qué podemos hacer?

2. ¿Cuál es la solución a estos problemas?

3. ¿Es suficiente nuestro IQ financiero para resolverlos?

4. ¿Cómo evitamos ser víctima de ellos?

5. ¿Cómo evitamos que nuestras familias sean víctima de ellos?

Muchos de los problemas financieros actuales existen porque no los resolvimos cuando surgieron. En vez de incrementar el IQ financiero de la población, le enseñamos a esperar que el gobierno les resuelva sus problemas. Por eso ningún político se atreve a tocar a seguridad social y Medicare, aunque sabemos que estos programas están destinados a la ruina.

Puedo imaginar a algunos de ustedes diciendo: "Debemos cuidar a quienes no pueden hacerlo por sí mismos", y estoy de acuerdo. Una sociedad civilizada tiene este compromiso; sin embargo, la mayoría de nosotros podemos cuidarnos si tenemos la *necesidad* y si hemos aprendido a hacerlo.

Es momento de aumentar nuestro IQ financiero.

Cambio demográfico

Debido a las soluciones adoptadas en el pasado, marcadas por un bajo IQ financiero, la población está cambiando de la siguiente manera:

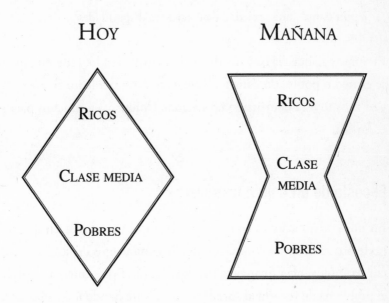

HOY   MAÑANA

Como muestra el diagrama, los ricos son cada vez más ricos y todos los demás son cada vez más pobres, aunque muchas personas están ganando más dinero. Por desgracia, Estados Unidos no es el único país que avanza en esta dirección. Muchas economías mundiales se están convirtiendo en sociedades de dos clases (o dos masas): la de ricos y la de pobres.

El 16 de abril de 2006, *The New York Times* publicó el siguiente titular en primera plana:

LA REACTIVACIÓN DE JAPÓN INCREMENTA LA BRECHA ECONÓMICA

El segundo párrafo del artículo sostiene:

> Actualmente, en un país cuyo concepto de sí mismo se expresaba
> en el lema: "100 millones, todos de clase media", las definiciones
> dividen a las personas en ganadoras y perdedoras, y describen a
> Japón como "una sociedad de crecientes disparidades".

En otras palabras, la clase media está desapareciendo. Hoy, en Japón
se es rico o pobre, un ganador financiero o un perdedor financiero,
y lo mismo está ocurriendo en Estados Unidos y en muchos países
europeos.

El costo de un bajo IQ financiero

En mis conversaciones con Donald Trump coincidimos en que no
podemos resolver los complejos desafíos financieros de la actualidad
con la inteligencia financiera del pasado. Si el país intenta resolver
el problema de seguridad social y de Medicare dando más subsidios,
estará matando y comiéndose a la gallina de los huevos de oro, ya no
habrá más huevos de oro en el futuro.

La razón por la cual escribimos, ofrecemos conferencias y dise-
ñamos juegos didácticos y otros productos, es que pretendemos que
las personas sean ricas y resuelvan sus problemas financieros, en vez
de esperar que otros se los resuelvan. Ambos coincidimos en que si
simplemente se da dinero el problema crece, se complica y se vuelve
más peligroso.

Expresado de manera sencilla, Estados Unidos se está convirtiendo
en un país bien educado de ricos y pobres. La clase media está en
extinción. El problema es que en el país hay innumerables personas
como mi padre pobre ——un hombre bueno, bien educado, trabaja-

dor—que esperan que el gobierno se haga cargo de ellos en su retiro.

Hemos mencionado que en unos cuantos años empezarán a jubilarse los aproximadamente 75 millones de *baby boomers*. Ésta es la primera generación que ha contribuido plenamente a la seguridad social y Medicare. El problema es que el dinero que aportaron ha desaparecido en un esquema Ponzi y ya no existe.

Hay otros dos problemas: como en las escuelas no enseñamos gran cosa acerca del dinero, muchos de esos 75 millones no saben qué es un esquema Ponzi; por otra parte, como muchos contribuyeron a plenitud, tienen derecho a ese pago. Pero si cada uno recibiera sólo mil dólares mensuales en subsidios de seguridad social y Medicare, la nómina mensual total del gobierno sería de 75 mil millones. Esto equivale al costo de un huracán Katrina o de una Guerra en Irak... en sólo un mes. La buena noticia es que aún tienes tiempo para prepararte y no convertirte en víctima de los huracanes financieros por venir... pero no mucho tiempo.

En el catecismo me enseñaron:

"Si das a una persona un pescado, lo alimentarás un día". Es justo lo que ha hecho el país; es la mentalidad de merecimiento de seguridad social y Medicare.

"Si enseñas a la persona a pescar, la alimentarás de por vida". Es lo que Donald y yo hemos hecho. Queremos que las personas aprendan a ser ricas y enseñen a otros a serlo.

> Hay muchas definiciones de inteligencia, pero una de las más prácticas la aprendí de mi padre rico: "La inteligencia es la capacidad para resolver problemas".
>
> ROBERT T. KIYOSAKI

En *Teach To Be Rich* —un producto que utilizamos en nuestros clubes de *CASHFLOW* para enseñar a las personas a ser ricas— menciono cómo hay quienes no quieren dar peces ni enseñar a pescar; en vez de ello, venden pescado. Entre ellas hay corredores de bolsa y bienes raíces, asesores financieros, banqueros y agentes de seguros. Lo suyo es vender, no necesariamente enseñar o dar. Si unes las palabras *sell* [vender] y *fish* [pescado], obtienes la palabra *selfish* [egoísta]. Y aunque los egoístas no sean mayoría, no es infundado afirmar que en el negocio hay bastantes. Utilizo aquí la palabra egoísta para destacar la importancia de distinguir entre quienes dan —los maestros— y quienes venden.

A Donald y a mí nos preocupa que casi nadie decide aprender a manejar o a invertir su dinero; en vez de *aprender*, las personas *encomiendan* su dinero a los expertos y después rezan a todos los santos porque sean auténticos expertos.

En su libro *How to Get Rich*, Donald dice lo siguiente acerca de los asesores financieros, personas que venden pescado. El título del capítulo y sus primeros párrafos lo dicen todo:

SÉ TU PROPIO ASESOR FINANCIERO

Muchas personas contratan asesores financieros, pero he visto a muchos destruir a sus clientes.

En particular, los deportistas ganan mucho dinero siendo muy jóvenes. A menudo, los *managers* dilapidan la fortuna del deportista, quien a sus treinta y tantos años acaba sin nada más que su gloria pasada y viéndose obligado a buscar un empleo para sobrevivir.

Queremos enseñarte a pescar

Donald Trump y yo no vendemos pescado; no vendemos asesoría en inversiones ni decimos a las personas en qué invertir. Somos maestros; queremos que aprendas a ser rico, a invertir tu propio dinero y a ser tu propio experto financiero. Queremos enseñarte a pescar por ti mismo.

El secreto de mi padre rico

Como mencioné, muchos ricos son reservados, aunque no imaginé cuánto hasta que la familia de mi padre rico me pidió que no mencionara su apellido en *Padre rico, padre pobre.* Muchos ricos prefieren el anonimato. No quieren ser conocidos y/o no quieren compartir sus secretos financieros. Por eso me sorprendió gratamente que Donald Trump fuera tan abierto a propósito de su riqueza y estuviera tan dispuesto a compartir sus claves para el éxito financiero.

En su libro *Buffettology,* Mary Buffett escribe:

> F. Scott Fitzgerald escribió que los muy ricos son distintos a todos los demás. Tenía razón, pero son diferentes en los aspectos más extraños, siendo el más curioso el código de silencio que exigen a la familia y los amigos. Durante mi matrimonio con Peter (hijo de Warren Buffett) se me ordenó más de una vez no hablar con nadie ajeno a la familia sobre Warren y sus inversiones. Escribir este libro simplemente hubiera sido imposible.

Luego de divorciarse de Peter, Mary Buffett rompió el código de silencio y describió en detalle la manera de actuar de Warren Buffett, revelando todos sus secretos. Es un libro excelente y bien escrito, y en verdad descubre sus secretos. Es el instructivo de Warren Buffett, y aunque él no lo autorizó, revela su manera de actuar. Eso no significa que tú o yo —o incluso Donald Trump— podamos hacer lo mismo, o tal vez ni siquiera nos conviene. En muchos aspectos que se explicarán más adelante en este libro, Donald y yo podemos superar las tasas de rendimiento de las inversiones de Warren. Tal vez él sea más rico, pero nosotros podemos enriquecernos más rápidamente con nuestros métodos y utilizando menos dinero.

Simplemente necesitas encontrar el estilo y el método adecuado para ti. Aunque es importante aprender de personas como Warren y Donald, también lo es que descubras tu propia fórmula.

Comprendí esto hace unos años, durante un servicio religioso del reverendo Vernon Ashe en Atlanta. Su mensaje fue que las personas deben seguir sus propios procesos para que sus metas sean valiosas; si no hay tal proceso, las metas carecen de valor.

¿Para qué enriquecerse?

Te instamos a ser rico porque Estados Unidos y muchos otros países se están convirtiendo en sociedades de dos clases (o masas): rica y pobre. Una razón de peso: si no decides ser rico, lo más seguro es que te vuelvas pobre. En las naciones occidentales, la clase media está desapareciendo lenta, inexorable y catastróficamente. Si deseas permanecer en la clase media, tal vez debas considerar mudarte a China o India, países donde la clase media está creciendo. En Estados Unidos y otras naciones occidentales, las posibilidades se reducen a ser rico o pobre. La clase media está desapareciendo de la misma manera que los polos: lenta, inexorable y catastróficamente. Sin embargo, la clase media de China e India no vive mejor que los pobres de Estados Unidos, así es que tal vez prefieras enriquecerte en Estados Unidos.

La opinión de Donald

En mi conversación con Robert acerca de la desaparición de la clase media, comprendí que algunos aspectos sí pueden explicarse. Es como un reloj de arena con la clase media en la parte estrecha, o como una persona con cintura muy breve.

MAÑANA

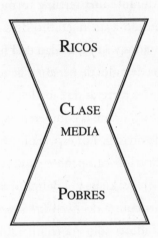

¿Qué ocurre si volteas el reloj de arena? En cualquier posición que quede, los pobres alimentan a los ricos y los ricos a los pobres. Es una u otra. No me gusta esa imagen porque me recuerda las costumbres aristocráticas del Viejo Mundo, contra las que Estados Unidos se rebeló. ¿Estamos retrocediendo? ¿Los colonos fueron sólo un grupo de idealistas despistados?

Leyendo los periódicos durante un viaje, encontré algunos artículos en *The Wall Street Journal* que me hicieron pensar en el riesgo. Apenas ayer supimos de tres alpinistas que murieron, obviamente por

> No hay nada seguro, pero estar preparados, sin duda, es mejor que no estarlo.
>
> Donald J. Trump

agotamiento, al descender del monte Everest después de haber alcanzado la cima. Hoy publican un artículo sobre el gran caballo de carreras Bárbaro y su terrible lesión, y uno sobre la tragedia en la regata Volvo Ocean Race, donde un joven holandés murió al caer de uno de los yates. Más tarde, la tripulación de otro yate debió abandonar su nave durante una terrible tormenta, y fue rescatada por la que había perdido a un miembro de su equipo. Todos son regatistas experimentados y su capacidad está fuera de toda duda. Y con Bárbaro, decenas de miles de personas acudieron a ver cómo se escribía la historia de las carreras de caballos, y en vez de ello vieron al caballo derrumbarse durante la competencia, una tragedia increíble que será difícil de olvidar. Los espectadores tenían razones para creer que verían a un triple campeón —un caballo coronado en el Derby de Kentucky, el Preakness y el Belmont Stakes— por primera vez desde 1978. El articulista de *The Wall Street Journal* afirmó que el pesar de los espectadores sólo era equiparable a sus esperanzas y expectativas iniciales.

Las expectativas pueden conducir a resultados inesperados. Hay una línea muy delgada entre la victoria y el fracaso, y pensar en ello me pone filosófico. En ocasiones, hasta los planes mejor elaborados pueden estallar en nuestras manos debido a factores fuera de nuestro control, como el clima, una lesión y tal vez exceso de confianza (si es que existe tal cosa). La filosofía es un intento por comprender las cosas y sucesos inexplicables que todos enfrentamos en algún momento de nuestra vida.

He mencionado con anterioridad que es importante permanecer intactos, pues de otra manera nos convertimos en blanco. Una pequeña grieta puede hundir un barco, y una ola grande puede destruirlo con igual eficacia, como pueden atestiguar los regatistas de la carrera Volvo. En cualquier caso, el desequilibrio puede generar situaciones que nos mantienen tambaleando y fuera de control.

Estados Unidos ha sido una superpotencia relativamente por poco tiempo. El mayor riesgo que enfrentamos ahora es no estar preparados para el futuro. Como hemos visto, no hay nada seguro, pero estar preparados, sin duda, es mejor que no estarlo. Durante la Primera Guerra Mundial, en la batalla de Gallipoli, nadie imaginó que un cuarto de millón de soldados morirían asesinados, ni que las fuerzas combinadas de Gran Bretaña, Australia, Nueva Zelanda y Francia fueran derrotadas y repelidas por los turcos. Fue una gran sorpresa para ellos porque no sabían en lo que se metían.

La China actual

La globalización es una realidad indiscutible de la vida actual. Cuando Robert me habló de China e India como economías en crecimiento que debemos vigilar, no pude sino sonreír, pues una vez más nuestra visión era similar. Muchas personas creen que hacen falta años para que China y/o India se acerquen a la posición de Estados Unidos como el mayor poder económico, pero puede ser otro ejemplo del pensamiento grupal. Robert y yo hemos visto ya su impacto global.

Hace poco conversé con un amigo que vive en Europa. Él me habló de la gran atención que los medios prestan a China allá, comparada con la que se da en Estados Unidos. En aquel continente es un tema muy importante. Hay dos datos que bastan para darnos una idea de lo que ese país está haciendo y hacia dónde se dirige:

1. Los primeros Starbucks abrieron en China hace dos años. Ahora hay más Starbucks allá que en Estados Unidos.
2. En la década de los setenta del siglo XX, Shangai tenía sólo un rascacielos. Hoy tiene cerca de 800.

Yo construyo rascacielos y tengo un Starbucks en la Torre Trump, por lo que estos dos datos me resultan asombrosos. Sólo representan dos ejemplos fáciles de visualizar que dan un mensaje muy claro: China es una gran potencia. Su población es tal que una de cada cinco personas del planeta es china. Su economía y fuerza de trabajo son dinámicas y se han adaptado bien a la nueva tecnología. Los chinos son trabajadores y disciplinados. ¿Qué significa esto? Que podemos cerrar los ojos y esperar a que nos atropellen, o podemos estudiar a China y colocarnos en una posición donde los cambios nos beneficien.

La India actual

Mis dos hijos mayores, Don Jr. e Ivanka, que trabajan en la Organización Trump, viajaron recientemente a India, por lo que decidí investigar un poco sobre ella. Pero antes una anécdota que sucedió hace poco en la Torre Trump.

El año pasado, uno de mis empleados tomó un taxi de la Torre Trump al aeropuerto. El chofer era un joven hindú y era su primer recorrido al aeropuerto, pero estaba más interesado en saber si su pasajero había visto alguna vez al señor Donald Trump. Mi empleado le dijo:

—Sí, hace cinco minutos.

El conductor estaba muy impresionado y dijo:

—¿Viste a Donald Trump hace cinco minutos? ¿En la Torre Trump?

—Sí, ahí está su oficina y ahí trabajamos.

El chofer quedó aún más impresionado y dijo:

—¿Quieres decir que el señor Trump *trabaja?*

No podía creer lo que escuchaba. Mi empleado le explicó entonces la realidad de mi vida (que paso largas horas en la oficina), y que tenemos Post-its, lápices, copiadoras y todo lo demás que hay en una oficina.

Sin salir de su asombro, el chofer comenzó a explicar algunos aspectos de su país mientras conducía al aeropuerto. Narró la historia de India condensada en unos cuantos minutos, y también explicó que en su país había cientos de idiomas y dialectos, con acentos distintos cada 50 kilómetros, pero que sin importar si estabas en alguna de las provincias o en Punjab, había dos palabras que todos entendían.

Ahora era mi empleado el que sentía curiosidad.

—¿Cuáles son? —preguntó.

El chofer soltó el volante del auto para gesticular y dijo con gran alegría:

—¡Estás despedido!

Mi empleado rió de buena gana y le preguntó amablemente si sabía dónde estaba el aeropuerto. Él respondió que trataría de encontrarlo y, por fortuna, lo hizo sin problemas. Era un hombre con gran sentido de la orientación y talento para contar cosas de su país.

¿Tenemos idea de hacia dónde se dirige India? ¿Sabemos algo de este país? He aquí unos datos para comenzar:

- India es la civilización con la historia ininterrumpida más antigua del mundo.

- En los últimos 10 000 años no ha invadido a ningún país.
- Es la mayor democracia del mundo.
- Es uno de los pocos países que logró su independencia sin violencia.
- El arte de la navegación tuvo su origen en el río Sindh hace 6 000 años (tal vez de ahí provenía aquel joven chofer).
- El sánscrito es el padre de todas las lenguas europeas.
- India fue el país más rico de la Tierra hasta el siglo XVII, cuando fue invadida por Gran Bretaña.
- El ajedrez se inventó en India.
- India inventó el sistema numérico. Albert Einstein dijo: "Debemos mucho a los hindúes; nos enseñaron a contar, sin lo cual no hubiera sido posible ningún descubrimiento científico de importancia".
- El álgebra, la trigonometría y el cálculo se originaron en India.
- El matemático Budhayana fue el primero que calculó el valor de Pi, y explicó el concepto de lo que conocemos como Teorema de Pitágoras. Lo descubrió en el siglo VI, mucho antes que los matemáticos europeos.
- India es el mayor país angloparlante del mundo.

Sin duda, India es un país que vale la pena conocer e investigar. 38 por ciento de los médicos estadounidenses son de ascendencia hindú, así como 12 por ciento de los científicos. Son el grupo étnico más rico en Estados Unidos y en el mundo. La educación tiene gran importancia y muchos hindúes dirigen grandes corporaciones estadounidenses y transnacionales.

India ha logrado convertirse de nuevo en una importante fuerza económica y merece nuestra atención, no por su interés turístico o histórico. Es importante para nuestro futuro, y como ciudadanos conscientes de lo que ocurre en el planeta, debemos dedicar un tiempo a conocer este fascinante y dinámico país.

El mundo tiene un probable competidor en China e India, lo que es bueno. Siempre he pensado que la competencia termina definitiva y rápidamente con la autocomplacencia. Mark Twain dijo: "No vayas por ahí diciendo que el mundo te debe el sustento. El mundo no te debe nada. Él estuvo aquí antes que tú".

Esto puede aplicarse a muchas situaciones. Reflexionemos al respecto. ¿Cómo puedes aprovechar esta información? Los ricos reconocerán las oportunidades mientras los pobres ocultarán la cabeza y harán como que no ocurre nada.

¿Eres capaz de identificar las oportunidades que puedan surgir de los cambios económicos?

Capítulo 4

CÓMO VOLVERTE RICO

La opinión de Robert

Resuelve problemas

Todos tenemos problemas económicos. Si quieres ser rico, resuelve problemas. Identificar un problema da la *oportunidad* de idear una solución.

Cada generación debe enfrentar sus propios problemas financieros. Para la generación de mis padres, los retos fueron la Depresión y una guerra mundial. Su solución a esos problemas fue asistir a la escuela, obtener un empleo seguro con prestaciones, retirarse a las 65 años y jugar golf el resto de su vida. Muchos miembros de la generación de la Segunda Guerra Mundial contaban con planes de retiro de prestaciones definidas, ahorros, seguridad social y Medicare. Para muchas personas de la generación de mis padres una buena educación y un buen empleo eran necesarios para sobrevivir financieramente.

La generación *baby-boom,* la mía, enfrenta problemas financieros distintos. En nuestros días, una buena educación universitaria y un buen empleo no bastan. Para empeorar las cosas, los empleos se importan del extranjero. Cada vez menos compañías ofrecen planes de retiro de prestaciones definidas, pues son tan caros que los modifican o descontinúan para ahorrar. Las compañías no quieren pagar a sus empleados de por vida.

En 1974, debido a los cambios en los mercados mundiales, muchas compañías dejaron de brindar planes de prestaciones definidas (PD) para ofrecer planes de contribuciones definidas (CD), más tarde conocidos como 401(k), IRA y planes Keogh. El problema de mi generación es que mientras los PD son auténticos sistemas de pensiones, los CD no lo son; éstos son planes de ahorros. De hecho, el 401(k) jamás se pensó como un plan de pensiones. En otros países existe el mismo problema, sólo que los planes tienen nombres diferentes.

Expresado de manera sencilla, un plan de prestaciones definidas te protege de por vida, mientras que uno de contribuciones definidas te cubre sólo mientras tengas dinero en la cuenta. En otras palabras, un plan PD, en teoría, no puede quedarse sin dinero, mientras que un plan CD sí. Ésta puede ser la razón por la que *USA Today* averiguó que el mayor temor en Estados Unidos es quedarse sin dinero durante el retiro, y ya sabemos que 80 por ciento de la generación *baby-boom* no tiene suficiente riqueza de la que pueda disponer.

Las generaciones posteriores a la *baby-boom,* llamadas generación X y generación Y, deberán enfrentar problemas financieros distintos. Si la generación *baby-boom* no hace un buen trabajo arreglando el entuerto creado por sus padres, las generaciones X y Y enfrentarán un problema aún mayor. No sólo deberán superar sus propios problemas financieros y la deuda pública (la mayor en la historia del mundo); también heredarán los problemas de sus padres e incluso quizá los de sus abuelos, pues la expectativa de vida es mayor. Al vivir más esperamos trabajar más años y retirarnos más tarde, pero, ¿qué ocurrirá si vivimos más y no podemos seguir trabajando?

La magnitud de este problema, de alrededor de un billón de dólares, resulta desalentadora. Relegarlo a la siguiente generación sólo lo amplifica y complica. Mientras mayores y más complejos se vuelven los problemas, mayor IQ financiero se requiere para solucionarlos. Necesitaremos toda la inteligencia que podamos reunir para resolverlo.

Para repetir el titular de la revista *TIME* del 31 de octubre de 2005:

La gran estafa de la jubilación

A millones de estadounidenses que esperan jubilación
subsidiada les espera una desagradable sorpresa.
Cómo las corporaciones saquean el bolsillo de los
contribuyentes... con la ayuda del Congreso.

La falta de educación financiera en nuestras escuelas permite que personas sin escrúpulos, incluso funcionarios electos de ambos partidos, roben legalmente a los incautos. Así, el problema se agrava.

Háblame de ello

Ojalá nos equivoquemos, pero Donald y yo creemos sinceramente que Estados Unidos tiene problemas financieros, y si este país está en dificultades, el resto del mundo también lo estará.

Uno de los mayores problemas actuales es el alza del precio del petróleo. El petróleo es la sangre de la economía mundial; si su precio aumenta demasiado y no encontramos una mejor alternativa energética, la economía mundial empezará a sucumbir. Como me dijo Donald: "Si un galón de gasolina cuesta cinco dólares, a ti y a mí no nos afecta; pero para quienes ganan diez dólares por hora, gastar esos cinco dólares significa no comprar alimento para sus familias". Y agregó: "El petróleo influye en todos los aspectos de nuestra economía, y el problema es que se nos está acabando. Los precios seguirán subiendo y tú y yo estaremos bien, pero millones de personas se verán afectadas".

Si el precio del petróleo alcanza los 100 dólares por barril (como creo que ocurrirá en el futuro cercano), la economía padecerá, pero tú no tienes que padecer también. Puedes enfrentar el problema *ahora* y ser parte de la solución.

Cuando hablo sobre los desafíos financieros que nos esperan, obtengo todo tipo de respuestas; una de las más frecuentes es: "No quiero saber de eso"; otra: "Debemos pensar positivamente. Toda esa negatividad es mala"; o: "Dios proveerá".

Éstas son réplicas de personas con bajo IQ financiero. En vez de abordar los problemas de frente y preguntar: "¿Cómo puedo beneficiarme de esta situación?", prefieren ocultar la cabeza en la arena. Es por esto que millones, tal vez miles de millones de personas, padecerán en los próximos años. En vez de considerar al problema una oportunidad, se ponen una venda sobre los ojos.

RIQUEZA = ENERGÍA

Poco después de la crisis petrolera de 1973 y 1974, mi padre rico me enseñó que el petróleo y la riqueza están relacionados directamente. A menudo decía: "Riqueza es igual a energía". Yo me interesé en el petróleo desde que trabajé como aprendiz en los buques petroleros de Standard Oil en 1966. La explicación de mi padre rico era sencilla: "Cuando el precio de la energía baja, nuestra riqueza sube". La ecuación se ve así:

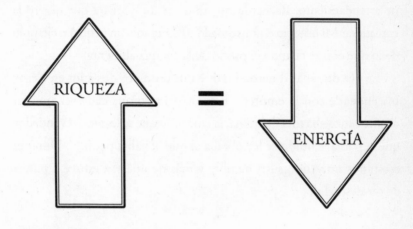

Para la mayoría de las personas, cuando el precio de la energía sube, la riqueza baja.

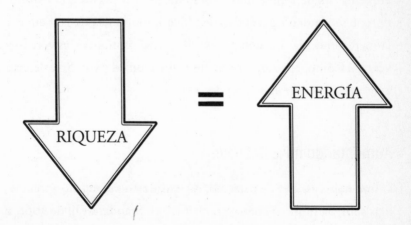

En 1974, año en que inicié mi carrera en los negocios como vendedor de Xerox, comprobé que la teoría de mi padre rico era correcta. La gente no rentaba copiadoras Xerox; incluso cancelaba sus contratos de arrendamiento. Mi primer venta me sorprendió de rodillas frente al cliente: no vendía, suplicaba. Suplicaba a los clientes no cancelar su contrato de arrendamiento. Recuerdo que uno me dijo: "¿Para qué quiero la copiadora? Mi negocio está arruinado". Éste es sólo un pequeño ejemplo de lo que ocurre cuando el precio de la energía aumenta.

En vez de ganar dinero, durante mis primeros dos años en Xerox me endeudé con la empresa. Esto ocurrió porque cada vez que un cliente cancelaba una máquina, la comisión que se le daba al vendedor que la había vendido se le cobraba al que la había perdido. Durante esos años no vendí, sufrí hambre y más de una vez estuve a punto de ser despedido.

Los tiempos difíciles pueden enriquecerte

Lo positivo fue que el reto de una economía en recesión hizo de mí un mejor vendedor. Aunque no gané mucho dinero, mi formación en ventas sigue redituando aún ahora. Mis negocios son exitosos porque sé vender y porque entiendo la importancia de las ventas y la mercadotecnia. En tiempos de dificultad económica esto es una ventaja. Como repetimos frecuentemente Donald y yo: "Si te dedicas a los negocios necesitas aprender a vender".

Aumentando mi IQ financiero

Como había escasez de petróleo, mi padre rico me sugirió aprender más sobre la industria petrolera. Estuve en Standard Oil de 1966 a

1969, como aprendiz y como tercer oficial en sus buques. Debido a que el tema me interesaba, no me costó trabajo aprender.

Cuando empecé a ganar dinero en Xerox como vendedor, y para aprender más sobre el petróleo, tomé un trabajo de medio tiempo en una compañía petrolera localizada en las afueras de Oklahoma, la cual vendía refugios fiscales en el ámbito del petróleo y la gasolina. En aquellos días, una persona podía invertir 100 mil dólares y cuadruplicar esa cantidad en incentivos fiscales. En este ejemplo, una inversión de 100 mil dólares valía 400 mil en deducciones. Así, el inversionista ganaba más dinero de la producción de petróleo y pagaba mucho menos de impuestos. Por eso los ricos eran cada vez más ricos.

Aprendí algunas lecciones importantes al vender refugios fiscales durante esa época de precios elevados del petróleo. La lección número uno era que no todos los negocios padecían por la crisis petrolera. Descubrí que muchas personas se enriquecían cada vez más, mientras otras eran cada vez más pobres. Con este hallazgo, mi IQ financiero aumentó y contemplé un mundo nuevo. Luego de mi experiencia vendiendo copiadoras Xerox a las empresas y refugios fiscales a los ricos en mi tiempo libre, decidí que quería ser rico.

La lección

Observa la siguiente ecuación:

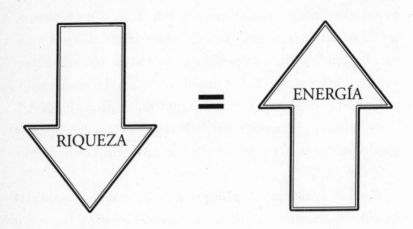

La triste realidad es que cuando los precios de la energía aumentan, la riqueza del país baja, excepto para quienes tienen un IQ financiero tal, que pueden invertir de manera inteligente.

No obstante, si eres rico, tu ecuación puede verse así:

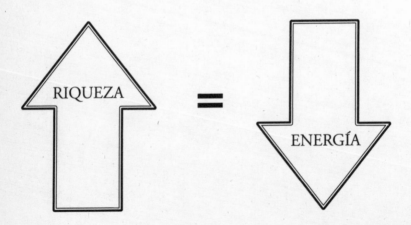

La decisión es tuya. Puedes elegir cuál de las dos ecuaciones quieres.

Yo me asocié con compañías petroleras porque quise estar del lado de los ricos, y hoy sigo invirtiendo en ellas como lo hice en los años setenta y ochenta.

Los incentivos fiscales, aunque no tan buenos como en el pasado, siguen siendo tentadores. Actualmente, si realizo una inversión de 100 mil dólares, no recibo el cuádruple en deducciones, pero sí un 70 por ciento, más otro 15 por ciento por factor de agotamiento. Es decir, 70 mil dólares en deducciones más 15 por ciento por cada dólar de ingreso. Gano más y pago menos en impuestos. Intenta obtener esto con ahorros, acciones, bonos o fondos de inversión. Inteligencia financiera es saber ganar dinero y pagar menos en impuestos.

Lo decisivo para mí fue hallar una compañía petrolera honesta. Como dijo mi padre rico hace años: "Un petrolero es un mentiroso sentado junto a un agujero en el piso". También puede sustituirse *petrolero* con *minero*.

Aunque actualmente gano mucho dinero de mis libros y juegos de mesa, la mayor parte de mi riqueza proviene de una mina de oro en China, una de plata en Sudamérica, y de mis compañías de bienes raíces y asociaciones petroleras en Estados Unidos.

Cada vez que un reportero me pregunta: "¿No es cierto que la mejor manera de hacerse rico es escribir un libro sobre cómo hacerse rico?", yo me río y simplemente respondo: "Si cree que escribir un *bestseller* internacional y desarrollar un juego de mesa educativo es sencillo, ¿por qué no lo hace usted?" En mi opinión, es mucho más fácil encontrar petróleo y oro que escribir un *bestseller*.

Donald Trump y yo escribimos porque nos preocupan los tiempos de turbulencia financiera que enfrentarán los estadounidenses y otros pueblos del mundo. Ojalá estemos equivocados, pero pensamos que millones de personas padecerán económicamente por las tormentas financieras que se avecinan. Nuestro mensaje es: con la educación y la preparación adecuadas, tú puedes aumentar tu IQ financiero y remontar las fuertes olas para que tu riqueza crezca y no disminuya.

La opinión de Donald

La educación sustituye al miedo

El mensaje de Robert y mío es: con la educación y la planificación financiera adecuadas podrás sortear las turbulencias del mundo financiero actual y adquirir riqueza si encuentras maneras de resolver los problemas.

Recuerdo un ejemplo muy sencillo de solución de problemas. Cuando Robert vino hace poco para hablar del libro, coloqué una silla roja en el centro de mi oficina. Le pregunté si le gustaba y cuánto creía que me había costado.

Se quedó mirando aquella silla tapizada y elegante de comedor, y finalmente dijo: "No tengo idea". Yo estaba encantado.

Mike, el gerente de mi campo de golf en California, llamó y me dijo que necesitaba 150 sillas para el restaurante y que le habían cotizado en 1500 dólares cada una. Eso me pareció muy caro, por lo que, en vez de simplemente autorizar, realicé algunas llamadas.

"Me costó 90 dólares —dije muy orgulloso—. Es una silla fabulosa. Es la mejor. Mira, siéntate. Es una mejor silla que la de 1500. ¿Sabes cuánto ahorré sólo por hacer unas cuantas llamadas?"

Es cuestión de liderazgo y de capacidad para resolver problemas. Si mis empleados piensan que derrocho el dinero, ellos lo derrocharán. No es sólo por proteger el capital; es para poner el ejemplo. A mí no me da miedo gastar; me gusta comprar lo mejor, pero no me gusta desperdiciar el dinero. Muchas personas tienen dificultades financieras porque piensan barato y compran barato. Puedes enriquecerte siendo barato, pero, ¿quién quiere ser un rico barato?

Nunca he sido barato, ni siquiera cuando tuve dificultades financieras. Cuando mi compañía tenía problemas, seguí pagando bien a mis empleados. Por eso puedo comprar la mejor silla al mejor precio. No me gusta que me timen, mucho menos cuando puedo obtener lo mejor por menos. Y espero lo mismo de mi personal.

Algo que debemos tener presente es que un pequeño esfuerzo es el mejor sustituto de las excusas. Si todos nos esforzáramos por entender lo que ocurre a nuestro alrededor, si realizáramos ese salto cuántico y utilizáramos esa parte más elevada y no autocomplaciente de nuestra inteligencia, podríamos obtener algunas ideas brillantes. La resolución es el aspecto más elevado de la educación. Así como el entendimiento puede sustituir al odio, la educación puede sustituir al miedo.

Tal vez la ignorancia sea más fácil, pero a menudo es resultado del miedo. Como dijo Robert Frost: "Nada me da más temor que las personas temerosas". Reduce tu miedo e impulsa tu valentía.

Me gustan los diagramas de Robert, y cuando observo sus flechas de riqueza y energía pienso en cómo nuestra energía individual puede generar riqueza. La persistencia es una gran fuente de energía en sí misma; si eres

> He aprendido que, en ocasiones, lo esencial puede pasar inadvertido. Aquí es donde entra el discernimiento.
>
> Donald J. Trump

persistente y tienes la orientación adecuada, es probable que alcances el éxito. Siempre me ha gustado la declaración de Alexander Graham Bell: "Concentra todos tus pensamientos en el trabajo que estás realizando. Los rayos del Sol no queman hasta que se les concentra". Si puedes controlar tu energía, tienes buenas posibilidades de generar y controlar tu propia riqueza. Tus dos flechas estarán apuntando en la dirección correcta.

He aprendido que, en ocasiones, lo esencial puede pasar inadvertido. Aquí es donde entra el discernimiento. Los líderes son personas que han sustituido el miedo con discernimiento, con lo cual pueden predecir lo inevitable. Su educación les da elementos para remplazar eficazmente el miedo e incrementar sus posibilidades de éxito.

La solución de problemas resulta mucho más sencilla si los consideras desafíos. Tal vez los veas de esa manera, pues los problemas son parte de la vida. Una actitud positiva frente a los problemas te dará inevitablemente más energía. Digo "inevitablemente" porque lo he comprobado por experiencia propia. La confianza constituye un gran paso hacia la valentía, y el miedo se evapora ante ella.

Robert dijo que los problemas pueden crear oportunidades. Bien dicho; estoy de acuerdo. Si ves tus problemas desde esa perspectiva, puedes estar seguro de que te encuentras en camino de resolverlos. Yo he tenido problemas graves, incluyendo deudas de miles de millones de dólares, pero nunca estuve en bancarrota y ahora tengo más éxito que nunca, así es que hablo por experiencia propia.

La Torre Trump ha estado en el mapa como destino turístico durante tanto tiempo que con frecuencia se olvida que no apareció de un día para otro en el cielo de Manhattan. Hubo muchos obstáculos para superar cuando decidí que quería el "emplazamiento Tiffany" para mi nuevo edificio. Tuve que resolver muchos problemas. En primer lugar, quise comprar la tienda y el edificio de Bonwit Teller, pero ellos creyeron que estaba loco. No me di por vencido, y pasaron tres años antes de lograr algo con ellos. Luego, quise comprar los derechos aéreos de Tiffany, lo que me permitiría construir un edificio mucho más alto. Cuando los obtuve, necesité un pequeño terreno que resultaba crítico porque la legislación zonal exigía un mínimo de nueve metros detrás de cualquier edificio. Eso requirió más investigación y negociación. Además, yo y mi arquitecto, Der Scutt, consideramos más de cuarenta diseños, identificamos los mejores elementos de cada uno y los incorporamos al diseño final. Luego tuvimos que esperar la aprobación de la ciudad y algunas licencias especiales.

Ésta es sólo parte de la historia de la Torre Trump. Ninguno de esos pasos fue sencillo, pero consideré a cada uno un reto y disfruté afinar los detalles. Si no los hubiera abordado así, fácilmente me habría desanimado, pero ahora tengo un edificio hermoso y célebre en todo el mundo. ¿Valió la pena? ¡Sí!, y es un gran ejemplo sobre cómo resolver problemas.

Otra historia interesante acerca de la Torre Trump es la de su nombre. Yo iba a llamarla Torre Tiffany debido a su emplazamiento, pero un amigo me preguntó por qué usar otro nombre famoso para nombrar a un edificio que yo había imaginado y construido, y su pregunta me impactó; así pues, se convirtió en la Torre Trump.

Robert y yo sabemos que los problemas pueden ser complejos y que en ocasiones parecen interminables, pero queremos exhortarte a considerarlos *desafíos* que te darán la oportunidad de alcanzar un gran logro. Recuerda: nada es fácil, pero, ¿quién quiere "nada"? ¡Tu inteligencia financiera está mucho más allá de eso!

Capítulo 5

POR QUÉ QUEREMOS QUE SEAS RICO

La opinión de Robert

Cuando Charles Wilson, entonces presidente de General Motors, fue nombrado secretario de la Defensa en 1953, le preguntaron si tomaría decisiones que afectaran negativamente a GM. Él respondió que era posible, pero que no podía imaginar una situación en la que eso ocurriera, "pues durante años pensé que lo que era bueno para el país era bueno para General Motors, y viceversa". Desde entonces se ha citado al antiguo presidente de GM diciendo: "Lo que es bueno para General Motors es bueno para Estados Unidos", aunque su mensaje era indudablemente más complejo. Lo que él quiso decir es que ambos gigantes —GM y Estados Unidos— estaban entrelazados. Esto sigue siendo así en nuestros días, aunque en distinta forma.

General Motors está en problemas, igual que Estados Unidos. Los problemas de GM se deben a que sus autos no son tan buenos como deberían, a que la compañía ha tenido problemas de gestión desde hace años, y a que, como Estados Unidos, ha vivido de sus éxitos del pasado, posponiendo sus problemas en lugar de resolverlos.

Un ejemplo de cuán desafortunada ha sido la gestión de GM se menciona en *Buffettology*. Según Mary Buffett:

El mismo fenómeno puede encontrarse en los registros de contabilidad de General Motors: entre principios de 1985 y finales de 1994, sus ingresos fueron de aproximadamente 17.92 dólares por acción, y sus egresos por dividendos de aproximadamente 20.62 dólares por acción. Durante el mismo periodo, la compañía gastó aproximadamente 102.34 en mejoras de capital. La pregunta que debe cruzar sus mentes es: si las ganancias de General Motors durante este periodo sumaron un total de 17.92 dólares, y sus egresos por dividendos 20.62 dólares, ¿de dónde salen los 2.68 restantes en egresos por dividendos y los 102.34 para mejora de capital?

Este pequeño ejemplo sobre GM no toma en cuenta su reducción de participación en el mercado, el número de empleados que no están trabajando pero reciben sueldo, ni unos planes de pensiones y de atención médica con fondos insuficientes. En otras palabras, al igual que Estados Unidos, el mayor fabricante de autos del mundo está al borde de la bancarrota. Lo que es bueno para GM es bueno para Estados Unidos, pero, ¿podemos pagar el precio?

No hace falta una maestría en administración de empresas para entender las cifras de GM; con sexto de primaria bastará. Pregúntate lo siguiente: ¿cómo puede una compañía que gana 17.92 dólares por acción, pagar dividendos de 20.62 dólares y seguir activa? Cualquier niño te dirá que si sólo tienes 17.92 dólares, no te alcanza para pagar 20.62. La siguiente pregunta es: ¿cómo puede una compañía gastar 102.34 dólares por acción cuando sólo gana 17.92? Una vez más, cualquier niño de doce años te dirá que gastar 102.34 cuando sólo tienes 17.92 es administrar mal el dinero. Simplemente no tiene sentido.

Pero aunque no tiene sentido, millones de personas invierten en GM, apuestan su jubilación al futuro de GM, y hacen caso a corredores de bolsa y asesores financieros que les sugieren invertir en compañías de primer nivel como GM. ¿Cómo pueden ser tan ingenuas? Mi respuesta: falta de educación financiera.

Warren Buffett tenía otra respuesta a esa pregunta. Una cita:

Me ha beneficiado que a decenas de miles (de estudiantes) que salen de las escuelas de negocios se les haya enseñado que pensar no sirve de nada.

Esta cita explica por qué una compañía como GM, para la cual trabajan miles de personas inteligentes, pueda tomar decisiones financieras tan absurdas. El señor Buffett también dijo:

Si se requirieran cálculos, yo tendría que volver a repartir periódicos. Nunca he tenido necesidad de usar el álgebra.

Creo que lo que quiere decir es que hacerse rico es cuestión de sentido común, y que basta con matemáticas elementales.

Aquí surge una pregunta obvia: ¿por qué personas instruidas son persuadidas de invertir en una compañía que utiliza una matemática difusa en vez de matemática lógica? Otra cita del señor Buffett resulta oportuna:

Wall Street es el único lugar al que las personas acuden en Rolls Royce buscando el consejo de personas que viajan en metro.

¿Oportunidad?

Hace poco, Warren Buffett volvió a ser noticia. Luego de ver una entrevista con Rich Wagoner acerca de GM, y para mostrar su apoyo, envió a su hija a comprarle un Cadillac nuevo. Esto generó algunas preguntas y numerosas especulaciones. Los *bloggers* estuvieron muy activos, con comentarios como los siguientes.

- La compra del Cadillac significa que Warren Buffett cambió de opinión a propósito de GM. Debe ser momento de comprar acciones de GM.
- Con las acciones de GM tan bajas, él simplemente está buscando un Cadillac a buen precio.
- Aunque GM está en problemas, Warren Buffett es partidario de "comprar lo hecho en Estados Unidos".
- Warren Buffett ha estado haciendo comentarios sobre la precaria situación financiera de GM, y está al pendiente de ver cómo bajan sus acciones para comprarla a un precio conveniente.

¿Cuál crees que sea cierto? Posiblemente todos, posiblemente ninguno. Quizá lo mejor es que hagas tu propio análisis de la situación financiera de GM, sin importarte por qué Warren Buffett compró un Cadillac.

Los ricos son cada vez más ricos

Donald Trump y yo estamos muy preocupados por el futuro de este país. Sabemos que algo está mal, así como sucede con GM, aparte de sus autos. Tememos que este país y su riqueza hayan sido extremadamente mal administrados, tal como GM está mal administrado.

Aunque la especulación beneficia a los ricos, haciéndolos más ricos, las clases media y baja pagan el precio.

Si has visitado recientemente Detroit sabrás que el lugar parece una funeraria. Las ciudades y los negocios están muriendo. Al morir los negocios, los precios de los bienes raíces caen y las familias padecen en muchos aspectos, no sólo en el financiero. ¿Lo que es bueno para GM es bueno para Estados Unidos? ¿Es Detroit un ejemplo del futuro de este país?

Más acerca de la mentalidad de merecimiento

Donald y yo coincidimos en que Estados Unidos se ha vuelto auto-complaciente. Esto no significa que sus habitantes no trabajen duro; lo que queremos decir es que las personas esperan que el gobierno resuelva sus problemas, que se haga cargo de su futuro. Nuestro país tiene demasiada confianza en políticos y burócratas. El gobierno no puede resolver muchos de nuestros problemas actuales, sencillamente porque resolverlos está más allá de la capacidad de cualquier gobierno. Ésta es una realidad global.

La población ha desarrollado la mentalidad de merecimiento y espera alguna especie de subsidio gubernamental. Esto incluye a los ricos. Muchas empresas grandes reciben subsidio del gobierno. Muchas granjas y ranchos no sobrevivirían sin un subsidio del gobierno. En lo que se refiere a prestaciones para el retiro, el presidente del país y miembros de las cámaras de diputados y senadores esperan dinero del gobierno. Así pues, cuando hablo de la mentalidad de merecimiento, no sólo me refiero a los pobres. De hecho, la mayor parte del dinero del gobierno va a los ricos y no a los pobres.

Hace poco, el senador Randall Cunningham, ex piloto de la marina de Estados Unidos, piloto de combate "as" en Vietnam e instructor en la escuela de armas para combate de la marina estadounidense, fue hallado culpable y condenado a prisión por aceptar sobornos. Aunque él se declaró culpable y fue condenado, seguirá recibiendo del Congreso sus cheques por jubilación, además de los que recibe por el mismo concepto de la marina. Así, incluso un criminal sigue siendo merecedor del subsidio gubernamental.

Nuestros sistemas de seguridad social y Medicare están en problemas, pero millones de personas siguen contando con ese derecho. Cuando el presidente Bush intentó reformar la seguridad social mediante su privatización, la enérgica reacción negativa que obtuvo le mostró que este país ama intensamente sus cheques de subsidio.

La tormenta perfecta

Los problemas financieros que enfrentamos rebasan la capacidad del gobierno estadounidense para resolverlos. Por ejemplo, nuestros desafíos económicos no pueden resolverse sólo mediante el alza o la baja de las tasas de interés por parte de la Reserva Federal; no obstante, el mundo alaba la sabiduría de la Reserva. Cada vez que el ex presidente de este organismo, Alan Greenspan, y el presidente actual, Ben Bernanke, hablan, el mundo escucha. Sin embargo, los problemas no se han resuelto y han alcanzado escala global, rebasando nuestras fronteras y el control de nuestros líderes políticos.

Consideremos algunos de los problemas y la manera en que se relacionan:

1. *Un creciente déficit comercial.* Se calcula que el déficit comercial de Estados Unidos para 2006 será de 423 mil millones de dólares. Esto significa que el país consume 423 mil millones más de los que produce. En una escala menor, esto sería equivalente a que una

familia que gana 5 000 dólares al mes, gastara 6 000 en el mismo lapso. Tú y yo sabemos que esta familia sólo estaría agravando sus problemas. Esto nos lleva al siguiente problema:

2. *Una creciente deuda pública.* Según el Ministerio de Hacienda, 42 presidentes, desde Washington (1789) hasta Clinton (2000), pidieron prestado a gobiernos extranjeros e instituciones financieras un total de 1.01 billones de dólares. Entre 2000 y 2005, la Casa Blanca de Bush pidió prestado 1.05 billones, más que todas las administraciones anteriores juntas.

Volviendo a las familias que ganan 5 000 dólares al mes, muchas de ellas trataron de resolver sus problemas pidiendo préstamos sobre el valor neto de la vivienda. Seguramente has visto en televisión los comerciales que dicen cuán inteligente es liquidar las deudas de tus tarjetas de crédito con un préstamo de este tipo. Éste es un ejemplo pequeño de cómo puede agravarse el problema. El presidente y el gobierno actuales están resolviéndolo de la misma manera, hipotecando nuestro futuro. Este problema nos conduce al siguiente.

3. *La caída del dólar.* Como ya se mencionó, en 1971 el dólar dejó de ser dinero y se convirtió en medio de cambio. En 1971, el presidente Nixon intentó resolver un problema: gran cantidad de nuestro oro estaba saliendo del país. ¿Por qué? La respuesta la encontraremos si volvemos al problema uno: un creciente déficit comercial. Debido a que comprábamos demasiados bienes japoneses y europeos, la diferencia entre lo que les vendíamos y lo que les comprábamos se concentraba en el oro, pues entonces nuestro dólar estaba respaldado por oro. Para resolver ese problema, el presidente Nixon simplemente convirtió nuestro dólar en un

pasivo, un pagaré. Actualmente, nuestro déficit comercial es más grande que nunca, y nuestro pagaré al mundo es descomunal.

En vez de respaldar nuestro dólar con oro, Estados Unidos puede simplemente seguir imprimiendo más dinero (igual que un individuo puede usar tarjetas de crédito y dar cheques sin tener dinero en el banco, con la diferencia de que tú y yo podemos ser arrestados y encarcelados por dar cheques sin fondos).

Aunque la impresión discriminada de dinero falso se pensó como una solución temporal para el problema de 1971, no resolvió el asunto del sobreconsumo. Como resultado, el cambio de 1971 causó más problemas, problemas muy grandes que estamos empezando a pagar hoy.

Entre 1996 y 2006, en sólo diez años, el dólar estadounidense ha perdido la mitad de su valor en comparación con el oro. En 1996, el oro se vendía aproximadamente a 150 dólares la onza. Para 2006, sólo diez años después, el oro se vendía a más de 600 dólares la onza. Por ejemplo, si en 1996 hubieras guardado mil dólares en el banco, actualmente (2006) ese dinero valdría menos de 500 dólares en oro. En contraste, si hubieras comprado cuatro onzas de oro por mil dólares, actualmente ese oro valdría 2 400 dólares.

Este cambio de 1971 dio como resultado que los ahorradores se convirtieran en perdedores. Quienes creían que su dinero estaba seguro en el banco, perdieron, simplemente porque no guardaron dinero real sino un medio de cambio, un pagaré de nuestro gobierno. Para quienes viven de ingresos fijos, la vida es más cara: el dinero no alcanza. El gobierno dice que el problema es la *inflación;* lo que no dice es que el problema real es la *devaluación*. El valor del dólar cae simplemente porque nuestro gobierno está imprimiendo más dinero para resolver sus problemas. Es posible que en 2020 una pieza de pan cueste 12 dólares, pero los cheques de pensión seguirán valiendo lo mismo. Este problema nos lleva al siguiente.

4. *Baby boomers sin dinero.* Hemos señalado que en los próximos años empezarán a jubilarse los 75 millones de *baby boomers*. En muchos casos, sus fondos son insuficientes para el retiro. Esta falta de ahorros se debe en parte a una ley conocida como Ley Gresham, la cual dice que el dinero malo desplaza al bueno. Esto ha ocurrido a lo largo de la historia, y se remonta a la época del Imperio Romano. En 1964, Estados Unidos remplazó las monedas de plata auténtica por monedas de plata falsa. Al instante, las monedas de plata auténtica desaparecieron.

> Los problemas financieros que enfrentamos rebasan la capacidad del gobierno estadounidense para resolverlos. [...] Sin embargo, los problemas no se han resuelto y han alcanzado escala global, rebasando nuestras fronteras y el control de nuestros líderes políticos.
>
> ROBERT T. KIYOSAKI

Creo que las personas no ahorran porque, consciente o inconscientemente, saben que el dinero que reciben no es real, así que lo gastan lo más rápido que pueden. Somos un país de deudores simplemente porque muchas personas saben que su dinero vale cada vez menos. ¿Para qué ahorrar? Después de todo, los ahorradores son perdedores. La mayoría de los clasemedieros estadounidenses tienen más dinero en sus cuentas de préstamo, vivienda y retiro que en el banco. Los estadounidenses tienen una de las tasas de ahorro más bajas del mundo. Viven más con menos dinero y menos oportunidades. Este problema nos lleva al siguiente.

5. *Mentalidad de merecimiento.* Millones de personas carecen de recursos financieros y esperan que el gobierno se haga cargo de ellos y resuelva sus problemas. Si el gobierno no se ocupa de ellos, ¿quién lo hará? Con los precios al alza, ¿quién tiene los recursos para hacerlo?

El problema no puede posponerse por más tiempo. Con las deudas de diez billones de dólares de Medicare, y de 62 billones de dólares de seguridad social, parece que la única solución es hacer lo mismo de siempre: gastar más de lo que ganamos, pedir prestado más de lo que podemos pagar, e imprimir más dinero. Es un círculo vicioso provocado por la incapacidad de resolver el problema, una situación causada por la falta de educación financiera. Este problema nos lleva al siguiente.

6. *Precios más altos del petróleo.* Los elevados precios del petróleo no son consecuencia de la falta de educación financiera sino de la avaricia y la falta de visión financiera. Aunque tenemos tecnología y fuentes energéticas para remplazar al petróleo, no lo hemos hecho. El país y el mundo padecerán financieramente por esta avaricia y falta de visión.

Los elevados precios del petróleo provocan un efecto dominó en el problema anterior. Estados Unidos pudo pedir prestado cuanto quiso porque su economía estaba en crecimiento. Mientras crecía, los demás países y los prestamistas estaban dispuestos a prestarle lo que deseaba. El problema con los elevados precios de la energía es que provocan la contracción de la economía. Si la economía se contrae, quienes nos han prestado pueden mostrarse reacios a prestarnos más. Si esto ocurre, los problemas no pueden resolverse a través de mayores promesas y más deuda. El castillo de naipes puede derrumbarse.

7. *Refugios fiscales para los ricos.* Todos conocemos la regla de oro, pero no me refiero a la que habla sobre lo que no debemos hacer a los demás, sino a la que dice: "Quien tiene el oro hace las reglas". Es una tragedia que en Estados Unidos las clases media y baja hayan perdido representación en el gobierno. Actualmente, los ricos hacen las reglas, y por eso son cada vez más ricos.

El 11 de mayo de 2006, *ABC News* presentó un reportaje sobre las más recientes reducciones a los impuestos:

> El *Tax Policy Center* de Washington descubrió que 0.1 por ciento de los contribuyentes —quienes ganan más de 1.8 millones de dólares— recibirían en devolución 82 mil dólares. Los estadounidenses de ingreso medio —con ganancias entre 27 mil y 47 mil dólares— recibirían veinte dólares.

Economía vudú o "efecto goteo"

Hay una teoría monetaria que fomenta las leyes que favorecen a los ricos: si los ricos tuvieran más dinero, lo invertirían y crearían más empleos. El dinero "gotearía" hasta las clases media y baja. Esta teoría recibe los nombres de "efecto goteo" o "economía vudú". Aunque en teoría suena bien, y aunque una parte del dinero efectivamente gotea, el resultado neto es que el dinero queda en manos de los ricos.

En muchas ocasiones, el precio de los activos aumenta porque los ricos tienen más dinero. ¿Por qué sube el precio de los activos? Porque es lo que compran los ricos: activos, y ésa es una de las razones por las que son ricos. Cuando los precios de los activos aumentan, los activos (cosas de valor real y duradero) se vuelven más caros y quedan fuera del alcance de las clases media y baja. Sólo mira el precio de los bienes raíces y pregunta a cualquiera que no haya comprado una casa si le parece sencillo comprar hoy la casa de sus sueños. Es difícil comprar una casa sólo con el dinero que gotea.

En resumen

Donald Trump y yo nos unimos porque creemos que este país está siguiendo el rumbo equivocado y el tiempo se acaba. En vez de mejorar, las cosas empeoran simplemente porque no resolvemos nuestros problemas financieros, estamos posponiéndolos para que la generación que sigue se haga cargo.

En su libro *The America We Deserve*, Donald Trump dice lo que haría si fuera presidente de Estados Unidos. Sus ideas me parecieron audaces e imaginativas. Creo que sería un magnífico presidente, y si algún día se postulara, yo haría campaña en favor de él.

Mis aspiraciones son más modestas. Mi padre fue candidato a la vicegubernatura del Estado de Hawai y fue derrotado. En esa experiencia perdí la fe en el proceso político. Mi propósito es simplemente ser inteligente en lo financiero, personalmente responsable por mi vida, y no convertirme en víctima de la mala administración de nuestro gobierno.

Mi padre creía que podía cambiar al gobierno. Después de su amarga derrota decidí que lo mejor era cambiar uno mismo. En vez de intentar cambiar las leyes —para que, por ejemplo, las leyes fiscales fueran más justas— decidí volverme rico y utilizar dichas leyes en mi beneficio. Si en lugar de vencer a los ricos prefieres unírteles, sigue leyendo, este libro es para ti. Si prefieres cambiar al gobierno, tal vez éste no sea el libro para ti.

Donald y yo creemos que la mejor manera de cambiar las reglas es ganar primero el oro. Si tienes el oro tienes más poder. Si tienes el poder, tienes más oportunidades de hacer cumplir la regla de oro, aquella que dice: "No hagas a los demás lo que no quieres que te hagan a ti".

La opinión de Donald

Primero debes saber qué ocurre y partir de ahí. Primero aprendes y luego actúas. Lo peor que puedes hacer es aprender siguiendo el camino difícil, actuando antes de saber. El aprendizaje es en sí mismo una inversión. Robert y yo tratamos de explicártelo de una manera accesible.

Las reglas no siempre son agradables, pero a menos que estés en posición de cambiarlas, más vale que las conozcas. Por ejemplo, muchas personas han venido a presentarme proyectos de urbanización supuestamente maravillosos, construcciones que opacarán a todas las demás. ¡Entonces descubro que no saben nada —*nada*— acerca de legislación zonal! Es como decir que vas a construir el barco que opacará a todos los demás pero que no sabes nada de astilleros. ¿Cómo puedes zarpar si no sabes construir un barco? Episodios como éste —y créeme, son más de los que imaginas— realmente me hacen reflexionar en torno al modo de pensar de algunas personas; se supone que la educación debe ayudarnos a pensar pero el pensamiento parece estar ausente en mucha gente, incluso en las que tienen educación.

Robert y yo compartimos una "mentalidad insular", y es la siguiente: hazte cargo de tu isla. Después del 11 de septiembre, los habitantes de Nueva York establecimos un vínculo que pocos podremos olvidar. De un momento a otro, Manhattan dejó de ser simplemente la ciudad grande y famosa en que vivíamos y se convirtió en "nuestra" isla, y en la isla adoptiva de muchos que nunca habían estado aquí. El ataque del 11 de septiembre no la destruyó; de hecho, la hizo mejor y más fuerte. En ese sentido, me complace decir que el 11 de septiembre fue un fracaso para los terroristas.

Todos conocemos el viejo refrán: "Ningún hombre es una isla". Hay muchas maneras de interpretarlo, pero a mí me gusta entenderlo así: "Todos estamos juntos en esto". Eso se manifestó después del 11 de septiembre y espero que conservemos algo de ese espíritu. Necesitamos estar unidos para enfrentar las fuerzas económicas de la actualidad y del futuro.

Es un asunto serio, pero eso no significa que no podamos divertirnos entre tanto. Tengo que decirlo, Robert piensa en grande, piensa que su isla es: ¡el mundo! En lo que se refiere a la venta de sus libros, probablemente tiene razón. Y su decisión de dar educación financiera a las personas ha adquirido dimensión global. Y qué bueno: es un problema global, pero las soluciones pueden empezar contigo y nosotros.

Robert y yo formamos un buen equipo. Por fin encontré a alguien que piensa en grande, como yo. Y no me trago eso de "Donald Trump construye rascacielos y yo tengo un dúplex", o cualquiera de esas tonterías. Es muy brillante, tremendamente exitoso y, sin lugar a dudas, un pensador global.

¿Qué te motiva?

Pero concentrémonos en algo más importante: ¿qué es lo más importante para ti, tu familia, su bienestar, su futuro y el tuyo? Entonces estás leyendo el libro adecuado. Hay cosas muy importantes para Robert y para mí, y estamos dispuestos a hacer todo lo necesario por ellas. Por lo tanto, creemos que tenemos algo en común con ustedes.

Imagina que tu familia y su bienestar está en riesgo. ¿Qué harías? Prepararte y equiparte para lo que pueda ocurrir.

No quiero ser un alarmista financiero, pero debo decirte que las perspectivas no son muy buenas. Nuestra seguridad financiera es poco firme. El hecho de que puedas comprar en Saks ahora o por la noche vía internet no significa que todo esté bien y que no haya de qué preocuparse. No caigas en ese estado de complacencia; no seas miope.

Robert señaló algunos problemas reales que enfrentamos actualmente:

1. Un creciente déficit comercial.
2. Una creciente deuda pública.
3. La caída del dólar.
4. Los *baby boomers* sin dinero.
5. Mentalidad de merecimiento.
6. Precios más altos del petróleo.
7. Refugios fiscales para los ricos.

Cualquiera de ellos supondría la ruina financiera para cualquier país. Es más importante que nunca que te eduques y eduques a tu familia para que se protejan financieramente en el futuro. La educación da visión, y la visión da la capacidad de identificar problemas económicos y convertirlos en oportunidades económicas. Sin embargo, debes ser cuidadoso con la clase de educación que recibes.

Cierta vez escuché a alguien decir: "Antes de la publicidad yo veía el mundo". Las cosas eran más claras para esta persona antes de permitir que la publicidad, los medios de comunicación y los políticos lo avasallaran. Admitía que su visión se nubló cuando los expertos mundanos aparecieron para aclararle las cosas. Los medios de comunicación son una herramienta poderosa, para bien y para mal. El punto fundamental es que debes aprender a pensar por ti mismo.

Robert y yo no vamos a pensar por ti, pero debido a que hemos pensado mucho y hemos tenido éxito, creemos que nuestras palabras pueden disipar la niebla del horizonte e incluso aplacar el ataque mediático al que todos estamos sujetos.

¿Cuáles son tus instintos naturales?

Robert nació en Hawai, por lo que seguramente es un excelente nadador. Más le vale serlo, considerando que fue surfista. Jamás imaginé escribir un libro con un surfista hawaiano. Recuerdo una frase de su libro *Rich Dad's Prophecy:* "No se puede aprender a nadar de un libro". Y otra más adelante: "No se puede aprender de negocios en un libro o en la escuela de negocios". En otras palabras, nada se compara con la experiencia de primera mano.

Esto me remite a otra cosa que pensé a propósito de los instintos. Robert pasó un año navegando alrededor del mundo, como parte de su formación en la Academia de la Marina Mercante de Estados Unidos. Me dijo que ahí aprendió a estar pendiente de las señales de cambio en el clima. Después de un tiempo se desarrolla un sexto sentido, un instinto que indica cuándo podría cambiar la pauta. Creo que él ha aplicado ese instinto a la

> Es un asunto serio, pero eso no significa que no podamos divertirnos entre tanto.
>
> DONALD J. TRUMP

predicción económica. Afirmó que la situación económica le recuerda los componentes de la "tormenta perfecta" de la que todos hemos oído. Esa no es precisamente una imagen reconfortante.

Mi experiencia con el instinto comenzó en el beisbol. Los jugadores de este deporte necesitan un sexto sentido si quieren superar las pequeñas ligas. No muchos saben esto, pero fui un buen jugador de beisbol, suficientemente bueno para que me ofrecieran becas universitarias por mi habilidad. Simplemente sabía cómo funcionaba el juego y tenía la habilidad física necesaria.

He aplicado el mismo conocimiento del juego a los negocios. A veces espero que una situación se tranquilice y pienso: "Muy bien, ¿bases llenas? Adelante". Esto representa para mí un *grand slam*, y anotar un *grand slam* es una experiencia inigualable.

Por su parte, tal vez Robert piense: "¿La ola perfecta? Muy bien, adelante". Pero, ¿quién sabe cómo piensa un ex surfista? Yo no. De hecho, alguien me dijo una vez que los ex surfistas no existen. Los surfistas lo son hasta el fin de sus días.

Si no fuera por su formación militar y experiencia en el mar, no sé si yo estaría trabajando con él. Aunque tiene visión y tenacidad, dos cosas muy importantes.

IQ financiero

Tanto Robert como yo hemos utilizado la expresión "IQ financiero" en nuestros libros. Hace poco, Kim, la esposa de Robert, publicó su primer libro, *Mujer millonaria* (Aguilar, 2007). Me dio a leer el manuscrito y me pareció tan bien hecho que escribí una nota para la tapa del libro. Su objetivo es que las mujeres aumenten su IQ financiero y no dependan de un hombre que se haga cargo de ellas. Recomiendo su libro tanto para hombres como para mujeres.

Todos tenemos nuestra definición de IQ financiero, pero es una expresión viva y, por lo tanto, siempre cambiante. Para mí, es la capacidad de trazar una carta de navegación para las aguas de la economía, nacionales e internacionales, de ver más allá del presente y de tomar decisiones con base en esa información y en esas evaluaciones. No es una empresa fácil y exige disciplina diaria, pero es una disciplina necesaria para tener éxito en el mundo actual.

Tal vez tengo ventaja porque soy de esas personas que no requieren mucho sueño, tal vez tres o cuatro horas por noche. ¿Qué hago con esas horas extra? Leo. Me mantengo al tanto de los acontecimientos del mundo y leo sobre historia.

Imagínalo: 28 horas adicionales de lectura a la semana pueden representar muchas lecturas. Haz cuentas. Sé que a Robert le gusta la lectura grupal, que las personas se reúnan para estudiar un libro. Es una buena idea, pero como yo acostumbro leer de madrugada, no creo ser codiciado por ningún grupo.

La importancia de la historia

Quisiera destacar la importancia de estudiar historia. El conocimiento es poder. Podemos aprender de la historia, de las civilizaciones e imperios que han definido la historia del mundo hasta ahora. Hay cosas muy grandes que han desaparecido en el curso de la historia. ¿Recuerdas al Imperio Otomano? ¿Sabes durante cuánto tiempo gobernó? ¿Sabes por qué y cómo fue su decadencia? Tal vez debas investigarlo. Podría resultar pertinente para comprender e incidir en los acontecimientos mundiales. En otras palabras, las cosas que no sabes podrían afectarte en el futuro. ¿A quién culparás si te toman por sorpresa?

Robert y yo somos aficionados a la historia, y una de las razones por las que nos llevamos bien es que ambos la utilizamos como guía. Es mejor aprender de la historia que repetir los errores. Como dice el refrán: "Quienes no aprenden de la historia están condenados a repetirla".

Si el día de hoy se convirtiera repentinamente en un recuerdo, ¿qué te gustaría recordar de él?

Vienen a la memoria dos citas, una de Ralph Waldo Emerson y otra de Albert Einstein:

Lo que está detrás
y lo que está delante de nosotros
son poca cosa
comparado con lo que tenemos dentro.
—Emerson

La mente que se abre a una idea nueva
jamás vuelve a su tamaño original.
—Einstein

La cita de Emerson me ayuda a no ser autocomplaciente, pues me recuerda que hay mucho más que debo aprender y lograr, y la cita de Einstein me ayuda a pensar en grande. Podría dar explicaciones más eruditas, pero estos pensamientos son tan claros que sería redundante intentar desarrollarlos. También creo que mientras más simple, mejor. Simple no quiere decir fácil. Destilar algo hasta su esencia puede tomar tiempo y mucha reflexión. Ésa es una buena razón para leer a los grandes pensadores y escritores: en muchos casos ya han llevado a cabo el proceso de destilación.

He aquí tu tarea: reflexiona acerca de tus raíces y de por qué estás haciendo lo que sea que haces hoy. Es una buena forma de empezar a pensar por ti mismo, y lo más seguro es que nadie más que tú encuentre las respuestas correctas.

Robert y yo te hemos dicho por qué queremos que seas rico, pero lo que nosotros queramos no es relevante. Lo que importa es lo que *tú* quieras para ti y tu familia. ¿Quieres ser rico?

Robert T. Kiyosaki y Donald J. Trump

Parte 2

LAS TRES CLASES DE INVERSIONISTAS

En el mundo hay tres clases de inversionistas:

1. Personas que no invierten.
2. Personas que invierten para no perder.
3. Personas que invierten para ganar.

Las personas que *no invierten* esperan que su familia, la compañía para la que trabajan o el gobierno se haga cargo de ellos cuando concluya su vida laboral.

Las personas que *invierten para no perder* suelen hacerlo en lo que consideran inversiones seguras. Constituyen la enorme mayoría de los inversionistas. Al invertir, tienen la mentalidad del ahorrador.

Las personas que *invierten para ganar* quieren estudiar más, desean más control e invierten para obtener mayores rendimientos.

Curiosamente, los tres tipos de inversionista tienen el potencial para ser ricos, incluso quienes esperan que alguien más se haga cargo de ellos. Por ejemplo, hace poco se jubiló el gerente general de Exxon y recibió casi 500 millones de dólares como obsequio de despedida.

Donald y Robert invierten para ganar. Si tú quieres invertir para ganar, este libro es para ti.

Capítulo 6

INVERTIR PARA GANAR

La opinión de Robert

Donald y yo compartimos las mismas preocupaciones y ambos queremos que seas rico. Así pues, ¿cuáles son las soluciones?

Un día, durante una breve reunión en su oficina, Donald dijo: "Yo invierto para ganar, ¿tú no?" A partir de esa afirmación quedó clara la diferencia: él y yo *invertimos para ganar,* mientras que otras personas *invierten para no perder.*

Ya hemos hablado sobre el consejo que advierte: "Ahorra, salda tus deudas, invierte para el largo plazo (en fondos de inversión) y diversifica". Ese día por la tarde, Donald y yo comentamos que ninguno nos habíamos concentrado en el ahorro. De hecho, ambos tenemos deudas por millones de dólares, pero deuda buena. No diversificamos, al menos no en el sentido en que normalmente se utiliza el término. Y aunque definitivamente invertimos para el largo plazo, no lo hacemos en fondos de inversión, o por lo menos no es nuestro vehículo principal. ¿Por qué? Porque invertimos para ganar.

Donald y yo hablamos también sobre las diferencias entre nuestros respectivos libros y sobre por qué eran más populares que los de otros autores financieros. Una vez más, la diferencia saltó a la vista:

—La mayoría de los autores financieros sugieren a sus lectores *gastar lo menos posible* —dije—. Un autor recomienda no gastar en ese capuchino diario e invertir ese dinero en fondos de inversión, para que algún día en el futuro seas rico. Tú y yo no gastamos lo menos posible. Nos gusta ser ricos. Incrementamos nuestras ganancias. Cuando escribimos o enseñamos, exhortamos a los demás a ser ricos y a disfrutar la buena vida.

Luego de una pausa, Donald sonrió y dijo:

—Tienes razón. No conozco a nadie que le guste gastar lo menos posible, al menos entre mis amigos. Mis conocidos quieren disfrutar la vida, como tú y yo. Jugamos para ganar y *lo hacemos*. Tú ganas y disfrutas la vida. Por eso vendemos más libros y atraemos más público en nuestras conferencias: las personas gustan de los ganadores.

—Casi todos los expertos financieros aconsejan a las personas buscar la seguridad, gastar lo menos posible. Les dicen que invertir es riesgoso y que deben ahorrar para no perder. Estos expertos no se concentran en ganar, se concentran en *no perder* —agregué.

—Hay una gran diferencia —dijo Donald.

Todo lo que hice fue asentir con la cabeza. Desde hace años, desde que publiqué *Padre rico, padre pobre,* muchas personas, entre ellas periodistas, han dicho que mis propuestas son demasiado riesgosas. No obstante, a mi manera de ver, lo que hace la mayoría de las personas es mucho más riesgoso. En un mundo con cada vez menos seguridad laboral, me parece absurdo aspirar a ella. En un mundo con un mercado bursátil jaloneado por violentos vaivenes —que hacen perder billones de dólares a los inversionistas incautos— me parece absurdo apoyar en él nuestra seguridad financiera. Y con nuestros sistemas educativos que enseñan a los estudiantes poco o nada sobre el dinero, me parece riesgoso contar simplemente con una buena educación.

Todo esto me hizo reflexionar acerca de mi vida, sobre los momentos cruciales en que decidí que jugaría el juego del dinero para ganar y no para no perder.

—Nosotros no invertimos donde invierte la mayoría —dijo Donald—. Para ti y para mí ganar dinero es un juego: nos divertimos, disfrutamos el juego. A veces perdemos, pero casi siempre ganamos. Nos divertimos.

—Es divertido —dije—. Me encanta ese juego.

—Pero la mayoría no considera que ganar dinero sea un juego. Creen que es cuestión de vida o muerte, de ganadores o perdedores.

—O cuestión de supervivencia —dije—, como si lucharan por su vida. Por eso les aterra perder dinero. Por eso invertir les parece riesgoso.

—Y terminan realizando inversiones riesgosas —agregó Donald dando una palmadita sobre su escritorio—. Es una tragedia financiera.

—¿Que pierdan su dinero? —pregunté.

—No, que se pierdan de la diversión. Ganar dinero es divertido. La vida debe ser divertida, y millones de personas viven temerosas en vez de divertirse. Esa es la tragedia.

—Por eso buscan la seguridad, realizan inversiones "seguras", se aferran a la seguridad laboral y gastan lo menos posible —agregué—. Por si esto fuera poco, millones están sumamente endeudados con deuda mala, pues quieren divertirse pero no han aprendido a invertir para ganar. Quieren disfrutar la buena vida pero padecen el exceso de deuda mala.

—Y eso no es divertido —dijo Donald—. A ti y a mí nos encanta jugar. Hemos diseñado juegos didácticos. Los juegos son divertidos. Si te diviertes, aprendes más y deseas ganar aunque a veces pierdas.

Nunca he visto un juego que se llame *Ahorra* o *Gasta lo menos posible*. ¿Tú sí? Tal vez existan, pero no creo que sean tan populares como los nuestros. Nosotros jugamos agresivamente, jugamos para ganar. Nos divertimos. Para eso es la vida.

La reunión había terminado, teníamos mucho en qué pensar. Mientras subía al elevador y oprimía el botón del *lobby* de la Torre Trump, mi mente corría a toda velocidad. ¿Por qué la mayoría de los inversionistas buscan la seguridad o invierten para no perder, y por qué otros invierten para ganar? Cuando las puertas del elevador se abrieron, me surgió una pregunta: ¿Cuál es la diferencia entre una persona que juega para ganar y un tahúr? ¿Qué hay del riesgo?

Cuando llegué a la acera de la Quinta Avenida y llamé a un taxi, comprendí que esas preguntas eran las que debían contestarse en este libro. Comprendí que la razón por la que la mayoría invierte para no perder es que cree que invertir es riesgoso o es un juego de azar. Muchos creen también que si no obtienen altos rendimientos deben arriesgar más. Nada podría estar más lejos de la verdad.

La regla 90/10 del dinero

Sentado en el taxi recordé la regla 90/10 del dinero que mi padre rico me enseñó hace años. Todos hemos oído hablar de la regla 80/20, pero la regla 90/10 se aplica más específicamente al dinero. Enunciada de manera simple, en el juego del dinero, 10 por ciento de los jugadores gana 90 por ciento del dinero. Por ejemplo, en el golf, 10 por ciento de los jugadores profesionales gana 90 por ciento del dinero, y 90 por ciento de los jugadores se reparten el restante 10 por ciento.

A lo largo de mi vida he confiado en la regla 90/10 (aunque no conozco ningún estudio científico que haya intentado probarla). Todos hemos escuchado que 10 por ciento de los estadounidenses son dueños de 90 por ciento de la riqueza. En lo que se refiere a inversionistas en bienes raíces, podemos decir sin temor a equivocarnos que 10 por ciento poseen o controlan 90 por ciento de la riqueza, y la mayor parte de ésta pertenece al uno por ciento dentro de ese 10 por ciento.

Una de las maneras en que la regla 90/10 me ha servido, es al elegir mis proyectos. Por ejemplo, una de las razones por las cuales no he adoptado el golf como profesión es que simplemente no creo poder formar parte del 10 por ciento superior. No sólo no creo tener el talento, no tengo el deseo de hacerlo. Si me escucharas cantar sabrías por qué no elegí el canto como carrera. Cuando decidí escribir *Padre rico, padre pobre* y diseñar mi juego de mesa *CASHFLOW,* no sólo estaba seguro de que ambos tendrían éxito, también *deseaba* que lo tuvieran, aunque nunca había sido un buen escritor ni había diseñado juegos de mesa. Quería tener éxito, quería enseñar y quería ganar.

Creo que la razón por la que Donald Trump y yo nos unimos es que mi libro *Padre rico, padre pobre* y mi juego *CASHFLOW* son ganadores internacionales. No escribimos este libro porque yo sea un ganador internacional en bienes raíces como él, aunque poseo millones de dólares en propiedades y negocios en todo el mundo. En los negocios y en bienes raíces he ganado, soy un ganador, soy un profesional, pero no estoy en ese 10 por ciento superior como él.

> Comprendí que la razón por la que la mayoría invierte para no perder es que cree que invertir es riesgoso o es un juego de azar. Muchos creen también que si no obtienen altos rendimientos deben arriesgar más. Nada podría estar más lejos de la verdad.
>
> ROBERT T. KIYOSAKI

Como autor sí estoy en el 10 por ciento superior; de hecho, *Padre rico, padre pobre* es uno de los tres libros con mayor permanencia en la lista de *bestsellers* de *The New York Times*. Nada mal para alguien que reprobó inglés dos veces en secundaria.

Donald Trump juega para ganar

En Phoenix, Arizona, lugar donde vivo, Donald vino y despertó una controversia. Él y su equipo querían construir un edificio de muchos pisos en Camelback Road, entre las calles 24 y 32. Es uno de los emplazamientos más exclusivos de Phoenix. Los emplazamientos entre las calles 24 y 32 son como Boardwalk y Park Place en el *Monopolio*. Donald quería construir el edificio más alto de Camelback Road, pero había restricciones para la altura de la construcción.

El debate se prolongó por años. En la ciudad, la pregunta era: "¿Debe permitírsele a Donald Trump construir el edificio más alto en el mejor emplazamiento?" Mi esposa y yo queríamos que Donald ganara. ¿Por qué? Porque tenemos propiedades residenciales y comerciales en, cerca, o entre las calles 24 y 32. Si Donald Trump ganaba, nosotros también.

En el otoño de 2005, los habitantes del área votaron y decidieron no permitir al señor Trump construir el edificio más alto. Después de anunciar el resultado, los residentes se mostraron dispuestos a permitirle construir un edificio de muchos pisos, pero no tan alto como deseaba. Ante esto, el señor Trump simplemente dijo no.

Durante una de nuestras reuniones en Nueva York a propósito del libro, le pregunté sobre la votación de Phoenix. Él pareció no inmutarse, y sólo dijo: "Si no puedo construir el mejor edificio y el más alto, no me interesa construir". Entonces me mostró un edificio espectacular que estaba construyendo en Dubai. Señalando con orgullo aquel diseño futurista, dijo: "¿Para qué molestarme con Phoenix cuando estoy ocupado trabajando en esto?"

Mientras recorría en taxi la Quinta Avenida hacia mi hotel, tuve una idea más clara acerca de este libro. Este libro iba a ser sobre cómo vivir la vida para disfrutarla, sobre cómo jugar el juego de la vida para ganar, no para evitar pérdidas. En vez de enseñar a vivir gastando lo menos posible, sin poder disfrutar un capuchino, este libro enseñaría a vivir una vida que rebasara los sueños más descabellados de cada uno.

Cuando el taxi se acercaba a mi hotel, recordé una pregunta que me había formulado un reportero a principios de año:

—¿Ya definió sus objetivos para este año?

—No —contesté.

—¿Por qué no? Usted habla en sus libros de la importancia de establecer objetivos.

—Sí —contesté—, definir objetivos es importante. El problema es que en esta etapa de mi vida no sé qué más puedo pedir. Tengo dinero más que suficiente y un matrimonio maravilloso, me encanta mi trabajo, tengo salud y soy más exitoso de lo que jamás soñé. Estoy viviendo una vida que rebasa mis sueños más descabellados. He escrito *bestsellers,* salí en *Oprah,* estoy escribiendo un libro con Donald Trump y amo a las personas con quienes trabajo. No sé qué más puedo pedir.

—¿Y qué va a hacer al respecto? —preguntó el reportero.

—Supongo que necesito soñar sueños más descabellados.

El taxi se detuvo frente a mi hotel. Mientras pagaba al chofer, supe que este libro trataría sobre cómo vivir una vida que rebase los sueños más descabellados de cada persona... pero sólo será para quienes se atrevan a tener una vida así.

La opinión de Donald

Ganadores

Conozco desde hace mucho tiempo la proporción 90/10, pero Robert nos ofrece un buen recordatorio. Si no ponemos atención, esa proporción podría convertirse pronto en 95/05 o incluso en 99/01, en la que uno por ciento de la población controlaría 99 por ciento de los activos del país. Los ganadores no permitirán que eso ocurra, y espero que estés entre ellos.

Es importante soñar. Robert Browning dijo: "El alcance de un hombre debe superar la extensión de su brazo". Es lo que nos mantiene en marcha. A mí me gusta decir: "Si tu realidad empieza con tus sueños, tus sueños se convertirán en realidad".

¿Por qué? Porque pensar de otra manera nos deja en el nivel de la supervivencia, y no creo que éste sea el objetivo de la mayoría. ¿Alguna vez has escuchado a algún joven decir que espera convertirse en pordiosero? Normalmente dicen cosas como: "Quiero ser presidente"; "Me gustaría ser astronauta"; "Me gustaría ser bombero" o "Quiero ser doctor". Estas profesiones son difíciles y en ocasiones heroicas, y los jóvenes tienen los sueños y aspiraciones necesarias para alcanzarlos.

Los ganadores son siempre jóvenes de corazón: tienen aspiraciones elevadas, entusiasmo y planes para lograr lo que desean. Tal vez sus sueños sean descabellados, pero eso es mejor que no tener sueños. Entonces prestan atención y se concentran en lo que les permitirá hacerlos realidad.

Ser obstinado es una característica importante del ganador. Algunas personas han fracasado porque se dan por vencidas demasiado pronto. Si estás leyendo este libro, probablemente no estés entre ellas. Mi padre solía contar una historia sobre un tipo a quien le gustaban los refrescos. Este hombre quiso hacer negocio con un producto llamado 3UP, que fracasó. Entonces, intentó con un refresco llamado 4UP, que también fracasó. No se dio por vencido y decidió llamar a su producto 5UP; trabajó mucho para lograr el éxito pero volvió a fracasar. Se dio cuenta de que aún le gustaban los refrescos, así es que volvió a intentarlo con un producto llamado 6UP. Fracasó y se dio por vencido definitivamente.

Años después, otra persona puso en el mercado un refresco llamado 7UP, que tuvo un gran éxito. Cuando yo era joven no entendía por qué mi padre contaba esta historia una y otra vez. Nos la contó muchas veces. Más tarde comprendí su mensaje: nunca se den por vencidos. Pues bien, nunca olvidé esa historia y nunca me he dado por vencido. Su enseñanza cumplió su propósito. Recuerda esta historia si lo necesitas, y la parte ganadora de ti asumirá el control.

La otra característica importante del triunfador es tener una actitud ganadora. Yo aconsejo a las personas que se asuman exitosas; el pensamiento positivo funciona, tiene mucho poder. Ganar requiere esa clase de poder, ya seas sociable o reservado. El poder es fortaleza, y ser positivo puede ayudarte a superar situaciones difíciles.

En cierta ocasión en que estaba sumamente endeudado, me obstiné en no permitir que eso me desanimara. Simplemente me rehusé a tomar una actitud negativa. Me concentré en la solución y me dije que superaría esa situación y, al final, sería más exitoso. Eso es justo lo que ocurrió. En publicaciones importantes se dijo que estaba acabado, y aun entonces me negué a aceptarlo. Mi realidad estaba definida por mis sueños, no por números. Gané.

> Ser obstinado es una característica importante del ganador.
>
> DONALD J. TRUMP

¿Eres lo bastante obstinado para ser un ganador? ¡Entonces eres capaz de invertir para ganar! No es territorio extranjero y no necesitas visa o pasaporte para unirte a las filas de los inversionistas exitosos. He escuchado a muchas personas decir: "Soy de lo más obstinado", ¡y luego actúan como si no tuvieran lo necesario y ni siquiera el derecho de aprender más sobre cómo invertir! Como señala Robert, se perderán al mismo tiempo la diversión y un mejor futuro financiero, una desgracia innecesaria.

La ignorancia puede resultar más costosa que la educación, y eso incluye a la educación financiera. No permitas que el temor a lo desconocido apague tus aspiraciones y tu bienestar financiero. Hay personas que desean que te sientas inepto para aprovecharse de ti. Yo lo he visto con deportistas muy exitosos, por ejemplo. No permitas que te suceda. Aprende sobre el dinero y hazlo trabajar para ti. Ésa es la clave de las inversiones exitosas.

Capítulo 7

ELIGE TU BATALLA Y EL CAMPO PARA LIBRARLA

La opinión de Robert

Aprendí en la escuela militar la importancia de elegir la batalla y el campo, y reforcé ese conocimiento en el Cuerpo de Marina. Por ejemplo, las tropas que dominaban un terreno alto, como una colina, tenían ventaja sobre las del bando opuesto que estaban abajo. Las tropas del terreno bajo tenían la posibilidad de elegir entre luchar y no luchar. Tal vez de ahí provengan los dichos: "Más vale huir hoy y vivir para luchar mañana", y "Elige cuidadosamente tus batallas". Las mismas ideas pueden aplicarse en los negocios.

En *El cuadrante del flujo del dinero* (Aguilar, 2004), segundo libro de la serie Padre Rico, explico por qué algunas personas se enriquecen más fácilmente que otras. *El cuadrante del flujo del dinero* es el más importante de mis libros si deseas hacer cambios en tu vida. Si no es así, tal vez sea el peor libro para ti. Analicemos de nuevo el cuadrante del flujo del dinero. Como dijimos antes:

E significa empleado
A significa autoempleado

D significa dueño de negocio

I significa inversionista

Estas palabras son más que simples títulos. Las personas que se ubican en cada cuadrante son muy distintas entre sí. En lo referente a la actitud, las del cuadrante E buscan la seguridad. Dicen: "Busco un empleo seguro con prestaciones". Un autoempleado del cuadrante A puede decir: "Si quieres que se haga bien, hazlo tú mismo". Las personas del cuadrante D suelen buscar presidentes, gerentes generales u otras personas de talento para que administren sus operaciones. Una de las diferencias cruciales entre los dueños de negocios del cuadrante A y los dueños de negocios del cuadrante D es el número de empleados. La revista *Forbes* definió a la "gran empresa" como la que tiene más de 500 empleados. La I significa inversionista. Como se mencionó en la introducción a la Parte dos, hay tres clases de inversionistas.

Las leyes fiscales también son distintas para cada cuadrante. El peor en relación con los impuestos es el E, pues no hay muchas opciones para protegerse de los impuestos, por ello no se necesita la asesoría de un contador. Los cuadrantes con los mejores refugios fiscales son el D y el I. ¿Por qué? Los gobiernos suelen ofrecer refugios fiscales al cuadrante D porque crea empleos, y al cuadrante I porque regresa el dinero a la economía mediante inversiones. Quienes invierten en bienes raíces y petróleo también reciben refugios fiscales especiales, pues cualquier país necesita vivienda y energía.

¿En qué cuadrante puedes ganar?

Como se mencionó al inicio de este capítulo, es importante que elijas cuidadosamente tu batalla y el campo para librarla. En lo que se refiere a hacerse rico, esto equivale a elegir el mejor cuadrante para ti.

El cuadrante del flujo de dinero es importante porque puede ayudarte a elegir el cuadrante donde tienes mayores posibilidades de ganar. Como podrás imaginar, Donald Trump y yo elegimos los cuadrantes D e I para operar.

Hace años, cuando estaba en la secundaria y tenía problemas en inglés, mi padre rico me hizo notar que tal vez nunca tendría éxito en la escuela o en el mundo corporativo: "Eres demasiado rebelde para acatar órdenes de personas a las que no respetas. Probablemente tengas más éxito en los negocios, como empresario e inversionista".

Aunque no me agradaron sus palabras, me ayudó saber dónde no encajaba. También comprendí que debía estudiar materias, desarrollar habilidades y adquirir experiencias que la mayoría de mis compañeros no necesitaban. Si te interesa conocer más sobre mis experiencias en los cuadrantes D e I, te sugiero leer *Guía para invertir* (Aguilar, 2004) y *Antes de renunciar a tu empleo* (Aguilar, 2007).

Tal vez estés pensando: "Pero yo no quiero ser empresario". O quizá tu corazón se agite al pensar que deberás tomar riesgos y dejar de recibir un salario regular. No te preocupes, este libro es más sobre cómo ganar que sobre cómo ser un empresario o inversionista profesional. Aunque hay tres clases de inversionistas, y nosotros preferimos la que invierte para ganar, cualquiera de las tres puede enriquecerse. Ocurre lo mismo con los cuadrantes: hay personas que se han enriquecido en todos ellos. Por ejemplo, el fundador de General Electric fue Thomas Edison, quien estaba en el cuadrante D. Jack Welch, ex director de General Electric, estaba en el cuadrante E. Ambos se hicieron muy ricos en la misma empresa, aunque desde distintos cuadrantes.

Menciono el cuadrante del flujo de dinero para que identifiques en cuál categoría tienes mayores oportunidades de ganar. Aunque es cierto que las leyes fiscales favorecen a los cuadrantes D e I, eso no es tan importante como que identifiques en cuál es más probable que ganes.

Nuestros sistemas escolares están diseñados para preparar a las personas para los cuadrantes E y A. Es por eso que muchas dicen: "Ve a la escuela y obtén un buen empleo". Eso es programar para el cuadrante E. Otros dicen: "Ve a la escuela y aprende un oficio o profesión. Así tendrás un respaldo". Esta mentalidad es perfecta para el cuadrante A. (Si quieres aprender más sobre los cuadrantes D e I, también están los libros escritos por Donald Trump. Mis favoritos son *The Art of the Deal, The Art of the Comeback* y *How to Get Rich,* que resumen su pensamiento como empresario e inversionista.)

Donald y yo ganamos más que la mayoría de maestros y de autores simplemente porque la mayoría de los maestros actúa con base en los valores del cuadrante E, mientras los autores escriben con base en los valores del cuadrante A.

Un gran número de autores financieros escribe sobre cómo gastar lo menos posible y sobre cómo ahorrar. Donald y yo escribimos sobre cómo una persona puede aumentar sus ganancias, disfrutar la vida e invertir su dinero. Además, la diferencia entre los consejos puede identificarse con base en los cuadrantes y en los valores que cada uno representa.

Toma un momento para reflexionar acerca de cuál cuadrante es el mejor para ti. Tal vez sea conveniente que cierres los ojos y permanezcas en silencio hasta escuchar tu respuesta. Este procedimiento es importante porque es crucial que seas fiel a ti mismo y a tu respuesta.

Donald fue afortunado porque su padre fue para él un modelo de conducta de los cuadrantes D e I. Mi padre estaba en el cuadrante E. La decisión de dedicarme a los negocios se oponía a todos los valores de mi padre pobre, quien creía en la seguridad laboral y en los subsidios del gobierno. Era como si me hubiera unido al enemigo, como si fuera un traidor. Mi padre creía sinceramente que los ricos eran avaros y que explotaban a los pobres, y algunos efectivamente lo hacen. No obstante, yo no compartía sus valores. Yo quería ser empresario e inversionista. Aunque amaba y respetaba a mi padre con todo mi corazón, no compartíamos los mismos valores a propósito de las profesiones y el dinero.

Cuando volví de Vietnam en 1973, tuve que decidir en cuál cuadrante iba a concentrar mis esfuerzos. Mi padre pobre quería que permaneciera en el Cuerpo de Marina, por la seguridad laboral. Al decirle que iba a renunciar, me aconsejó conseguir un empleo como piloto en las líneas aéreas. Cuando le dije que ya no quería volar, me

> Un gran número de autores financieros escribe sobre cómo gastar lo menos posible y sobre cómo ahorrar. Donald y yo escribimos sobre cómo una persona puede aumentar sus ganancias, disfrutar la vida e invertir su dinero.
>
> Robert T. Kiyosaki

aconsejó volver a la escuela, obtener una maestría y un doctorado, conseguir un trabajo en el gobierno. Como él no entendía el cuadrante del flujo de dinero, no comprendía que lo que yo rechazaba no era el empleo sino el cuadrante o, mejor dicho, los valores de ese cuadrante.

Cuando mi padre verdadero, mi padre pobre, descubrió que prefería los valores profesionales y financieros de mi padre rico, los cuadrantes D e I, la brecha entre nosotros creció y nuestras relaciones se tensaron. Mi padre pobre valoraba la *seguridad,* y mi padre rico la *libertad.* Y, como muchos de ustedes saben, seguridad y libertad no son lo mismo. De hecho, son valores opuestos. Por eso las personas con mayor seguridad son las que tienen menor libertad. Y quienes tienen seguridad máxima, están encerrados en una cárcel de máxima seguridad.

Así, al preguntarme por qué es tan importante el dinero para mí, respondo: "Porque con el dinero compro mi libertad. Con el dinero compro más opciones en la vida". Por ejemplo, cuando viajo no me gusta hacer fila mucho tiempo en los aeropuertos. Gracias al dinero puedo elegir entre hacer fila o rentar un *jet* privado. Actualmente, viajo más en *jets* privados que en vuelos comerciales. Donald, por supuesto, tiene un *jet* privado, lo que confirma mi argumento. Una noche, al salir de Dallas, el pequeño *jet* que yo había rentado pasó junto al *jet* privado de Donald. Ver que mi *jet* casi podía pasar bajo el suyo fue una experiencia que me hizo poner los pies sobre la tierra.

Por lo anterior te sugiero sentarte tranquilamente para identificar el mejor cuadrante para ti. Pregúntate: ¿Cuáles son mis valores? ¿Necesito seguridad laboral? ¿Me siento satisfecho con la seguridad? ¿Pongo en práctica mis conocimientos en este cuadrante? ¿O valoro más la libertad? Asimismo, pregúntate cuáles son los valores de tus padres y tus amigos. Hay algo de cierto en el refrán: "Dios los crea y ellos se juntan".

La lección es: si decides ser rico, elige cuidadosamente tu batalla y tu campo o, mejor dicho, tus valores y cuadrantes.

La opinión de Donald

Cómo elegir tu batalla y el campo

El cuadrante del flujo de dinero, diseñado por Robert, es una herramienta eficaz, y es una de las razones por las que elegí su libro *El cuadrante del flujo del dinero* para mi lista de libros recomendados en Amazon. Si dedicas un poco de tiempo a reflexionar sobre sus palabras, ahorrarás mucho tiempo a largo plazo. Es importante que te conozcas y que conozcas tus preferencias antes de ponerte en marcha en cualquier camino, nuevo o viejo.

Sé que algunas personas pierden el interés cuando ven una gráfica o fórmula, pues saben que para comprenderlos hace falta tiempo y esfuerzo. No obstante, ese desinterés puede convertirse en gusto e incluso en emoción cuando se dan cuenta de cuánto pueden aumentar su flujo de efectivo e ingresos. La elección es tuya.

Cuando me inicié en los bienes raíces, bien pude permanecer en el negocio de mi padre y alcanzar el éxito, pero no me habría sentido satisfecho. Yo tenía mis propios planes y debía emprender un camino solitario para realizarlos. De no hacerlo, habría tenido una vida cómoda pero no emocionante: no viviría mi *propia* vida.

Así como Robert tuvo que reconocer que los objetivos de su padre y los suyos eran distintos, todos debemos realizar un trabajo de introspección para descubrir quiénes estamos destinados a ser. Imagina que

134 • Donald Trump y Robert Kiyosaki

> **Concédete la libertad de ser quien en verdad te gustaría ser.**
>
> Donald J. Trump

has vivido tu vida y al final descubres que equivocaste el camino. He visto algunos ejemplos de eso y creo que es la mejor manera de eclipsarte. Si la vida que vives no es tuya, ¿de quién es? Si no reflexionas acerca de ella, ¿quién lo hará? Estás aquí, así que, ¡préstale toda tu atención!

Para mí, las batallas y campos tienen que ver con los campos de acción. Todos podemos elegir hasta cierto punto —espero— en qué campo de acción nos desempeñamos y en cuál *querríamos* desempeñarnos. Es cuestión de tener metas y visión para alcanzar el éxito y realizarnos. No es fácil cambiar de círculo social, pero en ocasiones es lo mejor.

Podemos estar muy influidos por las personas que nos rodean, y no es sencillo romper el molde o hacer algo inesperado. Puede que pases momentos de soledad antes de adquirir el impulso necesario para expandir tu propio círculo. Al final, esa decisión puede llevarte a un campo lleno de situaciones y personas que disfrutes. Es como escribir tu guión, de manera que al final disfrutes verlo y además participar en él.

Todos podemos ejercer la libertad de elegir. Cuando veo a las personas disfrutar vidas que yo no disfrutaría, hago una analogía con el menú de un restaurante: hay platillos para todos. Y si no, siempre hay otro restaurante al cual acudir. Es también una buena manera para evitar ser sentencioso: a cada quien lo suyo.

Volviendo a la idea del guión, una vez escuché a alguien decir que todos tenemos la obligación de escribir nuestra propia película, y que esa película es nuestra vida. Imagínate escribiendo las escenas. ¿Qué clase de escenas te gustaría ver? No creo que nadie elija un trabajo rutinario, aburrimiento o pobreza. No sólo sería desagradable escribirlo; sería aburrido y deprimente verlo. Concédete la libertad de ser quien en verdad te gustaría ser.

Observa que en el párrafo anterior escribí "concédete", pues a menudo, la única persona que puede darte una oportunidad eres tú mismo. Hay muchas personas que quisieran mantener un estatus, y ese estatus te incluye a ti. Pero tienes la capacidad de cambiarlo. En primer lugar, estás dándote el tiempo para leer este libro, así que ya sabes que puedes superar la mediocridad o lo que sea que te detenga. Nadie debería estar dispuesto a sumarse al mínimo común denominador, que en muchos casos no es más que el camino fácil. Las personas con vidas extraordinarias han logrado salir de lo ordinario.

La vida y los negocios pueden ser conflictivos. Pueden ser auténticas batallas, pero asegúrate de combatir en la batalla *buena* y aléjate de batallas y campos de batalla triviales lo antes posible. No gastes tu energía en vano.

Recuerda: escribe tu propio guión. Luego prodúcelo y vive tal como quieres. Eso es libertad, eso es poder y eso es ganar.

Tu opinión

Examina el cuadrante del flujo de dinero y reflexiona en cómo se aplica a tu vida.

¿De qué cuadrante proviene la mayor parte de tus ingresos actuales?

_____

_____

_____

_____

Visualízate como la persona exitosa que has soñado ser. ¿En qué cuadrante estarás cuando alcances el pináculo del éxito?

_____

_____

_____

_____

Compara las dos respuestas anteriores. ¿Ya estás en el cuadrante correcto?

_____

_____

_____

_____

Si es así, ¡perfecciona tus habilidades y sigue adelante! Si no, diseña un plan para cambiarte al cuadrante en que te ves como una persona muy exitosa. ¡Sólo tú puedes encontrar el camino correcto para ti!

No es necesario cambiar de un día para otro, ¡pero sí debes iniciar el proceso! Tomando en cuenta tu plan, ¿cuáles son los pasos necesarios para lograr ese cambio?

1. _____

_____

_____

2. _____

_____

_____

3. _____

_____

_____

Capítulo 8

LA DIFERENCIA ENTRE AHORRADORES E INVERSIONISTAS

La opinión de Robert

Muchas personas invierten en fondos de inversión. Cuando hablo de la inconveniencia de ser ahorradores, algunas me dicen: "Pero yo sí invierto. Tengo un portafolio de fondos de inversión y un plan 401(k). También poseo acciones y bonos, ¿eso no es invertir?"

Entonces explico un poco más: "Sí, ahorrar es una forma de invertir. Comprar fondos de inversión, acciones y bonos es hasta cierto punto una inversión, pero se realiza con base en la perspectiva y en los valores de un ahorrador".

Examinemos la filosofía del inversionista pasivo. Casi todos los asesores financieros te sugerirán:

- Trabajar duro
- Ahorrar
- Saldar deudas
- Invertir para el largo plazo (principalmente en fondos de inversión)
- Diversificar

Dicho en el lenguaje de los asesores financieros, lo anterior puede sonar así: "Trabaja duro. Asegúrate de que la compañía para la que trabajas ofrezca un programa de compensación de aportaciones al plan 401(k). Maximiza tus contribuciones; después de todo, es dinero libre de impuestos. Si tienes una casa, liquida la hipoteca cuanto antes. Si tienes tarjeta de crédito, salda tu deuda. Mantén un portafolio equilibrado de fondos agresivos, fondos de baja capitalización, fondos tecnológicos y un fondo para acciones de no residentes, y cuando seas mayor, cambia a fondos de bonos para que recibas un ingreso regular. Por supuesto, diversifica, diversifica y diversifica. No es buena idea guardar todos tus huevos en una sola canasta".

Estoy seguro de que este argumento de venta disfrazado de asesoría financiera te resulta familiar.

Donald Trump y yo no decimos que todas las personas deban cambiar y dejar de hacer todo esto. Es un buen consejo para algunos, para quienes tienen la filosofía del ahorrador o son inversionistas pasivos.

En la situación actual, creo que es el consejo financiero más riesgoso que puede darse. No obstante, a un ingenuo pueden parecerle recomendaciones seguras e inteligentes.

Volviendo a la diferencia entre ahorradores e inversionistas, hay un concepto que los distingue: *el apalancamiento*. Podemos definir apalancamiento como *la capacidad de hacer más con menos*.

La mayoría de los ahorradores no utiliza el apalancamiento financiero, y tú no debes hacerlo mientras no tengas la formación financiera necesaria para aplicarlo. Pero permíteme seguir explicando. Analicemos el siguiente consejo desde el punto de vista de un ahorrador y luego con la visión de un inversionista (o bien, desde la perspectiva de una persona de los cuadrantes E y A, y luego desde la visión de una persona de los cuadrantes D e I).

Trabaja duro

Comencemos por el consejo "trabaja duro". Cuando las personas escuchan las palabras "trabaja duro", la mayoría piensa en su propio trabajo duro. Si sólo tú trabajas duro, hay muy poco apalancamiento. Cuando Donald y yo pensamos en trabajo duro, aunque trabajamos duro en lo individual, pensamos principalmente en que otras personas trabajen duro para nosotros y nos ayuden a ser ricos. Eso es apalancamiento. También se le conoce como "el tiempo de los demás". Como ya vimos, las personas del cuadrante D gozan de más refugios fiscales que las de los cuadrantes E y A porque generan empleos. En otras palabras, el gobierno quiere que generemos empleos, no que busquemos uno. Nuestra economía se derrumbaría si todos buscáramos empleo; para que crezca necesitamos personas que generen empleos.

Ahorra

Aunque traté el tema del ahorro en el capítulo anterior, hay otros aspectos que vale la pena mencionar.

El problema con el ahorro es que el sistema económico actual necesita *deudores* para su crecimiento, no *ahorradores*.

Permíteme explicarlo con el diagrama de la página siguiente, presentado originalmente en el libro *Padre rico, padre pobre*.

Analízalo por unos momentos. Tus ahorros son pasivos para el banco, aunque esos mismos ahorros son un activo para ti. Por otra parte, tu deuda es un activo para el banco pero un pasivo para ti.

Para crecer, nuestro sistema económico necesita prestatarios inteligentes, personas que pidan prestado y se enriquezcan, no que pidan prestado y empobrezcan. Aquí también se observa la regla 90/10: 10

por ciento de los prestatarios utilizan la deuda para enriquecerse, y 90 por ciento se empobrece con ella.

Donald Trump y yo utilizamos la deuda para enriquecernos. Nuestros banqueros nos adoran. Ellos quieren que pidamos todo el dinero posible porque los prestatarios los enriquecen. Esto se conoce como "el dinero de los demás". Donald y yo recomendamos una mayor educación financiera porque queremos que seas más hábil al manejar la deuda. Si hubiera más deudores, la economía del país crecería; si hubiera más ahorradores, se contraería.

Si puedes entender que la deuda puede ser buena, y aprendes a utilizarla cuidadosamente como apalancamiento, tendrás ventaja sobre la mayoría de los ahorradores.

Salda tus deudas

Casi todos los ahorradores creen que la deuda es mala y que lo mejor es liquidar la hipoteca de su casa. Para la mayoría de los personas, la deuda es mala y saldarlas es bueno. No obstante, si estás dispuesto a invertir un poco de tiempo en tu educación financiera, puedes avanzar más rápido utilizando la deuda como apalancamiento. Una vez más, te sugiero invertir primero en tu educación financiera antes de hacerlo con la deuda.

Existe deuda mala y deuda buena. El propósito de aumentar nuestros conocimientos financieros es saber cuándo utilizarla y cuándo no.

A Donald y a mí nos encantan los bienes raíces porque a nuestros banqueros les fascina prestarnos para comprar bienes raíces bien administrados. Por supuesto, hay bienes raíces buenos y bienes raíces malos.

A los ahorradores que invierten en fondos de inversión se les dificulta utilizar el apalancamiento, pues casi ningún banquero hace préstamos sobre fondos de inversión. ¿Por qué? Ellos piensan que son demasiado riesgosos, y consideran que los bienes raíces son una inversión más segura.

Así como mi padre pobre tuvo un revés financiero a principios de la década de los setenta del siglo XX, porque era ahorrador, millones de personas padecen la misma situación por la misma causa.

En este entorno económico, los ahorradores son perdedores y los deudores ganadores. Siempre debes ser cuidadoso al utilizar la deuda.

Invierte para el largo plazo

Este consejo tiene muchos significados.

1. Considéralo un argumento de venta: "Dame a guardar tu dinero durante años y yo te cobraré honorarios durante todo ese tiempo". Lo llamo argumento de venta porque "invierte para el largo plazo" es similar a lo que ofrecen las aerolíneas con sus programas de viajero frecuente. Lo que quieren es que seas un cliente fiel y que les pagues de por vida.

2. También significa que pueden cobrarte honorarios en el largo plazo. Esto es como pagar a un corredor de bienes raíces una comisión por venderte tu casa y luego pagarle una comisión residual durante todo el tiempo que la ocupes.

3. El desempeño de los fondos de inversión no es tan efectivo como en otras inversiones debido a que hay que pagar honorarios por el manejo del fondo. Aunque no me molesta pagar honorarios, no me gusta pagarlos por un desempeño inferior.

Muchas personas invierten en fondos de inversión para el largo plazo. Sin embargo, éstos no ofrecen apalancamiento. Como dije antes, mi banquero no me prestaría millones de dólares para invertir en fondos de inversión simplemente porque son demasiado riesgosos. También implican una falta de control (tema que trataremos más adelante).

Una de las diferencias entre los fondos de inversión y los fondos de cobertura es el apalancamiento. Los fondos de cobertura suelen utilizar dinero prestado. ¿Por qué? Porque si eres un inversionista inteligente puedes incrementar tus rendimientos sobre la inversión; mientras más dinero propio utilices, menores serán tus rendimientos.

Hay un lugar y un momento para los fondos de inversión. Yo invierto en ellos ocasionalmente, pero a mi manera de ver, son como la comida rápida: son buenos esporádicamente, pero no para convertirse en hábito.

Diversifica, diversifica, diversifica

Warren Buffett, considerado el inversionista más rico del mundo, afirma lo siguiente a propósito de este tema: "La diversificación es una defensa contra la ignorancia. No tiene sentido si sabes lo que haces".

La pregunta es: ¿de qué ignorancia te estás defendiendo, de la tuya o de la de tu asesor financiero?

La palabra diversificar también tiene múltiples significados. En general, significa no colocar todos tus huevos en una canasta, que es lo que hace Warren Buffett. Una vez lo oí decir: "Mantén todos tus huevos en una canasta, pero vigílala bien".

Yo no diversifico, al menos no de la manera que recomiendan los asesores financieros. No compro mucha variedad de activos; prefiero concentrarme. De hecho, cuando tengo éxito es cuando me concentro, no cuando diversifico.

Una de las mejores definiciones que he escuchado de "concentración" [*focus*] es la que utiliza la palabra como acrónimo: *Follow One Course Until Successful:* sigue una ruta hasta alcanzar el éxito.

Es lo que yo he hecho. Años atrás invertí en bienes raíces hasta que tuve éxito, y actualmente sigo haciéndolo. Cuando quise aprender sobre bonos, invertí en ellos hasta tener éxito. Una vez que lo tuve, decidí que no me gustaban y dejé de invertir en ellos. He conducido exitosamente a dos compañías desde la etapa de arranque hasta la de oferta pública primaria. Gané millones y tuve éxito, pero decidí que no quería pasar ese proceso de nuevo. Actualmente, sigo prefiriendo los bienes raíces.

Para mí, diversificar es tomar una actitud de defensa; encuentro muy poco apalancamiento ofensivo en ella.

Las personas consideran la diversificación una buena estrategia simplemente porque protege a los inversionistas de sí mismos y de asesores incompetentes y sin escrúpulos.

El consejo tradicional de los asesores financieros —trabajar duro, saldar deudas, invertir para el largo plazo y diversificar—, es *bueno* para el inversionista promedio, el inversionista pasivo que simplemente paga una cantidad mensual para que otro se haga cargo del asunto. También es un *buen* consejo para los ricos que no están interesados en ser inversionistas. Muchas estrellas de cine, profesionistas acaudalados, deportistas profesionales y niños con cuantiosas herencias entran en este grupo. La clave es encontrar un *buen* asesor financiero.

Sin embargo, debes saber que este camino ofrece muy poco apalancamiento, que es la clave de las grandes riquezas.

El apalancamiento es la clave

Desde la época de las cavernas el hombre ha buscado el apalancamiento. Dos de las primeras formas de apalancamiento fueron el fuego y la lanza, que permitían al hombre apalancarse sobre un entorno hostil. Cuando un niño tenía la edad suficiente, sus padres le enseñaban a encender fuego y a utilizar la lanza para protegerse y conseguir alimento. Años después, la lanza se hizo más pequeña y se desarrollaron el arco y la flecha, formas más elevadas de apalancamiento. Como vimos, apalancamiento es *la capacidad de hacer más con menos*. El arco y la flecha son un ejemplo de hacer más con menos, en relación con la lanza.

Con el tiempo, el hombre siguió desarrollando nuevas formas de apalancamiento. Aprender a montar fue una muy poderosa. El caballo no sólo se utilizó para transporte y para arar la tierra sino como un poderoso instrumento de guerra.

Cuando se desarrolló la pólvora, los gobernantes que tenían cañones conquistaron a los que no. Los indios norteamericanos, los hawaianos, los maoríes de Nueva Zelanda y los aborígenes australianos, entre muchos otros, fueron conquistados mediante la pólvora.

> Volviendo a la diferencia entre ahorradores e inversionistas, hay un concepto que los distingue: el apalancamiento. Podemos definir apalancamiento como la capacidad de hacer más con menos.
>
> Robert T. Kiyosaki

Hace apenas cien años, los automóviles y los aviones remplazaron al caballo, y ambas formas de apalancamiento también se usaron en tiempos de paz y guerra. Actualmente, los países que controlan las reservas de petróleo tienen apalancamiento sobre la mayor parte del mundo.

La radio, la televisión, la computadora en que estoy escribiendo e internet son formas de apalancamiento. Cada nuevo avance se traduce en riqueza y poder para quienes tienen el acceso y los conocimientos para utilizar estas herramientas.

Si quieres ser rico y no ser víctima de los cambios globales, es importante que desarrolles la palanca más importante de todas: tu mente. Si quieres ser rico y conservar tu riqueza, tu mente —tu educación financiera— es la palanca fundamental.

Donald y yo fuimos afortunados por tener padres ricos que nos introdujeron al mundo del dinero, pero eso fue todo lo que hicieron. Nosotros hicimos nuestra parte: estudiar, aprender, practicar, corregir y crecer. Igual que los padres de las cavernas enseñaban a sus hijos a prender fuego y a utilizar la lanza, nuestros padres nos enseñaron a usar el dinero y nuestra mente para enriquecernos.

Tal vez alguno de ustedes piense: "Yo no tengo un padre rico. No nací entre ricos. No tengo una buena educación". Esta manera de pensar puede ser la razón por la que tus posibilidades de adquirir una gran riqueza y, sobre todo, conservarla, son escasas. Lo son porque utilizas tu activo más importante, la mente, en tu contra. Estás utilizándola para idear excusas y no para ganar dinero. Recuerda: tu mente es la palanca más importante. Y todas las palancas pueden obrar en dos direcciones: para bien o para mal. Así como la deuda puede enriquecerte, también puede hacerte pobre.

Yo no tuve una buena educación ni nací en una familia rica. Lo que sí tuve fue un padre rico que me enseñó a usar la mente para ganar dinero, no para idear excusas. Mi padre rico odiaba las excusas; solía decir: "Hay excusas al por mayor. Por eso quienes no logran el éxito tienen muchas excusas". También decía: "No puedes controlar tu mente, no puedes controlar tu vida". Cuando veo a una persona desdichada, enferma y pobre, sé que ha perdido el control de su mente, la herramienta más valiosa que Dios nos dio.

Aunque actualmente Donald y yo tenemos dinero, ambos hemos sufrido pérdidas financieras. Si hubiéramos utilizado nuestra mente para culpar a otros o idear excusas, ambos seríamos pobres hoy.

Todos nacemos ricos

Nuestro mensaje para ti es el que recibimos de nuestros padres ricos: "Todos nacemos ricos. Todos recibimos la palanca más poderosa del mundo: nuestra mente. Úsala para ganar dinero y no para idear excusas".

En resumen

La diferencia entre el hombre de las cavernas y el mono es el apalancamiento. La diferencia entre las clases rica, media y baja es el apalancamiento. La diferencia entre los ahorradores y los inversionistas es el apalancamiento. La diferencia entre los cuadrantes E y A y los cuadrantes D e I es el apalancamiento. Un inversionista bien entrenado y disciplinado puede obtener rendimientos mucho mayores con menos riesgos y dinero, siempre y cuando utilice el apalancamiento, y el apalancamiento requiere que aprendas y que uses tu mente con sensatez.

La opinión de Donald

¿Cuál es la diferencia entre un ahorrador y un inversionista? Hace años, un amigo judío me dio esta respuesta: "Moisés invierte, Jesús ahorra".* No sé si esta contestación nos sea útil ahora, pero podemos reflexionar sobre ella en muchos niveles.

---

* Juego de palabras sin traducción. El verbo inglés *invest* significa "invertir" pero también "investir". El verbo *save* significa "ahorrar" y también "salvar". (*N. del T.*)

Considero que los inversionistas son ahorradores activos. Invertir es una manera de ganar dinero, y quizá no ganes de la noche a la mañana, pero con el ahorro es *seguro* que no ganarás pronto. Los rendimientos son mucho mayores cuando inviertes que cuando ahorras.

A muchas personas les asusta el riesgo o la cantidad de tiempo necesaria para aprender a invertir. Robert hizo un buen trabajo explicando los distintos enfoques con que puede manejarse el dinero. *Padre rico, padre pobre* no es un éxito por casualidad: lo es porque en él explica claramente estas cosas.

Un inversionista entra y sale del banco a zancadas; un ahorrador entra a zancadas y sale a pequeños pasitos. Siempre he tenido esta imagen sobre la diferencia entre invertir y ahorrar. El poder del dinero del ahorrador se reduce.

En cierto sentido, los inversionistas son visionarios: pueden ver el futuro. Si son perspicaces en ese aspecto, sus pasos para entrar y salir del banco no resultan tan atemorizantes, pues se basan en la confianza de que el riesgo será bueno para todos. Ellos pueden ver que todos acabarán ganando.

Pocas veces siento la necesidad de convencer a otro de que mis ideas son buenas pues, para empezar, no hablaría con él si supiera que necesito convencerlo. Simplemente le comunico que mi propuesta beneficiará a todos, y no entro en detalles si esto no ha quedado claro. Desde siempre he podido ver los resultados con tanta claridad que todos mis pensamientos y actos están dominados por un sentimiento de "trato cerrado".

El dinero es como el talento: no sirve de nada si te lo guardas. Hay que desarrollarlo, nutrirlo y usarlo adecuadamente. Requiere tiempo, trabajo y paciencia. Hay muchas personas talentosas que nunca saldrán a la luz porque no desarrollaron sus dones. También es como una idea que no se pone en práctica porque su creador no le presta la atención requerida.

> Los inversionistas son visionarios: pueden ver el futuro.
>
> DONALD J. TRUMP

Invertir exige responsabilidad, una responsabilidad constante; ahorrar no. Invertir no es para todos, pero es como cualquier actividad: una vez que la pruebas y ves los resultados, puede resultar emocionante. Puedo imaginar algunos comentarios: "Invertir... ¿emocionante?" Cuando escucho esta reacción, sé que esa persona no lo ha intentado.

Muchos de ustedes ya me conocen y saben que me gustan las aventuras, pero no busco emociones fuertes cuando se trata de dinero. Es mejor que tú tampoco lo hagas. No obstante, evitar lo que pudiera cambiar radicalmente tu vida para bien, no es una buena elección.

Ya hemos hablado sobre el temor y sobre la manera de reducirlo. Ésa es una de las diferencias entre los ahorradores y los inversionistas: los ahorradores viven en el reino del temor; los inversionistas lo han vencido y recogen los frutos. Concéntrate en los temores que te detienen y supéralos.

Cuando comenzaba mi carrera y me mudé a Manhattan, el mercado de bienes raíces se había enfriado tanto que por primera vez se habló de que la ciudad estaba en bancarrota. Este miedo produjo más miedo y los ciudadanos empezaron a perder la confianza en la ciudad. No era un entorno favorable para un promotor inmobiliario en ciernes.

No obstante, me pareció que el problema era una gran oportunidad, pues para mí, Manhattan era el centro del mundo y yo iba a ser parte de ese mundo, con o sin crisis financiera (que sabía pasajera). Así, ese temor en particular no hizo sino impulsar mi ambición y valentía.

Fue entonces cuando empecé a pensar en una enorme propiedad a lo largo de la orilla del río Hudson, 100 acres de terreno sin construir. Una crisis financiera no interfirió con mis sueños, y yo no guardé mis ideas para tiempos mejores. Estaba decidido a ser un promotor inmobiliario sin importar el entorno. En resumen, invertí tiempo y realicé mis ideas a pesar de la situación. No archivé mis planes ni esperé a que las condiciones fueran perfectas.

Los ahorradores esperan mucho tiempo y eso los hace perder oportunidades. Tal vez no tengas el dinero en el momento, y tal vez las condiciones no sean ideales, pero eso no significa que tu mente no pueda trabajar en tus ideas y allanar el camino para un futuro mejor. Las cosas rara vez son perfectas, pero con una mentalidad de inversionista activo estarás preparado para cuando surjan las oportunidades. Prueba invertir con la mentalidad más abierta de que seas capaz: busca las oportunidades en cualquier situación. Eso es apalancamiento.

Tu opinión

Piensa en las maneras en que el apalancamiento beneficia tu vida actual:

El tiempo de otras personas usado en tu beneficio.

_____

_____

_____

El dinero de otras personas usado en tu beneficio.

_____

_____

_____

_____

¿Cómo puedes incrementar el uso del apalancamiento en tu vida?

_____

_____

_____

_____

¿Cómo usan otras personas el apalancamiento en sus vidas?

_____

_____

_____

_____

¿Puedes verte haciendo lo que ellos hacen?

_____

_____

_____

_____

Más adelante encontrarás otros ejemplos de apalancamiento, mismos que pueden ayudarte a responder esta pregunta.

Capítulo 9

LAS DOS COSAS QUE PUEDEN INVERTIRSE

La opinión de Robert

Mi padre rico decía a menudo: "Sólo hay dos cosas que puedes invertir: tiempo y dinero". También decía: "Como la mayoría no invierte mucho tiempo, pierde su dinero".

Usando la regla 90/10 como parámetro, yo diría que 90 por ciento de los inversionistas invierten su dinero pero no su tiempo, y que el 10 por ciento que gana 90 por ciento del dinero, invierte más tiempo que dinero. Hacia el final de este libro sabrás por qué Donald y yo ganamos tanto dinero, por qué obtenemos rendimientos mucho mayores, y por qué usamos menos dinero propio. Podemos hacerlo porque invertimos más de nuestro tiempo que de nuestro dinero.

Observa el siguiente diagrama de tres inversionistas; creo que entenderás fácilmente la diferencia entre invertir tiempo e invertir dinero. Al verlo es fácil comprender por qué los dos primeros tipos de inversionista, el no inversionista y el inversionista pasivo, afirman: "Invertir es riesgoso". Tienen poca o ninguna educación financiera y muy poca experiencia en finanzas; por tanto, son presa fácil de cualquier asesor financiero que les prometa seguridad.

No inversionista	Inversionista pasivo	Inversionista activo
No invierte tiempo *No invierte dinero*	*No invierte tiempo* *Invierte dinero*	*Invierte tiempo* *Invierte dinero*
Ninguna educación financiera	**Ninguna educación financiera**	**Mucha educación financiera**

Donald Trump invirtió mucho tiempo en su educación financiera. Asistió a Wharton, posiblemente la mejor escuela de negocios de Estados Unidos. En 1969, cuando me gradué de la Academia de la Marina Mercante de Nueva York, consideré inscribirme en Wharton también. Uno de mis compañeros de la academia, Al Novack, había sido aceptado allá y quería que fuera con él. No lo hice porque la guerra de Vietnam estaba en su apogeo y opté por la escuela de aviación.

No me eduqué en una escuela de negocios como Donald, pero sabía que esa carencia era una desventaja. Por eso dediqué mucho tiempo y dinero a educarme por medios no tradicionales. Asistí a muchos seminarios, escuché infinidad de cintas y CDs, leí libros sobre negocios y adquirí el hábito de enseñar cuanto aprendía, pues la enseñanza es una de las mejores herramientas para aprender. También aprendí gracias a que encontré un mentor y me convertí en aprendiz; mi padre rico fue mi mentor y yo su aprendiz.

Llevé a dos compañías hasta hacerlas públicas porque encontré dos mentores que me enseñaron el procedimiento. Invierto mucho en petróleo y gasolina porque recibí capacitación en Standard Oil de California, y de un mentor que me enseñó sobre la sindicación del petróleo y la gasolina (cómo reunir dinero para inversiones en estos productos).

Mi educación financiera continúa a través de mis experiencias en la vida real y de mentores y asesores extraordinarios.

Donald Trump y yo no estaríamos escribiendo este libro juntos si yo hubiera abandonado mi educación financiera. Me gusta aprender sobre dinero, negocios, finanzas y riqueza. Probablemente seré un estudiante hasta el día que muera. No creo que alguna vez sienta que ya sé bastante o que mi taza está llena o que conozco todas las respuestas. Siempre puedo aprender más y me encanta hacerlo.

Expertos financieros

Muchos inversionistas creen que invertir es riesgoso porque escuchan el consejo de expertos financieros con muy poca capacitación o experiencia.

1. ¿Sabías que toma más tiempo convertirse en masajista profesional que en asesor financiero?
2. ¿Sabías que menos de 20 por ciento de los corredores de bolsa y de bienes raíces invierten en los productos que recomiendan a sus clientes?
3. ¿Sabías que la mayoría de los periodistas financieros tienen muy poca educación financiera y experiencia en inversiones reales?
4. ¿Sabes cuántas personas invierten con base en los consejos de personas pobres?
5. ¿Cuántos de nuestros políticos y legisladores tienen experiencia en la inversión?

6. ¿Cuántos maestros cuentan con educación o experiencia en finanzas?

No seas la víctima ingenua

Cierta vez escuché a Warren Buffett decir: "Si estás en un juego de póquer y luego de veinte minutos no sabes quién es la víctima inocente, tú lo eres".

Mi padre rico decía: "La razón por la que las personas de los cuadrantes E y A sufren es que escuchan los consejos financieros de personas de esos mismos cuadrantes". O repitiendo la frase ya citada de Warren Buffett: "Wall Street es el único lugar al que las personas acuden en Rolls Royce buscando el consejo de personas que viajan en metro".

Elige consejos cuidadosamente

Como tu mente es tu activo más valioso y tu palanca más valiosa, debes ser cuidadoso con lo que pones en ella. A veces es más difícil deshacernos de pensamientos e ideas que ya están en nuestra mente, que aprender algo nuevo.

Muchos periodistas financieros no están de acuerdo con mi manera de pensar, mis ideas chocan con las suyas. Me preguntan: "Dices que puedes invertir sin dinero. ¿No es eso riesgoso?"

Y quisiera responderles: "Si no hay dinero mío en el proyecto, ¿cuál es el riesgo?"

Hace unos días estuve en la radio hablando sobre invertir en monedas de plata. Un radioescucha llamó y dijo: "Yo estoy ganando rendimientos de nueve por ciento en fondos de inversión. ¿Por qué debería invertir en plata?"

Me hubiera gustado decir: "La plata ha aumentado casi 100 por ciento en menos de un año", pero no lo hice. Simplemente respondí: "Me alegra que esté satisfecho con un rendimiento de nueve por ciento".

Muchas personas creen que invertir es riesgoso porque lo es para quienes no tienen educación financiera ni experiencia. Y es aún más riesgoso entregar tu dinero a un asesor financiero que sólo tiene un poco más de educación y experiencia que tú.

Algo que no soporto es que los corredores de bienes raíces digan a los compradores: "El valor de esta propiedad aumentará". Lo que están diciendo es: "Compre esto ahora aunque le haga perder dinero. En el futuro le reportará ganancias. Los bienes raíces siempre aumentan de valor". Me gustaría que el comprador preguntara: "¿Me dará una garantía de reembolso si la propiedad no me reporta ganancias?" Normalmente eso da al traste con el argumento de venta.

En lo que se refiere a inversiones, las preguntas que debes formular son:

1. ¿Cómo reduzco el riesgo y aumento los rendimientos?
2. ¿Cómo encuentro buenas inversiones?
3. ¿Cómo distingo un buen negocio de uno malo?
4. ¿Cómo invierto con menos dinero propio y más de otras personas?
5. ¿Cómo adquiero experiencia sin arriesgar dinero?
6. ¿Cómo manejo las pérdidas?
7. ¿Cómo encuentro buenos asesores?

Quisiera dar respuestas sencillas, pero éstas son preguntas sin respuestas concretas. Son las que me hacen seguir estudiando, aprendiendo e investigando. Cada vez que me las planteo obtengo mejores respuestas, pero todavía no he encontrado ninguna que me haga sentir cómodo y seguro. Los verdaderos estudiantes saben que probablemente nunca encontrarán las respuestas *correctas,* pues siempre habrá otras mejores. Siempre podemos mejorar.

La búsqueda de las respuestas —respuestas que tal vez nunca encuentre— es lo que me ha enriquecido. La búsqueda es lo que me mantiene en marcha, haciéndome rico y sin ganas de retirarme, aunque tengo el dinero para hacerlo. No es la búsqueda de dinero lo que me hace rico sino la búsqueda de conocimiento. Lo que me impulsa es el deseo de aprender más, hacer más, lograr más y ayudar a quienes desean aprender. El dinero es sólo el marcador, un parámetro que me dice cómo lo estoy haciendo. El dinero es la celebración del éxito, así como la falta de dinero es un recordatorio de que debemos aprender más. Así como un viajero busca las señales que indican los kilómetros recorridos, yo considero el dinero una simple señal que mide el viaje y la distancia recorrida.

Podría parecer que Tiger Woods juega por el dinero, pues tiene mucho, pero si le preguntas te dirá que lo hace para dominar el juego, y que el dinero es la medida de su destreza. Supongo que los Rolling Stones salen de gira no porque les gusta el dinero sino porque les gusta tocar. Si no pudieran tocar, probablemente su vida estaría acabada. Muchas antiguas estrellas del futbol americano jugarían sin cobrar si tuvieran la juventud y la condición, simplemente para jugar otra vez.

Hace poco leí un libro excelente: *The War of Art,* de Steven Pressfield. Recomiendo este libro a quienes saben que la vida es un viaje, no un destino. En este libro, Steven Pressfield afirma: "Muchas personas creen que los *amateurs* no juegan por dinero sino por amor al juego. En realidad, la razón por la que los *amateurs* son *amateurs* es que no aman el juego lo suficiente". La propuesta principal de Pressfield es que debes vencer la resistencia para vivir tu "vida interior no vivida". Pressfield analiza los tipos de *resistencia* que enfrentamos y revela cuán a menudo son autoimpuestas. ¿Qué aconseja?

1. Amar lo que haces.
2. Tener paciencia.
3. Actuar a pesar del miedo.

> En su libro *The Art of War*, Steven Pressfield afirma: "Muchas personas creen que los *amateurs* no juegan por dinero sino por amor al juego. En realidad, la razón por la que los *amateurs* son *amateurs* es que no aman el juego lo suficiente".
>
> ROBERT T. KIYOSAKI

Creo que mi éxito en el juego del dinero se debe a que me gusta el juego. Cuando era joven trabajaba sin cobrar porque quería aprender el juego. Actualmente, paso por campos de golf y canchas de basketball y veo a personas jóvenes y no tan jóvenes que juegan sin cobrar y que incluso pagan por hacerlo, porque aman el juego.

Yo estudio y practico porque me gusta el juego y porque quiero ganar. He leído y estudiado la historia del juego, consciente de que nunca sabré todo lo que necesito saber. Estudio las reglas y estudio a los jugadores. Conozco a mis competidores y los estudio porque los respeto. Mucho antes de conocer a Donald Trump, leí sus libros y estuve pendiente de sus éxitos y fracasos. También estudié a Steve Jobs, fundador de Apple, y a Richard Branson, fundador de Virgin. Como puedes ver, estudié a los líderes rebeldes de los negocios, no a los conformistas. Para mí, los conformistas son aburridos.

Nos guste o no, todos participamos en el juego del dinero. Seamos ricos o pobres, o vivamos en Estados Unidos, Asia, Europa, África, Sudamérica, Canadá o donde sea, todos estamos en el juego del dinero. Los ganadores son quienes disfrutan más el juego. Si no te gusta, salte. Tal vez hay algo más provechoso que debas hacer, algo más emocionante para ti.

Donald Trump y yo ganamos mucho más de lo que perdemos porque amamos el juego. Si tú no amas el juego y no te interesa estudiar y aprender, Donald y yo te recomendamos que encuentres a alguien que sí lo ame y le guste estudiar, y le encomiendes tu dinero.

Una reflexión final

La comparación de la página siguiente muestra otras diferencias entre los inversionistas pasivos y los activos. Éstos no sólo invierten más tiempo sino que lo hacen en distintos vehículos de inversión. Puse los negocios a la cabeza de la lista porque construir un negocio de más de 500 empleados requiere destreza financiera, educación y experiencia en grado máximo.

Los bienes raíces están a continuación porque requieren más destreza financiera, educación y experiencia que, por ejemplo, las acciones, los bonos y los fondos de inversión. Recuerda que la gran diferencia entre estos vehículos de inversión y los bienes raíces es que los bienes raíces suponen el apalancamiento. Por eso debes ser más cuidadoso. Asimismo, los bienes raíces requieren habilidades administrativas, experiencia y destreza. El fracaso de muchos inversionistas en activos de papel que intentan invertir en bienes raíces se debe, en gran medida, al uso del apalancamiento y al requerimiento de una administración escrupulosa.

INVERSIONISTAS PASIVOS	INVERSIONISTAS ACTIVOS
Invierten dinero	**Invierten tiempo**
Invierten en:	**Invierten en:**
Un empleo	*Negocios*
Ahorros	*Bienes raíces*
Saldar deudas	*Vehículos de inversión más*
Fondos de inversión	*avanzados*
Diversificación	
Falta de dinero	**Abundancia de dinero**
Temor	**Diversión**

Entre los vehículos de inversión más avanzados están los fondos de cobertura —que utilizan el apalancamiento—, las sociedades limitadas, los fondos privados de inversión y las sindicaciones.

En el tablero del juego *CASHFLOW (ver página siguiente)* puedes ver las distintas clases de inversiones para los diferentes inversionistas.

Como puedes ver, hay tres niveles de inversionistas. El nivel uno, la carrera de la rata, es para los pasivos. Ellos invierten generalmente en activos de papel como acciones, bonos y fondos de inversión. ¿Por qué? Porque en general, estos activos requieren menos educación financiera.

El nivel dos es para pequeños inversionistas activos. Ellos invierten en inversiones menores, como negocios y bienes raíces pequeños.

La vía rápida es para los inversionistas ricos y educados en finanzas. En 1933, Joseph Kennedy, padre del presidente John Kennedy, creó la "vía rápida" para proteger a los inversionistas *amateurs* de los inversionistas ricos y avezados.

Donald y yo invertimos desde la vía rápida. ¿Por qué? Porque ahí está la diversión y es donde los rendimientos son mayores. ¿Es más riesgoso? La respuesta es "no" si cuentas con una sólida educación financiera y experiencia; la respuesta es "sí" si sólo quieres invertir dinero y no tiempo en tu educación.

El objetivo del juego de mesa *CASHFLOW* es enseñar a las personas sobre los tres niveles de inversionistas, e inspirarlas a salir de la carrera de la rata y a divertirse.

PEQUEÑOS
INVERSIONISTAS
ACTIVOS

INVERSIONISTAS
DE LA
VÍA RÁPIDA

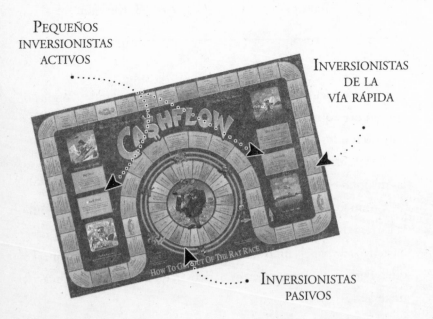

INVERSIONISTAS
PASIVOS

Cono del aprendizaje		
Después de 2 semanas recordamos...		Clase de participación
90% de lo que decimos y hacemos	Vivir la experiencia	Activa
	Simular la experiencia	
	Hacer una representación	
70% de lo que decimos	Dar una plática	
	Participar en una discusión	
50% de lo que escuchamos y vemos	Ver cómo se realiza la actividad en su entorno real	Pasiva
	Ver una demostración	
	Asistir a una exposición	
	Ver una película	
30% de lo que vemos	Ver imágenes	
20% de lo que escuchamos	Escuchar palabras	
10% de lo que leemos	Leer	

Fuente: Cono del aprendizaje, adaptado de Dale, 1969

¿Son buenas herramientas didácticas los juegos?

En 1969, un estudio realizado en el ámbito del sistema educativo demostró la efectividad de los distintos tipos de aprendizaje. Entonces se diseñó el "cono del aprendizaje" que se muestra arriba. En él se ve que la manera menos efectiva de aprender es mediante las clases y la lectura, mientras que la más efectiva es mediante la experiencia real. El segundo método más efectivo es la simulación de la experiencia real.

¿No es curioso que el sistema educativo siga enseñando principalmente mediante la palabra hablada y la lectura? ¡Y eso que ha contado con el cono del aprendizaje desde 1969!

Donald y yo creemos en el poder de los juegos. En mi juego *CASHFLOW* los jugadores empiezan con empleos, sueldos y tienen familias. Aprenden habilidades para invertir invirtiendo con el dinero del juego, y aprenden que cada una de sus decisiones influye en sus estados financieros. El aprendizaje mediante la simulación reduce el temor de los jugadores a invertir.

Donald también tiene un juego de mesa llamado *TRUMP: el juego,* el cual enseña habilidades de negociación relacionadas con los bienes raíces. Igualmente, los jugadores adquieren una valiosa experiencia y aprenden técnicas que pueden ayudarlos en negociaciones en la vida real.

Ambos juegos motivan a los participantes y les muestra la importancia de no permitir que las emociones se interpongan en su camino. Ambos juegos provocan una descarga de adrenalina y producen emoción en los jugadores.

La opinión de Donald

Leí el capítulo de Robert antes de escribir el mío, y me satisface que mis respuestas sean las mismas: tiempo y dinero. Su explicación ha sido tan acertada y completa que me pregunto: ¿qué puedo agregar?

No sé mucho de etimologías, pero recientemente se descubrió que la palabra más utilizada en el idioma inglés es "tiempo". La palabra "dinero" debe estar entre las 100 más usadas, pero de ninguna manera alcanza los niveles de "tiempo". También recordé que en cierta ocasión alguien describió la vida como una tarjeta de crédito que todos recibimos al momento de nacer, pero sin la fecha de expiración. La gran pregunta no es cuánto dinero tenemos en esa tarjeta, sino cuánto tiempo.

Las propiedades del tiempo siempre han despertado el interés de físicos y científicos. El tiempo se mide con números, lo que nos lleva a las matemáticas, lo que nos lleva al dinero. Pero si el tiempo se te acabó, ni todo el dinero del mundo te servirá.

Mi esposa Melania y nuestro hijo Barron mostraron una coordinación perfecta al nacimiento de éste. Yo acababa de regresar a Nueva York, fuimos al hospital y él nació. Barron tiene un temperamento muy tranquilo que creo heredó de su madre. Pero no deja de sorprenderme lo oportuno de su nacimiento. Hay ciertos acontecimientos sobre los que no tenemos control, pero a veces parecen perfectamente controlados.

Nunca tengo una certeza absoluta sobre nada porque no soy omnisciente. Tengo instintos y creencias, pero siempre hay posibilidades de que se presente una sorpresa. Por eso soy mucho más humilde de lo que muchos creen. Curiosamente, creo haber sido recompensado por esa humildad. A veces las cosas son así.

Linda Kaplan Thaler es directora general de la agencia publicitaria de más rápido crecimiento en Estados Unidos, The Kaplan Thaler Group, y actuó como juez en *El aprendiz* para evaluar una tarea relacionada con un anuncio para automóvil. Tiempo atrás, Melania había aparecido en un famoso comercial de Aflac y me había comentado cuán profesionales y atentos habían sido Linda y su equipo, con quienes habían estado en el *set*. Además, el comercial tuvo mucho éxito, y me sorprendió recordar a Linda cuando tuvimos un puesto para un publicista en uno de nuestros episodios. No me sorprende que su nuevo libro, *The Power of Nice,* escrito con Robin Koval, tenga tanto éxito. Es una po-

> Si algo está influyendo en tu vida, conviene conocerlo lo mejor posible.
>
> DONALD J. TRUMP

derosa declaración sobre el poder de invertir el tiempo sensatamente, utilizando la gentileza y la cortesía. Robert menciona que debes elegir cuidadosamente los consejos, y el libro de Linda sería una buena elección a propósito de la inversión de tiempo y de dinero.

¿En qué se relaciona esto con las inversiones y las finanzas? En todo. Lo que hagas con tu tiempo es muy importante porque el tiempo perdido no se recupera. Muchas veces, el dinero perdido se recobra. Como dijo Plutarco: "El tiempo es el más sabio de los consejeros". En resumen: sé cuidadoso con tu tiempo y aprende a invertirlo concienzudamente. Este ejercicio ilustrará lo que digo:

Si el tiempo fuera como el dinero, ¿serías más cuidadoso con él? Por ejemplo, si perder 15 minutos de tu tiempo equivaliera a perder 500 dólares, ¿prestarías más atención a cómo ocupaste esos 15 minutos? Yo creo que sí. ¿Y qué significa "perder el tiempo"? Si trabajas en la industria del espectáculo, ver una película no es perder el tiempo. Si trabajas en el área de turismo, ir a un restaurante nuevo no es perder el tiempo ni desperdiciar el dinero. La respuesta es distinta para cada persona. Creo que todos sabemos cuándo malgastamos el tiempo.

Tu tarea es identificar a qué dedicas tu tiempo y cuánto dinero inviertes al hacerlo. Ni todo el dinero del mundo puede remplazar el tiempo, así que actúa en consecuencia.

Otro tema importante señalado por Robert es que el dinero influye en todos sin importar dónde vivamos o a qué nos dediquemos. El dinero, igual que el tiempo, es un común denominador que compartimos. La mayoría de las personas necesitamos dinero para comprar los alimentos necesarios para vivir, así que estamos interrelacionados, lo creamos o no.

El dinero es una influencia en tu vida. Mi opinión es que si algo está influyendo en tu vida, conviene conocerlo lo mejor posible. ¿Eres capaz de encontrar tiempo para invertir en tu educación financiera?

Tu opinión

Analiza cómo ocupas tu tiempo. Una semana tiene 168 horas (7x24):

Horas en el trabajo	_____
Horas de traslado al trabajo	_____
Horas de aseo personal	_____
Horas comiendo	_____
Horas durmiendo	_____
Horas con la familia	_____
Horas en pasatiempos	_____
Horas de ejercicio	_____
Horas de estudio	_____
Horas de esparcimiento	_____
Total	168 horas

¿Puedes encontrar de 4 a 10 horas semanales para dedicar a tu educación financiera? Estoy seguro de que sí. La pregunta es: ¿Estás dispuesto a hacerlo?

Comprométete a dedicar más tiempo a tu educación, ¡y hazlo! Leer este libro es un buen comienzo. ¿Qué más puedes hacer?

Capítulo 10

Los ganadores toman el control

La opinión de Robert

Una vez que comprendas el apalancamiento, la *capacidad de hacer más con menos,* probablemente lo encontrarás por todas partes. Por ejemplo, la silla en que estoy sentado es una forma de apalancamiento. Sería muy incómodo para mí sentarme en el suelo y escribir en la computadora. Tener socios es apalancamiento. En The Rich Dad Company, sumo mi talento a los de Kim y Sharon, lo que me da mucho más apalancamiento que si trabajara solo. El trabajo con socios estratégicos, también conocido como "recursos de otras personas", genera apalancamiento. Nosotros trabajamos con socios estratégicos en diversas áreas de nuestro negocio; por ejemplo, tenemos uno que distribuye nuestros libros, y así no tenemos que desarrollar ese giro en Rich Dad. El mensaje principal es: los ricos usan más apalancamiento que los pobres. Si quieres ser rico, necesitas apalancamiento; si quieres ser verdaderamente rico, necesitas mucho apalancamiento.

En el cuadrante del flujo de dinero, el lado de los cuadrantes E y A suele tener muy poco apalancamiento. En ambos la persona hace el trabajo personalmente. El lado de los cuadrantes D e I es puro apalancamiento: dinero y tiempo de otras personas.

El apalancamiento puede presentarse en muchas formas; una de ellas puede ser tu pensamiento. Las personas exitosas tienen cuidado con sus pensamientos; no piensan cosas como: "No puedo hacerlo"; "Es demasiado riesgoso" o "No tengo el dinero necesario", sino: "¿Cómo puedo hacerlo?"; "¿Cómo puedo reducir los riesgos?" y "¿Cómo consigo el dinero necesario?" Quienes invierten para ganar también eligen con cuidado a las personas de quienes reciben consejos. Así como los deportistas olímpicos eligen con cuidado lo que comen, quienes invierten para ganar eligen cuidadosamente los consejos que aceptan. Para ello, a veces es necesario eliminar de tu mente viejos pensamientos. Durante gran parte de mi vida, mi mente escenificó una constante batalla entre lo que mi padre rico y mi padre pobre me enseñaron sobre el dinero.

El poder del control

Además del apalancamiento, quienes invierten para ganar quieren tener *control*. Las personas creen que invertir es riesgoso sencillamente porque no tienen control.

A mí me gustan los negocios y los bienes raíces porque en ellos tengo control. No me gustan los activos en papel como acciones, bonos o fondos de inversión, porque en ellos no tengo control. Muchas personas que creen que invertir es riesgoso, invierten en activos en papel sobre los cuales no tienen control. ¿Es tu caso?

Quienes han visto mi programa de televisión en la cadena PBS conocen mi metáfora del automóvil. En el programa tengo una maqueta de un auto para demostrar la importancia de los controles. En el auto hay:

1. Volante
2. Frenos
3. Acelerador
4. Palanca de cambios
5. Licencia para conducir
6. Seguro

Usando el auto como ejemplo y metáfora de la inversión, pregunto al público si lo manejarían sin alguno de estos elementos. Por ejemplo, ¿manejarías un auto que no tuviera volante?

Por supuesto, la respuesta es "no". ¿Por qué? Todos lo sabemos, conducir el auto sería demasiado riesgoso sin el control de un volante.

Muchas personas creen que invertir es riesgoso porque no tienen el control, pero cuando invierten en fondos de inversión, acciones, bonos o cuentas de ahorro, el control es casi nulo.

Para empeorar las cosas, la mayoría de los inversionistas no tiene capacitación, mientras que conducir un auto requiere al menos una licencia para demostrar que el conductor cursó su entrenamiento y sabe manejar.

Por si esto fuera poco, los asesores en inversiones, asesores financieros y corredores de bolsa tampoco tienen control, y ésa es una de las razones por las que recomiendan: "diversifica, diversifica, diversifica". La diversificación es necesaria cuando no tienes control. Warren Buffett no diversifica porque invierte para controlar. Compra todo el negocio o una parte mayoritaria de las acciones.

A Donald y a mí nos gustan los negocios y los bienes raíces porque en ellos tenemos control. ¿Qué es lo que controlamos? La respuesta está en el siguiente diagrama de un estado financiero:

Los empresarios e inversionistas en bienes raíces queremos los seis controles siguientes:

1. Ingreso
2. Gasto
3. Activo
4. Pasivo
5. Gestión
6. Seguro

Cuando hablamos de educación financiera nos referimos a la que da los conocimientos para controlar estos seis factores. *Padre rico, padre pobre* trata de esto. Por ejemplo, en lo que se refiere a seguro, menciono la importancia de utilizar entidades corporativas para proteger los activos personales de impuestos y demandas.

El control de estos seis factores es lo que separa a los ricos de los pobres.

Otro ejemplo de control es la capacidad de incrementar las ventas y reducir los gastos. La mayoría de las personas son buenas para reducir gastos, pero muy pocas lo son para incrementar las ventas. Por ello, al regresar de Vietnam en 1974 mi padre rico me recomendó buscar un trabajo en donde aprendiera a vender: "Si quieres ser inversionista necesitas saber vender". Por eso pasé cuatro años en Xerox Corporation, para aprender a vender.

Cuando las personas me preguntan qué es lo primero que deben hacer para ser empresarios, les sugiero que aprendan a vender. Casi nadie sigue mi consejo. Como dice Donald Trump, algunos son vendedores natos, otros no. Si no eres muy bueno en ventas, puedes aprender... si es lo que te interesa. Yo no era un vendedor nato pero aprendí. Como autor no soy de los que escriben mejor, pero sí de los que venden mejor. Mi conocimiento en este campo me permite tener más control sobre el ingreso de mis inversiones y el número de libros que vendo. En el mundo hay grandes escritores con grandes mensajes; el problema es que no saben vender. El precio de no saber vender es muy alto, más alto que cualquier cantidad de dinero.

Donald Trump y yo apoyamos el mercadeo multinivel y las ventas directas debido principalmente a su

> El apalancamiento puede presentarse en muchas formas; una de ellas puede ser tu pensamiento. Las personas exitosas tienen cuidado con sus pensamientos; no piensan cosas como: "No puedo hacerlo"; "Es demasiado riesgoso" o "No tengo el dinero necesario", sino: "¿Cómo puedo hacerlo?"; "¿Cómo puedo reducir los riesgos?" y "¿Cómo consigo el dinero necesario?"
>
> ROBERT T. KIYOSAKI

valor didáctico. La mayoría de las empresas que siguen estos modelos capacitan a las personas para ser dueñas de negocios, y muchas cuentan con excelentes programas de superación personal y capacitación en ventas. Elige una empresa pensando en el aspecto educativo más que en la remuneración económica. Éste es otro ejemplo de cómo invertir en tu educación antes de invertir tu dinero.

Si no sabes vender tienes muy poco control sobre tus ingresos y sobre los de tu negocio y propiedades. Si un edificio tiene en la fachada la palabra "Trump" no sólo se incrementan las ventas; el precio y el valor aumentan también. Eso es poder en ventas. Eso es control.

Teach To Be Rich

Inventé un producto llamado *Teach To Be Rich* para quienes desean adquirir mayor educación financiera en estas seis áreas de control. Es un producto diseñado para los clubes de *CASHFLOW* y enseña los conceptos y la filosofía de Rich Dad. *Teach To Be Rich* consta de dos libros de trabajo y tres DVDs. Los DVDs se incluyen en atención a las personas que prefieren el aprendizaje visual. El líder del grupo puede reproducir los DVDs y moderar una discusión grupal, apoyado en el contenido de los dos libros de trabajo. Además de trabajar con los DVDs y los libros, se recomienda jugar *CASHFLOW 101 y 202* para reforzar las lecciones. Es el cono del aprendizaje en acción. Las discusiones grupales y el juego aumentan la retención del material y apuntalan la lección. Lo más importante es que prepara a las personas para el mundo real de las inversiones, habiendo invertido en su aprendizaje antes de invertir su dinero.

Con la capacitación puedes aprender a controlar tus inversiones. Si tienes control, tus riesgos se reducirán y tus rendimientos sobre la inversión aumentarán.

Ausencia de control

Muchas personas se sienten impotentes porque no tienen control sobre sus empleos. Conozco a varios que, sin ser malos empleados, perdieron su trabajo porque sus empresas fueron vendidas y ellos despedidos. Con todos los trabajos que están importándose actualmente, más y más personas sienten que no tienen el control. Es difícil sentirse seguro cuando tienes muy poco control sobre tu empleo y tu trabajo; cuentas de ahorro, acciones, bonos y fondos de inversión son activos sobre los que no tienes control alguno.

Si nuestro sistema educativo cumpliera su trabajo, enseñaría a las personas la diferencia entre tomar el control, e ir por la vida sin control.

En resumen, hay tres razones por las que las personas creen que invertir es riesgoso:

1. Tienen muy poca educación financiera.
2. Invierten en vehículos sobre los que no tienen control: cuentas de ahorro, acciones, bonos y fondos de inversión.
3. Escuchan consejos financieros de vendedores, quienes tampoco tienen control sobre la inversión.

El segundo paso es el control. Una vez que sabes qué vas a apalancar, tu siguiente tarea es asegurarte de tener el control.

La opinión de Donald

Los ganadores toman el control

El control es cuestión de aprendizaje. Mientras más educación financiera tengamos, más rápido podremos distinguir entre las situaciones ventajosas y las que no lo son. Separar lo bueno de lo malo se vuelve más sencillo.

Como empresario tengo muchos intereses y mantengo el control mediante un interés activo en *todos* ellos. Contrato personas capacitadas y confío en que harán su mejor esfuerzo, pero mantengo el contacto y mis puertas siempre están abiertas para ellas. No intento dirigir todo lo que ocurre en mis negocios, pero sé que, en última instancia, la responsabilidad es mía. Y saber que la responsabilidad es mía significa que tengo el control. Punto.

La Organización Trump es la compañía privada número uno de Nueva York. Estoy orgulloso de eso y del trabajo que hemos hecho. Observa que dije "hemos", pues muchos trabajamos muy duro y estoy consciente de ello, pero me aseguro de que sigamos en el primer lugar estableciendo la pauta yo mismo.

La vida está llena de riesgos. No tenemos un control total, por más que nos guste pensar lo contrario. Pero podemos reducir los riesgos e incrementar nuestro apalancamiento mediante el aprendizaje, las decisiones razonables y una actitud positiva. Muchas personas han alcanzado un gran éxito cuando todas las probabilidades estaban en su contra; lo hicieron porque decidieron tomar el control de su destino y se negaron a rendirse.

Una manera de mantener el control es no perder de vista el panorama completo. Cuando se habla del panorama completo siempre pienso en un tapiz. Alguien me dijo que se miras la parte posterior de un hermoso e invaluable tapiz, todo lo que verás es un montón de nudos. Pues bien, a veces eso es todo lo que las personas ven porque no han contemplado el diseño terminado del otro lado. El destino trabaja así a veces, por eso no renuncies al control y dejes tu propio tapiz —el diseño de tu vida— inconcluso.

> El poder de la mente es el apalancamiento máximo.
>
> Donald J. Trump

Al poco tiempo de oír esa analogía, escuché a alguien decir que estaba "hecho un nudo" en cierta situación, y comprendí que esa persona no estaba visualizando su tapiz. Había perdido de vista el panorama completo. Cuando le hablé del tapiz se relajó visiblemente. No olvides observar de vez en cuando las cosas desde el otro lado; eso te ayudará a mantener el control y te dará elementos para enfrentar los problemas y tratar con las personas. Debes ser capaz de controlar lo que te rodea, al menos en la medida en que te permita no hacerte nudo.

Algunos sinónimos de la palabra control sobre los que podemos reflexionar son: mando, dominio, autoridad y determinación. Tal vez no tengas control sobre muchas cosas pero puedes empezar contigo. El poder de la mente es el apalancamiento máximo. Tienes un cerebro: úsalo. Puedes llamarme fanático del control, pero no acepto excusas. Los ganadores toman el control asumiendo la responsabilidad.

Tu opinión

Haz un recuento de tu vida actual. ¿Puedes elegir cómo ocupar tu día o alguien más lo determina? ¿Decides cómo invertir tu dinero o dejas que alguien más lo haga?

¿Qué está bajo tu control?

_____

_____

_____

_____

¿Qué *no* está bajo tu control?

_____

_____

_____

_____

El simple hecho de dedicarte a tu educación financiera y a tus inversiones te hará sentir más en control de tu vida.

Si eres empleado y sientes que no tienes control, piensa qué puedes hacer en tu tiempo libre (por ejemplo, iniciar un negocio de medio tiempo) para cambiar esa situación. Te sorprenderá cuán rápidamente aumenta tu confianza simplemente por sentirte en control de tu vida.

Capítulo 11

La creatividad de los hemisferios derecho e izquierdo

La opinión de Robert

Para dar una explicación muy sencilla, el hemisferio izquierdo del cerebro se relaciona con el pensamiento lineal y la lógica; es el hemisferio dominante en personas con facilidad para la lectura y las matemáticas. El hemisferio derecho tiene una orientación más espacial; es el dominante en quienes tienen facilidad para las artes plásticas, la música y los colores (aunque en realidad el cerebro necesita ambos hemisferios para todas las funciones).

He estudiado durante muchos años el tema de la educación y la manera en que aprendemos. ¿Sabías que cuando nacemos nuestro cerebro no está dividido? Es hasta los cuatro o cinco años que se divide en dos hemisferios, derecho e izquierdo. Nuestro sistema educativo actual da preferencia a las personas cuyo hemisferio dominante es el izquierdo.

Una ráfaga de genio

Winston Churchill contaba que durante su infancia sentía en el cerebro ráfagas repentinas que lo dejaban aturdido. En esas ocasiones,

> Los dos hemisferios del cerebro son necesarios para triunfar.
>
> Tomar el control y ser creativo requieren educación financiera y experiencia.
>
> ROBERT T. KIYOSAKI

se sentaba tranquilamente y al cabo de unos momentos podía explicar lo que había ocurrido. Los investigadores creen que la ráfaga de intuición se generaba en el hemisferio derecho y viajaba al hemisferio izquierdo por una parte del cerebro conocida como cuerpo calloso. Debido a que el habla se relaciona con el hemisferio izquierdo, la teoría es que la ráfaga nacía en el hemisferio derecho y viajaba al izquierdo, permitiendo a Churchill hablar después de un tiempo de aquel conocimiento intuitivo.

¿Podría ser ésta la manera en que Dios o nuestro creador comunica información nueva a nuestra especie? ¿Podría ser ésta la teoría detrás del término "lluvia de ideas"?

Nuestra sociedad considera que las personas cuyo hemisferio dominante es el izquierdo son inteligentes, mientras que las dominadas por el derecho son excéntricas. Se valora más a las primeras que a las segundas, y es común que reciban mejores salarios. Es por esto que los contadores, abogados, médicos, dentistas y administradores son mejor remunerados en el mundo corporativo estadounidense.

Aunque nuestra sociedad ha otorgado más valor financiero a las personas dominadas por el hemisferio izquierdo, esa tendencia empieza a cambiar. En su libro *A Whole New Mind*, Daniel Pink habla sobre este cambio, y afirma:

El futuro pertenece a una clase de persona muy distinta, con una mente muy distinta: individuos capaces de crear y establecer empatía, de identificar pautas e instaurar significados. Estas personas [...] cosecharán los mejores frutos de la sociedad y gozarán sus mayores alegrías.

La creatividad enriquece

Es importante comprender las funciones de los hemisferios del cerebro porque la creatividad tiene el poder de hacernos ricos.

Me llama la atención que los instrumentos que la mayoría de las personas utiliza para invertir —cuentas de ahorro, acciones, bonos y fondos de inversión— no requieren creatividad. De hecho, si un inversionista común intenta ser creativo con estas inversiones puede terminar en la cárcel. El gobierno federal, a través de agencias como la Comisión de Valores y Transacciones (SEC, por sus siglas en inglés), es una especie de perro guardián contra cualquier clase de creatividad. La SEC vigila a quienes venden estas inversiones —banqueros, corredores de bolsa y asesores financieros— para comprobar que sus reglas se cumplan. En muchos sentidos, los instrumentos como ahorro, acciones, bonos y fondos de inversión son perfectos para personas cuyo hemisferio dominante es el izquierdo.

Los bienes raíces y los negocios, por su parte, son ideales para personas cuyo hemisferio dominante es el derecho. De hecho, mientras más creativo seas, mayores son tus posibilidades de enriquecerte. A continuación encontrarás algunos ejemplos de creatividad.

1. Si yo ahorrara o invirtiera en bonos, el banco establecería la tasa de interés. En los bienes raíces, muchas veces yo determino la cantidad de interés que puedo cobrar.
2. En lo que se refiere a ingreso, los bienes raíces y los negocios me permiten aumentar o reducir mi ingreso según me convenga. Con

acciones, bonos y fondos de inversión, otras personas determinan mi ingreso.

3. En lo que se refiere a impuestos, si yo vendiera activos en papel tendría muy poco control sobre los impuestos. Con los bienes raíces y los negocios, puedo controlar cuándo pago mis impuestos, cuánto pago o si pago o no. Las leyes fiscales favorecen la reinversión en nuestros bienes raíces o negocios.

4. Puedo cambiar la clasificación zonal de una propiedad. Por ejemplo si veo 10 acres de tierra como un agricultor, estaría dispuesto a pagar mil dólares por acre. Si veo los mismos 10 acres de tierra como promotor inmobiliario, puedo cambiar la clasificación zonal y aumentar el valor de ese terreno a 10 mil dólares por acre.

5. Puedo utilizar mis contactos e "información privilegiada" para vender una propiedad o un negocio pequeño. Utilizar esa clase de "información privilegiada" para vender valores puede ser ilegal.

6. Puedo aumentar el valor de una propiedad con sólo darle algunos toques decorativos, como una capa de pintura.

Y la lista sigue y sigue. Cuando tienes control sobre tus negocios y tus bienes raíces, la cantidad que ganas y cómo lo haces depende sólo de tu creatividad. En los negocios:

1. Puedo contratar o despedir al equipo administrativo. Si unas acciones o un fondo de inversión tienen mala administración, todo lo que puedo hacer es venderlos y buscar otros mejor administrados.

2. Puedo cambiar mi modelo de negocios. Actualmente, en Rich Dad estamos construyendo tres nuevas divisiones: un negocio que

atiende directamente a las escuelas, otro de seminarios regionales, y un sistema de franquicias que vende directamente a los consumidores.

3. Puedo crear marcas nuevas. Además de la marca Rich Dad, estamos creando dos nuevas: Rich Woman, dirigida por Kim, mi esposa, y Rich Family, fundada por Sharon Lechter, mi socia.

Como dije, la lista sigue y sigue.

Los dos hemisferios del cerebro son necesarios para triunfar. La combinación del hemisferio izquierdo (para las palabras y las matemáticas) y el hemisferio derecho (para la creatividad) es lo que te permitirá alcanzar el éxito.

Tomar el control y ser creativo requieren educación financiera y experiencia. Ya habrás notado que Donald Trump es muy creativo y tiene el control, aspectos que contribuyen a su éxito. Una vez que tienes el control puedes ser creativo.

La opinión de Donald

Los comentarios de Robert acerca del control y la creatividad me recordaron algo similar a esas ráfagas de las que habla. En este caso es una ráfaga de la memoria, pero creo que vale la pena mencionarla. Al comienzo de este libro Robert describió sus visitas a mis oficinas en la Torre Trump. Lo que no he mencionado es cómo están montadas las de él. Sus oficinas encarnan el control y la creatividad. No me refiero a su oficina doméstica, que tiene una piscina a unos pasos y una bien surtida biblioteca privada a la que accede con sólo estirar un brazo; me refiero a sus oficinas corporativas en Scottsdale, Arizona.

Cuando pienso en el diseño de las oficinas de Rich Dad, me queda claro por qué los libros y demás productos de Robert tienen tanto éxito: él ejerce el control creativo. Sus oficinas de Scottsdale son completamente funcionales, tienen un estudio audiovisual y son muy compactas si se piensa en el alcance de los negocios que ahí tienen su sede. Al instante supe que Robert y su equipo sabían lo que hacían. Dicho de manera simple: si sabes lo que haces no necesitas mucho espacio para hacerlo.

Del mismo modo, cuando las personas visitan mi oficina principal en la Organización Trump se sorprenden de cuán pequeña es. Ahí generamos mucha actividad porque evitamos todo lo que pueda minar la energía: exceso de personal, exceso de objetos y espacio sin utilizar. Todo mundo sabe lo que debe hacer y lo hace. Sé que mi nombre se identifica con el lujo, pero eso es porque sabemos trabajar para tenerlo. Es difícil ser creativo cuando las cosas son tan grandes que no puedes controlarlas, y es difícil controlar lo que rebasa nuestro alcance.

Robert menciona también que la creatividad enriquece. Es absolutamente cierto, y he aquí otra razón: las personas creativas no necesitan que nadie las motive; se motivan a sí mismas. Escuchan los dos hemisferios de su cerebro y obtienen el máximo potencial. Buscan la inspiración en vez de esperar a que les llegue y usan su cerebro a fondo.

Hace unos años se publicó un artículo sobre los aspirantes preferidos por las escuelas de medicina: estudiantes de música. La razón es que tienen ambos hemisferios igualmente desarrollados porque la música es matemática y creativa al mismo tiempo. También requiere disciplina y largas horas de práctica, características muy deseables para las escuelas de medicina.

La creatividad se relaciona también con la intuición, en la que creo firmemente. Algunas cosas son sencillamente inexplicables, pero la mente creativa puede asimilarlas y darles forma tangible. Cuando trabajo en un proyecto me concentro mucho, pero también me mantengo abierto a ideas nuevas y a la inspiración que pueda surgir. En ocasiones no sé exactamente por qué algo no está bien, pero sé que no está bien. Por ejemplo, cuando

> La creatividad y el control pueden ir de la mano.
>
> Donald J. Trump

estaba construyendo la Torre Trump, muchos me dijeron que el *lobby* debía decorarse con cuadros. A mí me gustan los cuadros, pero eso me parecía pasado de moda; quería algo más original. En la construcción hay un atrio muy amplio y quise poner una cascada. Mide más de 25 metros y costó dos millones de dólares, pero se ve fabulosa. Es perfecta para el espacio.

El pensamiento innovador puede dar resultados maravillosos. Cuando compré Mar-a-Lago, en Palm Beach, era una residencia privada. Perteneció a Marjorie Merriweather Post; era básicamente un palacio veneciano, una obra de arte. También era enorme: 118 habitaciones ubicadas en 20 acres aledaños al Océano Atlántico y a Lake Worth. Yo hice que recuperara su grandeza original y comprendí que prestaría un mayor servicio público si fuera un club. Ahora, el Club Mar-a-Lago es un nuevo protagonista en la historia viva de Palm Beach. Quienes sean dueños de una casa sabrán cuán costoso sería mantener una construcción de 118 habitaciones, y comprenderán las ventajas financieras de convertirla en club. Pero es mi segunda casa y la trato como tal: ésta es otra razón de su gran éxito. Siempre debe estar en perfecto estado y cada detalle es importante para mí.

La creatividad y el control pueden ir de la mano, y lo mejor es que así sea. Presta atención a los dos hemisferios de tu cerebro y empezarás a ver resultados.

Tu opinión

¿Eres creativo? Ya hemos hablado de la resolución de problemas. Cuando resuelves un problema eres creativo: estás creando una solución.

¿Alguna vez has tenido una gran idea? (¡Apuesto que sí!)

_____

_____

_____

_____

¿Esa idea te ha hecho ganar dinero?

_____

_____

_____

_____

Si es así, ¡felicidades! Sigue adelante. Si no, piensa cómo *apalancarla* y mantenerla bajo *control*. ¿Cómo has usado tu creatividad para resolver un problema o superar un reto?

_____

_____

_____

_____

Capítulo 12

PIENSA EN GRANDE, PIENSA EN EXPANSIÓN

La opinión de Robert

Una de las "marcas de la casa" de Donald Trump es su plática sobre pensar en grande. Sin duda él practica lo que predica. Si tienes alguna duda sobre su capacidad de pensar en grande, sólo ve a Nueva York y cuenta el número de rascacielos con su nombre en la fachada.

He tenido el privilegio de escucharle esta plática y en cada ocasión agrega algo y amplía mi perspectiva. Si alguna vez tienes oportunidad de escucharla, aprovéchala. Si puedes escucharla más de una vez, sigue aprovechándolo.

Aunque mi padre rico no hablaba de "pensar en grande", nos enseñó el mismo concepto. Las palabras que él usaba eran "apalancamiento" y "expansión". Cuando nos enseñó a su hijo y a mí la diferencia entre apalancamiento y expansión, puso como ejemplo la franquicia de McDonald's: "Cuando Ray Kroc compró McDonald's a los hermanos McDonald, se apalancó él mismo; cuando franquició McDonald's, expandió su apalancamiento".

Cuando Ray Kroc compró el puesto de hamburguesas se apalancó a sí mismo porque el negocio podía generar dinero con o sin él. Ahí es donde se detiene la mayoría de dueños de negocios del cuadrante

A, manteniendo uno pequeño. Cuando Kroc desarrolló un sistema de franquicias para el pequeño negocio, lo expandió al cuadrante D.

Notarás que uso la frase "sistema de franquicias", y la palabra clave ahí es *sistema*. En *Antes de renunciar a tu empleo,* libro dirigido a empresarios, hablo detalladamente del triángulo D-I. El triángulo D-I es un diagrama que utilizaba mi padre rico para enseñarme las ocho partes que forman un negocio.

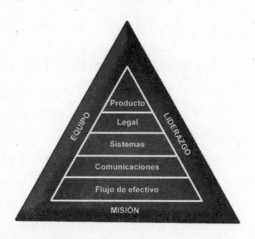

Las estadísticas muestran que nueve de cada diez negocios quiebran en los primeros cinco años; del uno que sobrevive, nueve de cada diez quiebran en una década. (Nótese de nuevo la regla 90/10.)

Muchos negocios fracasan simplemente porque una o más de las ocho partes del Triángulo D-I es débil o está ausente. Cuando analizo la situación de un negocio en dificultades utilizo el Triángulo D-I como referencia.

Observa que la palabra *producto* está en la sección más pequeña, y que la palabra *misión* está en una de las más grandes y es la base del Triángulo. Esto es porque el producto es el elemento menos

importante del Triángulo, y la misión
el más importante. A menudo, algún
empresario en ciernes me dice:

—Tengo una gran idea para un
nuevo producto.

—¿Y cuál es tu misión? —digo.

—Bueno, ganar dinero.

> La misión es la parte
> más importante del
> negocio.
>
> ROBERT T. KIYOSAKI

Ésta es la respuesta usual, y en la
mayoría de los casos, el negocio tiene pocas posibilidades de sobrevivir.

La misión es la parte más importante del negocio. Es su espíritu,
su corazón. Sin espíritu y corazón, prácticamente ningún empresario
tendrá éxito, pues el camino que les espera es difícil.

El mundo está lleno de productos maravillosos que fracasan, y
fracasan porque no tienen el respaldo del Triángulo D-I.

Si analizas los negocios más exitosos verás que están respaldados
por un Triángulo D-I completo y vital. Un gran negocio tiene una
firme misión, buen liderazgo, un equipo competente de gerentes que
trabajan bien juntos, excelente flujo de efectivo y financiamiento, comunicación clara y efectiva en ventas y mercadeo, sistemas eficientes,
documentos y acuerdos legales claros y completos y, por supuesto,
un gran producto.

Casi cualquier persona puede preparar mejores hamburguesas
que las de McDonald's, pero pocas pueden construir un sistema de
negocios tan bueno. Esto nos lleva de nuevo a la palabra *sistema*. Una
de las mayores diferencias entre un dueño de negocios del cuadrante
A y otro del cuadrante D, es el sistema. Por lo general, el dueño
del cuadrante A es el sistema, y ésa es la razón por la que no puede
expandirse.

Muchos negocios dependen de ciertas *personas;* McDonald's depende de *sistemas,* y los suyos están perfectamente diseñados. En cualquier parte del mundo, McDonald's es un negocio bastante uniforme. Pero sobre todo, sus sistemas de negocios suelen ser administrados por personas que sólo cuentan con educación secundaria. Así de sólidos y eficaces son.

Conozco muchas empresas con exceso de puestos directivos, llenas de personas con buena educación y altos salarios que trabajan duro y logran poco. En su mayoría, estos negocios se concentran en las personas y no en desarrollar buenos sistemas. Un buen equipo de personas con salarios elevados fracasará sin un buen sistema.

¿Cuál es la diferencia entre un empresario y un gerente? Para explicarlo de manera sencilla, un empresario es como un constructor de autos de carreras, y un gerente es como el piloto de ese auto. Si tienes un gran piloto pero un mal auto, el gran piloto perderá todas las carreras. Son pocos los empresarios que también son grandes gerentes. Donald Trump es uno de ellos. También Bill Gates, Michael Dell y Steve Jobs. Estos hombres pueden construir autos fabulosos y manejarlos.

En The Rich Dad Company hay tres gerentes y tres constructores de autos: Kim, Sharon y yo. Sharon es excelente para construir el auto y manejarlo. Kim y yo somos mejores manejando, pero construimos algunas partes. Suelo decir que en la compañía yo soy el claxon y Sharon el motor. Sin duda alguna, Rich Dad es el trabajo de un equipo.

En resumen

Conozco a muchos individuos que se han enriquecido en el cuadrante A. Varios son excelentes constructores y pilotos de negocios pequeños.

También hay personas de los cuadrantes E y A que se enriquecen vinculándose a los negocios del cuadrante D. Por ejemplo, Tiger Woods pertenece al cuadrante A (en su caso, la A significa autoempleado y también astro), pero gran parte de su riqueza proviene de la promoción que hace de empresas del cuadrante D. Ocurre lo mismo con las estrellas de cine: pertenecen al cuadrante A pero se asocian con negocios del cuadrante D como Sony o Warner Bros.

Donald dice: "Piensa en grande", y construye edificios gigantes y programas de televisión súper exitosos. Mi padre rico me sugería expandir, en el sentido en que lo hizo McDonald's. Ambos son ejemplos de cómo pensar en grande y expandir.

¿Ya vas entendiendo la regla 90/10 del dinero? El 10 por ciento que gana 90 por ciento del dinero hace lo que no está dispuesto a hacer el otro 90 por ciento.

La opinión de Donald

Piensa expansivamente

La explicación de Robert acerca de pensar en grande y pensar en expansión es magnífica, pero llevémosla un paso más adelante. No sólo pensemos en grande, pensemos expansivamente. Para los empresarios, esto significa identificar lo posible y hacerlo realidad. Los empresarios ven la visión y la consideran de sentido común e inevitable; el resto del mundo la considera innovación.

Hace poco leí con interés acerca de una innovación que se me atribuía. Me sorprendí porque yo nunca la consideré una innovación, sólo una manera de combinar dos elementos que podrían funcionar bien juntos. Hace años, cuando estaba construyendo el primer Hotel y Torre Internacional Trump en 1 Central Park West—anteriormente Gulf Western Building, que había tenido algunos problemas—, pensé que sería buena idea edificar un condominio y un hotel juntos. Resultó un éxito impresionante, fórmula que yo y otros hemos repetido.

Así, muchas veces la innovación es el resultado de combinar el sentido común con un pensamiento poco común. Es creativo, pero sobre todo es una combinación innovadora.

Hace tiempo leí sobre el joven compositor estadounidense Jonathan Dawe, quien ha llamado la atención por sus innovaciones. James Levine, el famoso director de la Ópera del Metropolitan, descubrió algunas de sus obras y las estrenó este año. Resulta que a Dawe le gusta la música del renacimiento temprano y halló una manera de combinarla con la geometría fractal, creando algo nuevo a partir de lo antiguo. Su idea es resultado de una "colisión de influencias", lo mismo a lo que atribuyo mi éxito con el concepto de condominios y hotel. Puede parecer exagerado comparar la composición clásica con el desarrollo de bienes raíces, pero si lo analizas, encontrarás que tienen más en común de lo que crees.

Alguien dijo que mi vida es como una ópera. Me pareció una analogía tan inusual que decidí investigar sobre este arte. Como muchas otras cosas, la ópera se inició en Grecia; fue retomada mucho después en Florencia y la primera de ellas se representó en Venecia. Considerando el nivel de ruido que prevalece en mi oficina, y que no utilizo intercomunicadores, sí puedo relacionarme con la ópera. También porque he estudiado a los griegos. Imagino que cuando la influencia griega entró en contacto con la música del siglo XVII en Italia, este arte estaba destinado a nacer. Hay cosas que les toma siglos evolucionar. Yo sigo evolucionando, por lo que me complace que mi vida se compare con la ópera, aunque sentarme a escuchar una es algo que sencillamente no puedo hacer. Para mí no puede competir con el beisbol, pero siempre he pensado que es posible respetar algo aunque no te guste.

Beethoven fue otro innovador. Sorprendió a todos cuando decidió utilizar voces en su imponente novena sinfonía. Ahora todos conocemos la "Oda a la alegría", y no puedo imaginar esa obra sin ella, pero en su tiempo fue considerada innovadora y causó sensación. Sin embargo, no nació de la noche a la mañana: Beethoven hizo bocetos desde 1811, y la sinfonía se estrenó en 1824. Esas ideas evolucionaron durante trece años. Yo diría que Beethoven estuvo un buen tiempo pensando en grande.

> Pensar expansivamente significa identificar lo posible y hacerlo realidad.
>
> Donald J. Trump

Pensar expansivamente es simplemente otra manera de innovar. A veces me pregunto: ¿qué puedo añadir a mi pensamiento para que sea más comprensivo? ¿Hay algo que pueda agregar que mejore el proyecto o la idea que ha estado dando vueltas en mi cabeza? A menudo pienso que algo aún no está bien para que salgan a la superficie más ideas. Me pregunto: ¿qué no he visto? ¿Qué más es posible? En ocasiones, las respuestas son innovadoras. No es un proceso secreto necesariamente, pero en tanto proceso requiere concentración.

Robert, Kim y Sharon me visitaron recientemente en mi campo de golf de California, y en aquella ocasión les relaté otra historia relacionada con sillas. Mi club tiene un hermoso salón de fiestas con vista al Océano Pacífico y al mejor campo de golf de California, pero su capacidad es de menos de 300 personas. Hubo muchos eventos que no pudimos recibir debido al cupo, por lo que el equipo de administración propuso agrandar la construcción. Me presentaron planes para remodelar y expandir el salón de fiestas, obra que habría requerido millones de dólares y mucho tiempo. Era necesario conseguir los permisos y cerrar por varios meses durante la construcción, lo que nos habría hecho perder millones de dólares en ingresos, que se sumarían al costo de la remodelación.

Un día, mientras revisábamos el salón, observé que una mujer tenía problemas para pararse de su silla. Ésta era demasiado grande y ella no podía separarla de la mesa para incorporarse. De hecho, el salón estaba lleno de esas sillas enormes. Inmediatamente tuve una visión: necesitamos sillas nuevas, ¡sillas pequeñas!

Esta idea no sólo me ahorró millones de dólares sino que me hizo ganar. El dinero que obtuvimos por la venta de las sillas viejas fue más que lo que costaron las nuevas sillas Chivari color oro. Ahora podemos alojar a más de 440 personas cómodamente, y hemos incrementado el número de actos que organizamos así como nuestras ganancias. No fue necesario agrandar la construcción ni cerrar el club. Así, ¡convertí en ganancias lo que pudo costarme millones!

Es el primer paso para adquirir el estatus de visionario: ver algo y saber que puede ser distinto o mejor.

Como ya dije, aprende de todas las fuentes posibles. Piensa y aprende expansivamente. No será costoso y puede darte grandes rendimientos.

Tu opinión

Piensa creativamente y apalanca esa creatividad

¿Estás cómodo en el mundo en que vives? Imagina que lo expandes para incluir nuevas aventuras, amigos y lugares. Al exponerte a nuevas experiencias generarás ideas nuevas. Encontrarás nuevos problemas para los que puedes hallar solución y verás diferentes maneras de usar esas soluciones para ayudar a otras personas. Todo esto es resultado de expandir tu mundo y tu perspectiva. ¡Piensa y vive en grande!

Dejando de lado los temores, ¿qué puedes vislumbrar?

_____

_____

_____

_____

¿En qué área de tu vida podrías pensar en grande? Enuncia ese gran pensamiento:

_____

_____

_____

_____

¿En qué área de tu vida podrías pensar expansivamente? Enuncia ese pensamiento expansivo.

_____

_____

_____

_____

¿Qué harás al respecto?

_____

_____

_____

_____

Capítulo 13

VOLVERSE MUY RICO ES PREVISIBLE, NO RIESGOSO

La opinión de Robert

Antes de continuar, revisemos rápidamente el proceso:

1. Yo/tú
2. Apalancamiento
3. Control
4. Creatividad
5. Expansión

Muchos están en problemas financieros o no mejoran su situación simplemente porque no trascienden el "yo/tú". Las personas, algunas con buena educación, van por la vida trabajando duro pero sin mucho apalancamiento. No aprovechan ni hacen uso de otro poder más allá de sí mismos.

Estas personas tienen poco o ningún control sobre sus empleos, ingresos o inversiones. Muchas no tienen oportunidad de expresar su creatividad en su empleo o en sus inversiones. Simplemente hacen lo que les dicen, profesional y financieramente. Y en lo que se refiere a expansión, lo único que hacen es cambiar de empleo, buscar otro complementario o esperar una promoción, un aumento.

Muchas personas quedan atrapadas en este ciclo porque es lo que aprendieron en la escuela. Hacer cualquier otra cosa sería riesgoso. Temen perder el poco control que tienen. Trabajan por menos porque temen ser despedidas si piden un aumento; se conforman en vez de ser creativas porque temen "hacer olas" o intentar algo que pudiera fracasar. Cuando invierten, simplemente encomiendan su dinero a alguien que esperan sea un experto y aprenden poco o nada. Son presa de sus propias dudas, miedos y conocimiento limitado del dinero y los negocios. Viven temerosas de asumir riesgos y piensan que muchas cosas de la vida son peligrosas.

Muchos asesores y periodistas financieros, así como vendedores, se aprovechan de quienes temen al riesgo y les venden las inversiones más riesgosas. Estas personas creen sinceramente que ahorrar es seguro y que invertir para el largo plazo en fondos de inversión no es riesgoso.

Para empeorar las cosas, algunas de estas personas (así como sus "expertos financieros") creen que lo que Donald Trump, Warren Buffett y yo hacemos es riesgoso. Nada más lejos de la verdad. Donald Trump y Warren Buffett ganan mucho dinero simplemente porque el resultado de su esfuerzo es *previsible,* lo contrario de riesgoso.

Enriquecerse es previsible

Además del ejemplo de McDonald's, mi padre rico usaba el de un agricultor para explicar la previsibilidad. Me contaba la historia de un hombre que cultivaba manzanas, empezó sembrando un acre: "Plantar ese primer acre fue duro", dijo mi padre rico. "El agricultor no tenía mucho dinero, y los manzanos necesitaban tiempo para crecer. Luego de algunos años aparecieron las manzanas y las vendió. Con las ganancias compró otros dos acres y plantó más árboles. Pronto tuvo más de cien acres de manzanos, todos produciendo. Comenzó lentamente pero sabía que si seguía por ese camino, pronto sería rico." Aunque era un ejemplo muy simple, me sirvió de mucho.

> Los dos hemisferios del cerebro son necesarios para triunfar.
>
> Tomar el control y ser creativo requieren educación financiera y experiencia.
>
> ROBERT T. KIYOSAKI

"Sí, pero, ¿qué hay de las plagas y la sequía?", podría preguntar alguien. Es una pregunta válida pues un dueño exitoso de negocios no espera que todo salga a la perfección. Por ejemplo, todos los dueños de tiendas saben que tanto clientes como empleados les robarán. Un negocio exitoso tendrá contempladas reservas para compensar estas pérdidas y desarrollará sistemas para controlarlas y minimizarlas.

Algunos cínicos dirán: "Sí, pero si plantas demasiados árboles y produces demasiadas manzanas, su precio bajará". Sí, es cierto. Bajar los precios es el propósito del capitalismo competitivo. Sin él, no gozaríamos de un nivel de vida elevado, a un precio asequible.

El punto es: una vez que comprendas la previsibilidad, la verás por todas partes. Cada vez que pases por un McDonald's, que veas unos *jeans* Levy's o que vayas a cargar gasolina notarás la previsibilidad en acción. Será evidente incluso al jugar *Monopolio*. Si recuerdas, una casa te paga mucho; si agregas dos casas, ganas más, y si conviertes cuatro casas en un hotel rojo, ganas todavía más. Una vez que comprendas la previsibilidad, la verás por todas partes. Y cuando lo hagas, comprenderás por qué una persona o un negocio gana grandes sumas de dinero sin mucho riesgo.

Ahora entiendes mejor por qué me siento frustrado cuando escucho a las personas decir que invertir es riesgoso, o cuando escucho a un asesor financiero decir que lo más seguro es invertir en cuentas de ahorro y fondos de inversión. Para mí, esto no es más que falta de educación financiera y bajo IQ financiero.

Donald Trump no gana sus miles de millones construyendo un edificio; construye muchos o construye uno con cientos de condominios, y los vende. Su fórmula del éxito se ajusta a la que acabo de describir: apalanca, controla, crea, expande y pronostica. Aunque siempre hay algún riesgo, tiene confianza en sus proyectos porque controla el proceso.

Al invertir sigo el mismo proceso. Por ejemplo, cuando compro un edificio sé que recibiré cuatro tipos de ingreso:

1. Ingreso por alquileres.
2. Ingreso por depreciación.
3. Amortización (mi inquilino paga mi préstamo).
4. Plusvalía (el dólar pierde valor).

Pongo plusvalía al último porque es el ingreso menos importante. Sin embargo, para la mayoría de los inversionistas, el ingreso por plusvalía (ganancia de capital) es el único que buscan al invertir. Por ejemplo, si alguien compra una acción por cinco dólares y la conserva hasta que puede venderla en doce, esa persona vende por plusvalía o ganancia de capital. Lo mismo ocurre con quienes revenden bienes raíces.

También pongo plusvalía al último porque es ingreso gravado, ganancia de capital. La única ventaja de los bienes raíces es el intercambio 1031, que permite al inversionista diferir el pago de impuestos sobre bienes de capital, a veces indefinidamente, si tiene una buena planeación. Esta posibilidad de evitar ganancias de capital hace de los bienes raíces una inversión muy superior a los activos en papel como acciones, bonos, fondos de inversión y, especialmente, cuentas de ahorro. Si quieres saber más sobre por qué se considera, legalmente, a los bienes raíces la mejor inversión, te sugiero el libro *Rich Dad's Real Estate Advantages,* escrito por Sharon Lechter, mi socia y contadora, y por Garrett Sutton, abogado miembro del equipo de asesores de Rich Dad. Quiero hacer hincapié en que este libro fue escrito por una contadora y un abogado, y hay una buena razón para ello.

Destaco también que este ejemplo de bienes raíces y de pagar menos impuestos es completamente previsible.

En 1996, año que reinicié mi actividad después de retirarme, diseñé mi juego de mesa *CASHFLOW* y escribí *Padre rico, padre pobre.* No tenía idea de cuán exitosa llegaría a ser The Rich Dad Company, pero elegí al equipo adecuado comenzando con Sharon y Michael Lechter. Tener el equipo adecuado es la mejor forma de apalancamiento. Ese mismo año fundé una compañía petrolera y dos mineras, una dedicada a la extracción de oro y la otra a la de plata. Aunque la compañía petrolera fracasó, las mineras llegaron a cotizar mediante oferta pública primaria y una fusión. Ambas cotizan en la bolsa de valores de Canadá y me han hecho ganar millones de dólares.

Muchas personas me dijeron que fundar compañías petroleras y mineras era riesgoso, y aunque había algún riesgo, me pareció muy pequeño. Pude mitigarlo porque sé que todos usamos —consumimos— petróleo y gasolina. Eso es previsible.

También sabía que el oro y la plata aumentarían de valor. ¿Cómo lo sabía? Porque los políticos que administran nuestro país no iban a dejar de gastar, pedir prestado o imprimir dinero. Así, lo previsible no era el oro o la plata sino la incompetencia financiera de nuestros líderes políticos. Ellos no resuelven problemas; simplemente los posponen y los hacen más grandes. Su comportamiento es predecible, sean republicanos o demócratas.

En resumen

La educación financiera te permite acceder al lugar donde enriquecerse es previsible. Cuando una persona tiene educación, experiencia y entiende el apalancamiento, el control, la creatividad, la expansión y la previsibilidad, la vida se ve de otra manera. Al menos así fue para mí.

Cuando era niño, mi padre rico me hizo jugar *Monopolio* una y otra vez. Al jugar aprendí y entendí el poder del apalancamiento, el control, la creatividad, la expansión y la previsibilidad. De repente, un día, después de jugar al menos mil veces, mi mente vislumbró un futuro de gran riqueza. Creo que tenía 15 años de edad y eso ocasionó un problema. Una vez que vi un mundo diferente, no volví a creer que la vida era riesgosa, que necesitaba seguridad laboral ni que una compañía o el gobierno debían hacerse cargo de mí. Tan pronto vislumbré un futuro distinto, la vida dejó de parecerme riesgosa y se hizo emocionante. Eso ha marcado una gran diferencia en mi vida.

La opinión de Donald

Los ricos son cada vez más ricos porque, para empezar, es más fácil invertir si tienes dinero para hacerlo. Puedes cometer errores y perder dinero, pero lo más seguro es que si eres rico y eres un inversionista serio, ganarás más dinero.

Éste no es un escenario riesgoso. En las inversiones, estar preparado para lo que haces disminuye el factor de riesgo. Pero disminuir el factor de miedo no debe ser tarea de asesores financieros; antes debes aprender por tu cuenta para no quedar a merced de sus consejos.

Hay asesores financieros que han ganado fortunas para sí y para otras personas porque saben lo que hacen. Conocen el mundo de las finanzas lo bastante para destacar y acertar al prever tendencias. Lo que hacen tiene un factor de riesgo limitado debido a su experiencia y pericia.

La razón por la que el título de este capítulo es "Hacerse muy rico es previsible" es que *muy rico* implica que ya tienes dinero con el cual trabajar. El factor decisivo es si permitirás a tu dinero trabajar para ti y aumentar tu fortuna. Quienes saben hacerlo tienen muchas posibilidades de unirse a la liga de los súper ricos.

Cuando construyo un nuevo edificio analizo el factor de riesgo, que para mí se reduce a si será rentable o no. No me gusta correr grandes riesgos, en especial cuando puedo prever. Cuando decidí poner en práctica la idea del condominio y el hotel combinados sabía que esa unión ofrecía una ventaja adicional: los dueños de los condominios podían beneficiarse del éxito del hotel. Supe que esta idea atraería a inversionistas y propietarios porque hice cuentas y supe que me atraería a mí como hombre de negocios, sea como constructor o como inversionista. El factor de riesgo se redujo para todos. Todo fue más previsible, aunque admito que me sorprendió el éxito que tuvo la idea.

Mi padre siempre hizo hincapié en que ciertas cosas son previsibles, por ejemplo, que el trabajo inteligente produce resultados inteligentes. Él trabajaba duro y decía que trabajar inteligentemente desde el principio ahorra tiempo. Desde pequeño aprendí a evaluar mentalmente las cosas antes de actuar, con el fin de saber si funcionaban o no. Eso eliminaba del proceso buena parte de las conjeturas y, por tanto, del riesgo. También me ahorraba mucho tiempo y dinero.

> El mayor riesgo que enfrentamos es no avanzar con lo que hemos aprendido.
>
> Donald J. Trump

Mi apalancamiento fueron mis conocimientos en el campo de la construcción y mi instinto. También estudié bienes raíces durante muchos años. Hace tiempo, cuando me harté de que la ciudad de Nueva York desperdiciara años y millones de dólares tratando de reconstruir Wollman Rink en Central Park, preví cuánto tiempo me tomaría hacerlo y el costo. Tuve razón: lo hice en unos cuantos meses y por 750 mil dólares menos de lo presupuestado. Para mí fue previsible y hacerlo no era un riesgo. Lo riesgoso era que la obra no terminaba nunca: un riesgo para mi salud.

Ser muy exitoso también es previsible, en especial si de vez en cuando corres riesgos. Mark Burnett tuvo que convencerme de hacer *El aprendiz*. Tener mi propio *reality show* era territorio nuevo para mí, y las posibilidades de éxito de un programa no son de la clase que me gusta: 95 por ciento de los programas de televisión fracasan. Yo ya era exitoso, pero luego de que *El aprendiz* fue un éxito, lo fui más. Teníamos recursos, lo que obró en mi favor. Ocurre lo mismo con el dinero.

Es cierto lo que dice Robert acerca del apalancamiento, el control, la creatividad, la expansión y la previsión. Ser multidimensional y estar alerta en todos esos niveles puede ser emocionante y rinde frutos. Si las personas piensan que es riesgoso, que les aproveche. Para mí es un reto maravilloso y apasionante. Puedes cambiar tu mundo si lo deseas y, con ello, hacer una gran contribución al mundo en su conjunto. Vale la pena considerarlo.

El mayor riesgo que enfrentamos es no avanzar con lo que hemos aprendido. La expansión tiene muchas dimensiones. Concluiré con una frase de Abraham Lincoln: "Desconfío del hombre que no es más sabio hoy de lo que era ayer".

Éste es un buen incentivo para que prestes atención y apliques lo que aprendes día tras día. Si lo haces, mi previsión es que muy pronto alcanzarás el éxito.

Tu opinión

Enriquecerse es previsible

Recuerda que Einstein definió la locura como "hacer lo mismo una y otra vez y esperar resultados distintos". Para ser rico, o más rico, tal vez debas cambiar lo que estás haciendo. Comprométete contigo (nadie más importa en este ejercicio) a cambiar tres cosas que haces actualmente. Especifica una acción y un momento, para que asumas la responsabilidad:

Ejemplo 1
Voy a dejar de ver televisión una noche a la semana para buscar un seminario al que pueda asistir.

Ejemplo 2
Voy a despegarme del sofá, visitaré esta semana a un asesor en compraventa de negocios e investigaré qué negocios me pueden interesar.

Parte 3

MOMENTOS CRUCIALES:
más allá de ganar o perder

LA FÓRMULA:

Apalancamiento
Control
Creatividad
Expansión
Previsibilidad

Este proceso es una de las fórmulas básicas para adquirir una gran riqueza. Si estudias la historia de grandes empresarios e inversionistas encontrarás una pauta o proceso similar. Incluso Warren Buffett utiliza un procedimiento parecido para decidir cuál compañía comprar y cuál no. En el caso del señor Buffett, la palabra creatividad debe sustituirse con la palabra análisis. El talento de Warren Buffett está en analizar negocios e identificar sus valores actuales y futuros. Por eso, una vez que compra un negocio, pocas veces lo vende. Donald Trump es muy creativo. Puede ver un rascacielos de oro donde otros ven sólo un terreno baldío o un edificio en ruinas.

Actualmente, muchos inversionistas compran activos sólo para venderlos. Quieren comprar barato y vender caro. Invierten por ganancias de capital. A este tipo de inversionista se le conoce en el mercado de valores como especulador. En bienes raíces, a la persona que compra para vender se le llama revendedor.

Un inversionista auténtico compra para poseer la inversión y heredarla a generaciones futuras. Aunque Donald Trump y Robert Kiyosaki ocasionalmente compran para vender, como muchos inversionistas profesionales, invierten siguiendo la fórmula anterior. Ella es la que permite que 10 por ciento de los inversionistas ganen 90 por ciento del dinero.

La fórmula puede parecer simple, pero no es sencillo ponerla en práctica. Hay personas que no siguen el proceso simplemente porque no saben que existe. Otras no tienen idea de por qué algunos ricos son más ricos que otros.

Algunas personas que conocen la fórmula han intentado seguirla y han fracasado. Casi todos conocemos a alguien que gozaba de gran éxito y al día siguiente estaba en bancarrota. Por alguna razón, la fórmula los esquiva por el resto de sus vidas.

Y para algunas personas, esta fórmula es su vida, su juego. Siempre es un reto. Es lo que les divierte, lo que los emociona. Dominarla puede convertirse incluso en su razón de vivir. Por lo general, pertenecen al 10 por ciento que gana 90 por ciento del dinero.

En esta sección del libro, encontrarás las razones por las que Donald y Robert aman este juego y ganan en él. Estas ideas son importantes porque, como dijimos, el proceso es simple, pero no fácil.

Esta sección no es sobre *cómo* ganar dinero; es sobre *por qué* ganarlo. Al terminar de leerla, sabrás *por qué* 10 por ciento de las personas gana 90 por ciento del dinero. Son más personas las que fracasan que las que tienen éxito, y para repetir un aspecto elemental pero crítico: aunque el proceso es simple, no es sencillo. Esta sección trata sobre momentos cruciales, los instantes de la vida de una persona en que toma decisiones que cambian su futuro. Todos hemos vivido momentos como esos. En ellos encontramos nuestro carácter auténtico. Somos valientes o cobardes, veraces o mentirosos, avanzamos o retrocedemos.

Casi todos hemos oído hablar de las tres D:

1. Deseo
2. Vigor (*drive*)
3. Disciplina

Todos conocemos personas que tienen el deseo —por ejemplo, de ser ricos—, pero carecen del vigor, de la disciplina o de ambos.

Muchos hemos oído sobre las tres A:

1. Ambición
2. Aptitud
3. Actitud

Todos conocemos a personas con ambición pero que nunca desarrollan sus aptitudes, a menudo debido a una mala actitud.

Todos hemos oído de las tres E:

1. Educación
2. Experiencia
3. Ejecución

Todos conocemos personas que tienen una magnífica educación pero carecen de experiencia en el mundo real. Por esta carencia son incapaces de *ejecutar* —llevar a cabo, hacer las cosas en el momento oportuno, producir resultados— en el mundo real.

Y todos homos oído sobre las cuatro H:

1. Honor
2. Humildad
3. Humor
4. Felicidad (*happiness*)

Todos conocemos a personas exitosas que han triunfado sin honor. Y todos conocemos personas exitosas que carecen de humildad. También conocemos personas que no tienen sentido del humor: han perdido la capacidad de reírse de sí mismos. Y todos conocemos personas exitosas que no son felices.

Al leer sobre los momentos cruciales en la vida de Donald y Robert podremos ver cómo se manifiestan en cada uno las características expresadas en las tres D, las tres A, las tres E y las cuatro H. Estos momentos decisivos los han convertido en los hombres de negocios exitosos que son ahora y los mantienen en marcha. Notarás también que estos momentos y experiencias que han definido sus vidas giran alrededor de los *cómo,* no de los *por qué.*

Mientras lees, piensa en tu vida. ¿Cuáles han sido tus momentos cruciales? ¿Te han ayudado a ser exitoso? ¿Te han hecho retroceder? Sé honesto contigo mismo. De la honestidad surge la claridad, y de ésta, la posibilidad de cambiar. Puede que empieces a ver tu historia más claramente y experimentes otro momento crucial: ¡el momento en que decidas tomar el control de tu vida!

Capítulo 14

¿QUÉ APRENDISTE DE TU PADRE?

La respuesta de Robert

Mi padre fue un gran hombre. Desde niño lo miraba con admiración y respeto. Estaba orgulloso de ser su hijo y quería que él estuviera orgulloso de mí.

En los días que iniciaban cursos en la escuela, los maestros leían la lista de alumnos y después de decir mi nombre todos preguntaban: "¿Eres hijo de Ralph Kiyosaki?"

Mi padre era el superintendente de educación del estado de Hawai. Era un hombre alto para ser japonés: medía alrededor de 1.90 metros, por lo que destacaba en más de un sentido. Era considerado una persona brillante con ideas propias. Se graduó con las mejores notas en su clase y era respetado como un gran educador en el sistema escolar de Hawai. Poco antes de morir fue reconocido como uno de los dos educadores más importantes de la historia de Hawai. Recuerdo que cuando me mostró el periódico donde se publicó un artículo sobre el premio, él tenía lágrimas en los ojos. Como decía el artículo, dedicó su vida a la educación y a los niños hawaianos.

Mi padre planeaba asistir a la escuela de medicina porque durante generaciones, nuestra familia había sido de médicos. Sin embargo, cuando estaba en la secundaria en la isla Maui, observó que sus compañeros de clase dejaban de asistir a la escuela. Como presidente de su clase, fue con el director para investigar a dónde se iban. Al principio evadieron responderle, pero finalmente supo la verdad: la plantación de azúcar en la que trabajaban casi todos los padres de los muchachos había ordenado que 20 por ciento de los chicos debía ser reprobado, sin importar su desempeño. Esto era para asegurarse de que la plantación tendría suficientes trabajadores sin educación. Mi padre se enteró de que maestros, directores y otras personas en todos los niveles del sistema educativo estaban coludidos. Fue entonces cuando desechó la idea de asistir a la escuela de medicina y se matriculó en la universidad para ser maestro e intentar cambiar el sistema. Además, luchó por brindar la mejor educación posible a los chicos cuyos padres no podían pagar escuelas privadas, muchachos que no tenían más posibilidad que esperar que el sistema educativo público obrara en su favor y no en su contra. Libró esta batalla toda su vida.

No obstante, el sistema educativo de nuestro país no ha hecho sino empeorar. Estados Unidos tiene uno de los peores sistemas educativos del mundo, aunque gasta más en educación que ningún otro país.

Pese a la lucha de mi padre, el estado de Hawai sigue teniendo uno de los peores sistemas educativos de Estados Unidos. En la edición de mayo de 2006 de *Honolulu Magazine,* el artículo principal presentaba una clasificación de las escuelas públicas de Hawai. El artículo afirmaba que la Asociación Nacional de Educación (NEA, por sus siglas en inglés) clasificó a Hawai como el número 43 de 50 estados. En otras palabras, el séptimo peor del país. Obtuvo D por normas y responsabilidad, F por ambiente escolar, D por mejoras en la planta de maestros, y C en idoneidad de los recursos de la escuela.*

Esto no es resultado de la falta de dinero. En 2001, el presupuesto para el sistema educativo fue de 1 300 millones de dólares, y en 2005 de 2 100 millones. Como afirmaba el artículo:

Aunque los legisladores asignan más dinero que hace cinco años, los contribuyentes no ven resultados. Algo que no ha cambiado mucho en este sistema educativo administrado por el gobierno es su notable capacidad para resistirse al cambio.

Mi padre contendió para la vicegubernatura de Hawai porque supo que no podría cambiar el sistema siendo un simple superintendente de educación. Necesitaba ascender, así que se presentó como candidato del partido republicano en un estado predominantemente demo-crático. Fue aplastado en más de un sentido. No sólo se le prohibió volver a ocupar un puesto de gobierno en Hawai (porque se había enfrentado a la maquinaria política que constriñe al Estado), sino que su gente, las personas con quienes había trabajado durante años, se volvieron contra él por temor a perder sus empleos. Más que el asunto laboral, fue la cobardía y traición de sus amigos lo que destruyó su espíritu. Mi padre tenía alrededor de 50 años al momento de su derrota política y nunca se recuperó de la pérdida.

En 1974 regresé de Vietnam y encontré a mi padre metido en casa y destrozado. Había intentado ganar dinero comprando una fran-quicia de helados. Había optado por la jubilación adelantada, pero perdió en la franquicia todo ese dinero, así como la mayor parte de

---

* Sistema de calificación basado en las letras del abecedario. De mejor a peor: A, B, C, D, E, F y G. (*N. del T.*)

> Todos hemos vivido momentos como esos. En ellos encontramos nuestro carácter auténtico. Somos valientes o cobardes, veraces o mentirosos, avanzamos o retrocedemos.
>
> ROBERT T. KIYOSAKI

sus ahorros. De no ser por la pequeña cantidad que recibía del Estado, y más tarde de seguridad social y Medicare, se hubiera convertido en indigente.

Fue un momento crucial para mí. Ver a mi padre, el hombre que amaba y admiraba, sentado en la sala, viendo televisión todo el día, me conmocionó. Ahí estaba, en la flor de la vida y con una buena educación, pero con el espíritu destrozado. Con el tiempo se sintió más enojado consigo mismo y con los amigos, que sentía lo habían traicionado.

Fue ahí, sentado frente al televisor, que me dio el consejo del que ya he hablado: "Regresa a la escuela, obtén una maestría y un doctorado, y consigue trabajo en el gobierno". Hablaba con sinceridad; es lo que él había hecho. Después de todo, creía en la educación; había dedicado su vida a ella.

En ese momento supe que la educación carecía de algo fundamental. Nuestra educación tradicional no nos preparaba para el mundo real; nos preparaba para ser empleados. Fue entonces cuando supe que seguiría los pasos de mi padre rico (el padre de mi mejor amigo) y no los de mi padre verdadero. Decidí seguir los pasos de mi padre rico porque él no permitió que su falta de educación formal aplastara su espíritu emprendedor ni su deseo de enseñar a su hijo y a mí. Para quienes no lo sepan, él llegó a ser uno de los hombres más ricos de Hawai.

Así, 1974 fue un año decisivo para mí: primero, porque supe que no seguiría los pasos de mi padre; segundo, porque ese año, como supe mucho después, se promulgó ERISA, que condujo a los planes 401(k). Al ver el mundo a través de los ojos de mi padre, supe que mi generación, la generación *baby-boom*, enfrentaría el mismo problema que enfrentaba mi padre. La mía sería una generación de personas bien educadas, trabajadoras y honestas, pero necesitadas del apoyo del gobierno o la familia, e incapaces de sobrevivir financieramente por sí mismas. En los años venideros habrá millones de personas en el mundo que, igual que mi padre, enfrentarán el mundo sin mucho dinero después de toda una vida de trabajo duro, y con el temor de que se agote.

Por respeto, dejé que pasaran cinco años después de la muerte de mi padre para publicar *Padre rico, padre pobre*. Hay quienes piensan que el libro fue irrespetuoso. Sin embargo, estoy seguro de que mi padre era lo bastante grande para enfrentar las realidades que se mencionan en él. Era un gran hombre, y no sólo por su estatura.

Escribí el libro para retomar la antorcha que mi padre había llevado y continuar la lucha para reformar y cambiar nuestro obsoleto sistema educativo, que está desconectado del mundo real y, en mi opinión, no prepara a nuestros jóvenes para el mundo que les espera. Lo he dicho desde hace años: "¿Por qué nuestro sistema educativo no enseña sobre el dinero? Seamos ricos o no, listos o no, el común denominador es que todos usamos dinero".

TIME Magazine publicó un artículo con un titular impresionante acerca de que Estados Unidos es un país de desertores de las escuelas. El artículo explicaba que los administradores escolares disfrazan el número real de jóvenes que deserta, de manera similar a como Enron ocultaba sus pérdidas. El artículo afirma claramente que el problema es mucho más grave hoy porque los desertores ya no cuentan con empleos bien pagados en fábricas. Actualmente, sus únicas opciones son empleos de bajos salarios como oficinistas o dependientes en restaurantes de comida rápida, pues Estados Unidos se ha convertido en un país de consumidores, no de productores. Sufriremos las consecuencias de este problema en los años que vienen, un problema provocado por un sistema educativo obsoleto y desconectado de la realidad que se resiste al cambio.

Esto es lo que recibí de mi padre. Yo sigo su lucha, la única diferencia es que lo hago desde fuera del sistema. No ataco al sistema directamente; lo hago como un hombre rico y no como un empleado que necesita un salario regular.

Como algunos ya saben, The Rich Dad Company cuenta con diversas propuestas educativas; desarrollamos el sitio de internet www.RichKidSmartKid.com para niños, padres y maestros, en él se incluyen juegos, planes de estudio y guías para instructores, todo gratuito y sin publicidad. Los juegos son originales y atractivos, y hacen del aprendizaje una experiencia interactiva y divertida.

Para el nivel universitario, The Rich Dad Company ha creado planes de estudio para dos cursos: el Curso *CASHFLOW* para finanzas

Robert T. Kiyosaki con sus padres y hermanos

personales, de Rich Dad, e Inversión en Bienes Raíces, de Rich Dad. Estos planes de estudio —así como planes para lecciones, materiales adicionales y lecciones en video— también son gratuitos y están a disposición de las universidades en cualquier parte del mundo. Los cursos se imparten actualmente en varias ciudades de Estados Unidos. Si deseas saber cómo llevarlos a tu comunidad, visita http://college. richdad.com.

La respuesta de Donald

La influencia de mi padre

El legado de mi padre se resume en esta frase: "De quien mucho recibe, mucho se espera". Me obligo a trabajar porque estoy obligado a hacerlo.

Hoy es un hermoso día de mayo y voy en mi *jet* rumbo a la isla Canouan en las Granadinas, no lejos de St. Barts. Tengo ahí un desarrollo turístico con campo de golf y villas, un destino turístico fabuloso si te gustan los lugares paradisiacos. Estaré ahí un par de días para ver cómo están las cosas. Este tiempo de vuelo es una parte de los viajes que me gusta aprovechar. Sin embargo, Robert me llamó justo antes de que partiera y me hizo esta pregunta: "Donald, ¿qué harías si perdieras todo?"

Mencionó también que Henry Ford había respondido que recuperaría todo en cinco años, y que Picasso dijo que seguiría pintando, etcétera. Yo ya pasé por una crisis que pudo aniquilarme y dejarme con pocas posibilidades de recuperación, pero después fui mucho más exitoso que antes. Por eso puedo decir con seguridad que simplemente seguiría trabajando, pues es lo que hice.

> Aprende todo lo que puedas acerca de lo que haces.
>
> FRED J. TRUMP

Entonces recordé a mi padre, Fred Trump, quien sufrió un revés siendo muy joven: su padre murió cuando tenía 11 años, por lo que se convirtió en el hombre de la casa y debió cuidar a dos hermanos y a su madre. Fue el momento crucial en la vida de mi padre. Inmediatamente se empleó en trabajos temporales: lustrador de zapatos, repartidor en un mercado de frutas, transportador de madera para una construcción. Terminó la preparatoria pero ni siquiera consideró la posibilidad de ir a la universidad, así que consiguió trabajo como aprendiz de carpintero para un constructor de Queens, en Nueva York. Un año después construyó su primera casa y llamó a su compañía Elizabeth Trump e Hijo, pues era demasiado joven para hacer negocios y su madre debía firmar todos los cheques y documentos legales.

Mi padre tuvo tanto éxito que pudo enviar a su hermano menor a la universidad —donde obtuvo un doctorado—, así como casarse con mi madre y formar una familia. En pocas palabras, fue un hombre que se hizo a sí mismo, que empezó a los 11 años y que fue un gran ejemplo. Nunca dio nada por sentado y exigió mucho de sí en los buenos y en los malos tiempos.

Mi padre nunca tuvo tiempo para quejarse; simplemente trabajaba. Ésa es una buena lección. En tiempos difíciles recuerdo la situación que vivió mi padre y sencillamente sigo trabajando. Sé por experiencia que lo que se necesita es perseverancia. Creo que Henry Ford y Picasso conocían acerca del trabajo. La ética laboral se impone en cualquier industria en que trabajes o desees trabajar.

Robert menciona a sus dos padres, uno rico y uno pobre. Tuvo dos modelos para aprender, observar y elegir como mentor. De quien aprendió más fue del que no tenía educación superior, de quien se había enseñado a entender las cosas por sí mismo, como mi padre. Todos podemos aprender una lección de esto. Aunque valoro mucho la educación formal, en ocasiones la "escuela de la vida" forma personas con un sentido común superior al promedio. Mi padre era un hombre inteligente y eso, combinado con su ética laboral, lo convirtió en auténtico dinamo.

Mi padre fue una gran inspiración para mí y un gran ejemplo. Nunca tuvo que decirnos que el éxito exige trabajo diligente y disciplina; nosotros lo comprobábamos al verlo trabajar día tras día, año tras año. El trabajo nunca fue una carga para él; amaba lo que hacía. Sentía pasión por su negocio y su entusiasmo era auténtico. Ese ejemplo dejó una huella profunda en mí y me siento muy agradecido.

A la fecha sigo recibiendo cartas de personas que conocieron a mi padre y se beneficiaron gracias a su generosidad y ética laboral. Hace poco recibí una de alguien que recordaba que mi padre solía recorrer las construcciones recogiendo clavos del piso. Odiaba desperdiciar, y hacer esto no era una molestia sino parte de ser consciente y realizar un buen trabajo. Mi padre era concienzudo, y siempre me decía: "Aprende todo lo que puedas acerca de lo que haces".

Lo escuché y seguí su consejo. Cuando me preguntan por qué creo ser exitoso, lo primero que me viene a la cabeza es mi educación y la influencia de mi padre. Sí, asistí a Wharton, pero antes de Wharton estuvo mi padre. Si él pudo lograr lo que logró sin el apoyo financiero de una familia y sin educación formal, las expectativas sobre mis logros debían superar las de mi padre, simplemente porque yo comencé con mucho más de lo que él tuvo. Ambos contábamos con los mismos estándares de desempeño y la misma ética laboral, pero las condiciones fueron diferentes. Para mí, sería inaceptable hacer menos de lo que hago porque no tengo excusa para ello. Si parezco un trabajador compulsivo, hay una buena razón. Sustituye tus excusas con razones y todo será más claro.

Tu opinión

¿Qué aprendiste de tu padre que haya contribuido a tu éxito?

_____

_____

_____

_____

(Si tu padre no fue un modelo de conducta positivo para ti, describe la influencia de otro hombre que haya marcado tu vida.)

_____

_____

_____

_____

Capítulo 15

¿QUÉ APRENDISTE DE TU MADRE?

La respuesta de Robert

Mi madre fue la persona más cariñosa de mi vida. De niño me enojaba con ella porque abrazaba a todos mis amigos. "Mamá, deja de abrazarnos", le decía. Desearía que hoy estuviera aquí para abrazarla una vez más.

Mi madre murió joven, a los 48 años. Tenía problemas cardiacos congénitos y había sufrido fiebre reumática en su infancia, lo que aumentó su debilidad. Quizá por eso era tan cariñosa: atesoraba cada día de su vida porque, siendo enfermera titulada, probablemente sabía que no viviría mucho.

Mi esposa, Kim, se parece mucho a mi madre. Aunque no se asemejan físicamente, tienen el mismo espíritu. Lo que me atrajo de Kim cuando la conocí fue su impresionante belleza. Por seis meses se rehusó a salir conmigo. Cuando finalmente tuvimos nuestra primera cita, supe que había encontrado a la mujer de mis sueños, pues hallé la misma calidez de mi madre. Hemos estado juntos prácticamente todos los días desde aquella fecha en 1984.

Yo estaba en el Cuerpo de Marina cuando mi madre murió. Estaba apostado en Pensacola, Florida, en la Escuela Naval de Aviación, cuando mi padre llamó para decirme que mi madre había fallecido. En el funeral experimenté una pena indescriptible. Mi padre (quien como he dicho era un gigante) se desplomó llorando. Fue necesario que los tres hijos juntos lo mantuviéramos y nos mantuviéramos en pie.

Años después, en Vietnam, llevé en helicóptero a un general del Cuerpo de Marina a un pequeño pueblo donde Estados Unidos estaba planeando lo que resultó ser una última y desesperada defensiva contra Vietnam del Norte. El enemigo estaba preparando una gran ofensiva al otro lado de la zona desmilitarizada. Se suponía que nosotros debíamos detenerlos tan pronto se dirigieran al sur. Entonces supimos que la guerra había terminado. Habíamos perdido.

Mi tripulación había ido al pueblo a comprar comida y recuerdos. Yo permanecí con el helicóptero, estacionado al borde de un campo cubierto de pasto. De pronto, apareció un grupo de jovencitos vietnamitas que empezaron a entrar y salir del helicóptero. Yo me puse de pie e intenté decirles que se alejaran. Obviamente, no entendían inglés y siguieron jugando como lo haría cualquier muchacho de 9 a 12 años.

Temiendo que pertenecieran al Viet Cong, como muchos de la zona donde estábamos, empecé a empujarlos para que se apartaran de la nave. Mi temor era que intentaran colocar una granada u otro explosivo en el helicóptero. El miedo hizo presa de mí y empecé a actuar con más fuerza para retirarlos. Uno de ellos no hacía ningún caso. Tan pronto como lo bajé, volvió a subir para jugar con las ametralladoras y otras armas.

Finalmente, en un arranque de ira, tomé al niño de los cabellos y lo saqué de la cabina, y en respuesta, él me pateó y me mordió en un brazo. Yo perdí el control y mi entrenamiento en la marina salió a la superficie. Saqué mi pistola, jalé el percutor, puse el cañón en su oído y empecé a gritarle. De pronto, nuestras miradas se cruzaron y comenzó a llorar. Él estaba aterrorizado; sabía que yo estaba furioso y trastornado. Yo quería dispararle, y me parecía justificado: él era el enemigo.

Parado ahí con la pistola contra su cabeza, lo miré a los ojos y vi su alma. Hay un dicho entre los asesinos a sueldo: "Si vas a matar a alguien, no lo mires a los ojos". Mirando los ojos de aquel niño, llenos de lágrimas, empecé a llorar. Me detuve. No jalé el gatillo. Cuando me detuve escuché a mi madre suplicándome. Aunque había muerto años atrás, reconocí su voz con absoluta claridad: "Detente", me dijo. "Te he pedido toda mi vida que seas más amable. Por favor detente. No te di la vida para que le arrebates su hijo a otra madre".

Entonces bajé el percutor, miré al niño a los ojos y le hice saber que no iba a matarlo. Tomé un balón de futbol que mis compañeros habían llevado, bajé la pistola y con señas propuse a sus amigos que jugáramos un partido.

Al despegar aquella noche, con el general a bordo, sufrimos el ataque de fuego enemigo. No puedo probarlo, pero estoy seguro de que aquellos niños les avisaron de nuestra presencia. Ellos eran el enemigo. Esa noche permanecí a solas en la plataforma de aterrizaje y reflexioné sobre lo sucedido aquel día. "¿En verdad escuché a mamá?", me preguntaba una y otra vez. Al final, comprendí que eso no era lo importante; lo importante era que finalmente la había escuchado, que había entendido su mensaje.

El mensaje de mi madre fue que yo era un buen muchacho pero tenía cierta vena agresiva. Aunque sonreía mucho, en el fondo quería pelear. Tenía un temperamento explosivo.

> No es que no vaya a luchar; no lucharé con armas ni violencia. Lucharé con la sabiduría de mi padre y la compasión de mi madre.
>
> Robert T. Kiyosaki

Cuando mis padres se unieron al Cuerpo de Paz, mientras yo estaba en la secundaria, les informé que me iba a enlistar en el Cuerpo de Marina, y así lo hice. Y ellos se oponían a la guerra de Vietnam.

Aquel día en las afueras de un pequeño pueblo de Vietnam, fue un momento crucial en mi vida. Mientras volaba de vuelta al porta-aviones, aun después de haber sido blanco del fuego enemigo, supe que mi carrera en la Marina había terminado. Como dijo el gran jefe indio estadounidense Joseph: "No lucharé ya más". No es que no vaya a luchar; no lucharé con armas ni violencia. Lucharé con la sabiduría de mi padre y la compasión de mi madre.

En los negocios, Donald y yo estamos rodeados —por elección propia— de mujeres fuertes y exitosas.

Agradezco a mis socias su dedicación a nuestra misión. Sé que el futuro de nuestras nuevas marcas, Rich Woman y Rich Family, están en las manos capaces y compasivas de Kim y Sharon.

Actualmente, The Rich Dad Company ofrece educación financiera gratuita a los niños de todo el mundo.

La respuesta de Donald

La madre de todos los consejos

Mi madre tenía ascendencia escocesa y me dio un sabio consejo que he intentado seguir siempre: "Confía en Dios y sé auténtico".

Eso cubre un amplio territorio, y creo que puede ayudarnos a mantener nuestra identidad en tanto partes de un todo. Asimismo, es tan breve que resulta fácil de recordar. Debo haber estado pensando en mi madre la primera vez que dije: "piensa en grande". Se dice que la brevedad es el alma del ingenio, pero es también la clave de una buena memoria.

Mi madre disfrutaba los espectáculos lujosos y le gustaba ver las procesiones y ceremonias reales de Europa. Tal vez mi parte extravagante proviene de ella, aunque era escocesa y muy cuidadosa con el dinero y el tiempo. Siempre tenía tiempo para obras de caridad, así que sus intereses eran variados pero estaban bien equilibrados.

> Confía en Dios y sé auténtico.
>
> MARY TRUMP

Me gusta pensar que los míos también lo están, y en muchas ocasiones participo como donante anónimo. Además, si eres famoso y das mucho y de manera que todos se enteren, el volumen de solicitudes de ayuda que recibirás —desde globos de aire caliente y becas universitarias hasta vacaciones de verano— crecerá por decenas de miles. Hay mucho que decir acerca de la discreción. Nosotros perdimos a un miembro de nuestra familia, cuando mi hermano mayor Fred murió a los 42 años de edad; el deceso causó gran impacto en mí, y viví la pena que embargó a mis padres. Perder un hijo no es fácil, sea cual sea su edad. Siempre es una conmoción, y afecta cada día del resto de tu vida. Entonces descubrí cuán valiosa es la vida, y decidí hacer que la mía fuera la mejor posible para mí y para quienes me rodean. Fue un momento crucial de mi existencia.

Ésa es una de las razones ocultas por las que soy como soy. El resultado tal vez no sea tan discreto, pero el impulso es muy grande debido a esta pérdida. Me siento más cerca que nunca de mis padres y me sentí responsable de su bienestar y felicidad después de aquel suceso. Sí, fue difícil para mí, pero lo fue mucho más para ellos.

Mi madre era una persona devota y vivió su fe. Fue un gran ejemplo para mí como niño y como adulto. Era muy fuerte pero muy gentil, y también muy humilde. Dio todo lo que tenía sin reservas. Por ello, si hablo con tanta admiración de mis padres es porque hay buenas razones para ello.

El consejo de mi madre era simple pero sabio. Va a lo esencial y me mantiene centrado y equilibrado. "Confía en Dios y sé auténtico." No puede haber mejor consejo.

Donald J. Trump con sus padres

Tu respuesta

¿Qué aprendiste de tu madre que haya contribuido a tu éxito?

_____

_____

_____

_____

(Si tu madre no fue un modelo de conducta positivo para ti, describe la influencia de otra mujer que haya marcado tu vida.)

_____

_____

_____

_____

Capítulo 16

¿QUÉ APRENDISTE EN LA ESCUELA?

La respuesta de Robert

Hay un dicho que reza: "En casa del herrero, azadón de palo". En mi caso debió ser: "El hijo del superintendente de educación es un cabeza hueca". Aunque mi padre era el responsable de la educación, a mí me reprobaron en la escuela no una sino dos veces. Reprobé inglés en segundo y cuarto grado porque no sabía escribir. Debió ser muy vergonzoso para mi padre que su hijo fuera el tonto de la clase.

A pesar de mis malas calificaciones, me gradué y recibí nominaciones del Congreso para la Academia Naval y para la Academia de la Marina Mercante. Aunque mis calificaciones eran bajas, obtuve muy buena puntuación en el Test de Aptitud Académica (SAT, por sus siglas en inglés) y era bueno para el futbol americano, lo que me ayudó en el proceso de admisión. Elegí la Academia de la Marina Mercante en Kings Point, Nueva York, porque quería ser marino mercante y la paga era mucho mayor que para los graduados de la Academia Naval. En 1965, cuando tomé la decisión, un abanderado de la Marina ganaba alrededor de 200 dólares al mes, y un graduado de Kings Point cerca de 2000. Cuando me gradué de Kings Point, los abanderados seguían ganando 200 dólares al mes, y los graduados de

Kings Point, si pilotaban barcos mercantes en zona de guerra, ganaban alrededor de 100 mil dólares al año. Así que, para ser honesto, aunque la Academia Naval es una escuela más famosa, los graduados de Kings Point eran de los mejor pagados del país. Un salario de 100 mil dólares anuales era muy bueno en 1969, en especial si tenías 22 años.

Sin embargo, no tomé ninguno de esos trabajos. Al graduarme, entré a trabajar en Standard Oil de California y zarpé de San Francisco. La razón por la que elegí Standard Oil, aunque la paga era mucho menor —sólo 47 mil dólares por siete meses de trabajo—, era que me interesaba el petróleo y porque nuestros buques navegaban de Hawai a Tahití. (¡Sólo imagínalo!)

> En vez de castigarme por mi mala ortografía e ideas radicales, el doctor Norton me animó a escribir. Terminé su clase con una B. Pero lo más importante no fue la calificación sino que me hizo recuperar la confianza en mí mismo como estudiante. [...] Su confianza en mí me dio la fuerza para terminar esos difíciles años de estudio.
>
> Robert T. Kiyosaki

En 1966, la academia envió a todos los que cursábamos el segundo grado al mar, como aprendices, a bordo de barcos durante todo un año (conocido como año marino). Durante ese año, navegué en cargueros, buques petroleros y cruceros como oficial estudiante. Ese año de viajes por el mundo me abrió nuevos horizontes. También fue divertido encontrar a compañeros de clase en puertos lejanos y exóticos. Crecí mucho y aprendí sobre la vida y el mundo, del que mis padres habían tratado de protegerme.

Durante mis cuatro años en la academia viví dos momentos decisivos. El primero fue el año de ingreso con la materia de inglés. Luego de haberla reprobado dos veces, estaba seguro que el inglés de la universidad marcaría el final de mi carrera de estudiante. Tenía pesadillas en las que reprobaba y era enviado a Vietnam, pues tal era el destino de los estudiantes que reprobaban en aquella época. Sin embargo, el inglés del curso inicial fue un gozo. Tuve un gran maestro, el doctor A. A. Norton, graduado de West Point y piloto de bombarderos B-17 en la Segunda Guerra Mundial. En vez de castigarme por mi mala ortografía e ideas radicales, me animó a escribir. Terminé su clase con una B. Pero lo más importante no fue la calificación sino que me hizo recuperar la confianza en mí mismo como estudiante. En una escuela donde más de 50 por ciento de los alumnos reprueban y son expulsados antes de la graduación, su confianza en mí me dio la fuerza para terminar esos difíciles años de estudio. Actualmente, mis libros se han traducido a más de 46 idiomas, han vendido más de 26 millones de ejemplares, y soy más conocido como escritor que como oficial de un barco. De no ser por el doctor Norton, tal vez nunca me hubiera graduado de la academia y sin duda no hubiera escrito un libro.

El otro momento decisivo fue cuando descubrí el poder del petróleo y su influencia en la economía mundial. En 1966, como oficial aprendiz en un buque de Standard Oil, comprendí que el petróleo es poder. Actualmente invierto millones de dólares en él. Como empresario contribuí a montar dos compañías petroleras; una quebró pronto y la otra cotizó en la bolsa y después quebró. Aprendí mucho de ambos fracasos.

Cuando fui piloto en Vietnam, en 1972, comprendí que no luchábamos para detener el comunismo, sino por el petróleo y las grandes corporaciones petroleras. Actualmente seguimos librando la misma batalla: diferentes países, mismas corporaciones. En la década de los ochenta del siglo xx, fui miembro fundador en el consejo de una organización llamada Red Internacional de Energía Global (GENI, por sus siglas en inglés). El propósito de GENI, una organización no lucrativa, es difundir en al mundo las ideas del doctor R. Buckminster Fuller, reconocido como uno de los grandes genios de nuestro tiempo. Según el doctor Fuller, el mundo cuenta con la tecnología para ser autosuficiente en la producción de energía, lo que significa energía renovable y no contaminante. El problema es que las compañías petroleras prefieren ver que el precio del petróleo aumente, y estas compañías tienen mucho poder.

Apoyé la idea del doctor Fuller porque si GENI fuera una realidad, la riqueza de nuestro mundo aumentaría, la pobreza disminuiría, el crecimiento de la población se detendría y habría más posibilidades para la paz mundial.

Renuncié al consejo de GENI en 1994. La organización existe hasta la fecha y está en buena forma. Si deseas más información sobre ella y sus iniciativas, puedes visitar su sitio en internet: www.geni.org. Sus ideas son audaces y dignas de consideración, y podrían dar lugar a un mundo completamente diferente, si se reconocieran las ventajas de cooperar en vez de pelear por los recursos.

Aunque parezca un hipócrita o un oportunista, sigo siendo capitalista. Sigo ganando dinero del petróleo y apoyo la eventual sustitución de éste con energía renovable y no contaminante que elevaría el nivel de vida del mundo y reduciría la pobreza y la guerra. Como dice un verso de la canción "Imagine" de John Lennon: "Tal vez pienses que soy un soñador, pero no soy el único".

La respuesta de Donald

Los días de la universidad

Sé que esto sorprenderá a muchos, pero fui un buen estudiante. Era serio, atento y dedicado. Cuando Robert y yo hablamos de nuestros días en la universidad y de lo que pudo provocar que llegáramos a ser ricos, recordé que pasaba mi tiempo libre estudiando sobre bienes raíces y ejecuciones hipotecarias. Siempre hice más de lo que se exigía.

Creo que ésa es una de las claves del éxito, y no sólo financiero. Si haces lo mínimo, obtendrás lo mínimo. Al final, tus resultados no serán excepcionales. Para destacar debes hacer lo que los demás no están dispuestos a hacer.

He adoptado la frase de Gary Player, leyenda del golf: "Mientras más duro trabajo, más suerte tengo". Nos haríamos un flaco favor si esperáramos que las cosas fueran fáciles. Yo sabía que los bienes raíces no eran pan comido y me preparé. Sean cuales sean tus intereses, no dejes de hacer lo mismo.

Tuve compañeros de clase que eran estudiantes excepcionales, pero que no tuvieron un desempeño tan bueno en la vida real. A veces pienso que se concentraban tanto en las actividades académicas que perdían de vista el mundo exterior, y cuando se graduaban se encontraban con algo desconocido.

Creo que yo fui consciente de los peligros y dificultades del mundo y me mantuve al tanto de los sucesos nacionales e internacionales relacionados con los bienes raíces y con otros temas, de manera que al salir de la escuela no entrara con el pie izquierdo a las calles de los negocios.

> **No esperes que alguien más te dé seguridad financiera.**
>
> Donald J. Trump

A esto se llama llevar ventaja. Es importante en los deportes y es importante en la vida. A veces es necesario permanecer aislados para destacar, y está bien, pero al mismo tiempo debemos estar conscientes. Una persona puede tener una instrucción tan elevada que deja de ser útil en el mundo real. Una vez más la oposición entre la sabiduría de los libros y la sabiduría de la calle.

Es posible tener ambas. De hecho, en nuestros días no puede ser de otra manera. Mi ventaja es que vi, desde temprana edad, el lado oscuro de los bienes raíces al trabajar con mi padre. Puede ser un mundo duro, y yo lo sabía. Había aprendido a hacerme a un lado de las entradas de las casas al cobrar las rentas para evitar que me dispararan. Así, sabía a lo que podía enfrentarme. Mi padre tenía la sabiduría de las calles y la de los negocios, y considerando que yo asistí a Wharton, podía aprender lo mejor de ambos mundos.

Tal vez no todos tenemos tanta suerte, y está bien. Tú puedes aprovechar al máximo lo que tienes y el lugar donde estás. Sólo prepárate para hacer más. Lo que estás dispuesto a hacer puede determinar hasta dónde estás dispuesto a llegar. Yo estudié horas extras en la universidad sin esperar créditos adicionales ni palmaditas en la espalda. Lo hice por mí mismo y creo que ésa es una de las razones de mi éxito.

Tu respuesta

¿Qué aprendiste en la escuela que haya contribuido a tu éxito?

_____

_____

_____

_____

¿Hubo algún maestro en especial que influyera positivamente en ti?

_____

_____

_____

_____

¿Qué lecciones de la escuela has aplicado en tu vida?

_____

_____

_____

_____

¿Qué resultados obtuviste?

_____

_____

_____

_____

Capítulo 17

¿CÓMO INFLUYÓ EN TU VIDA LA ESCUELA MILITAR?

La respuesta de Robert

Hubo tres razones por las que asistí a la escuela militar.

Cuando tenía 10 años, mi maestro de quinto grado nos hizo estudiar la historia de los grandes exploradores: Colón, Cortés, Magallanes y Da Gama. La lectura de esos libros despertó en mí el deseo de navegar y explorar el mundo

Cuando tenía 13 años, mientras otros chicos tallaban ensaladeras para sus madres, yo convencí al maestro del taller de carpintería de que me dejara construir un barco. Pedí los planos por correo y los meses siguientes estuve feliz construyendo un velero tipo El Toro. Ésa fue una de las pocas materias en que obtuve una A.

Algunos de los días más felices de mi vida los pasé navegando mi bote en la bahía Hilo, nombre del pueblo en que crecí. Cuando me sentaba en él, mi mente viajaba y yo soñaba con puertos lejanos y mujeres exóticas.

Cuando el orientador vocacional de la secundaria me preguntó: "¿Qué quieres ser cuando seas grande?", yo le respondí: "Quiero navegar, viajar a lugares exóticos como Tahití, beber cerveza y perseguir mujeres".

En vez de enfadarse conmigo, dijo: "Conozco la escuela perfecta para ti". Entonces tomó un folleto de la Academia de la Marina Mercante y dijo: "Lee esto. Es una escuela difícil, pero si en verdad te gusta el mar, te ayudaré a entrar".

Después de que el senador Daniel K. Inouye me nominó en 1965 para la Academia Militar, dejé el somnoliento pueblo de Hilo y viajé a Nueva York para iniciar mi instrucción como oficial de la Marina Mercante. En 1968, como parte de mi entrenamiento en el océano, viajé a Papaete, Tahití, bebí cerveza y salí con una de las mujeres más hermosas que he conocido. Ella daba el pronóstico del tiempo en la televisión y era aspirante al título de Miss Tahití. Mi sueños se habían hecho realidad.

La segunda razón por la que fui a la academia fue que mi padre no tenía dinero para mandarme a la universidad. Me dijo: "A partir del día que te gradúes deberás hacerte cargo de ti mismo". Y lo hice. La academia ofrecía beca completa, una habitación, asignación para alimentación y vestido, y reembolso de gastos de viaje. Además, recibíamos un pequeño (y quiero decir *pequeño*) salario mensual.

La tercera razón, probablemente la más importante, fue la disciplina. Durante el bachillerato, era más lo que *surfeaba* que lo que asistía a clases. Aun después de ser sorprendido por mi padre, el superintendente de educación, no podía evitar irme de pinta en momentos de euforia por el *surf*.

Sabía que necesitaba disciplina. Si hubiera asistido a la Universidad de Hawai, nunca hubiera terminado la escuela.

En la academia aprendí la disciplina... por la mala. Los castigos eran frecuentes y severos. Las materias eran más difíciles de lo que esperaba. Sin un estricto sistema militar, nunca me hubiera graduado.

También aprendí a obedecer y dar órdenes. En otras palabras, aprendí liderazgo. En el cuadrante del flujo de dinero puede verse que el liderazgo es esencial para alcanzar el éxito en el cuadrante D. Después de años de intenso aprendizaje de la disciplina y el liderazgo, fui promovido a oficial de batallón. Mi trabajo consistió entonces en enseñar liderazgo a alumnos de los primeros grados que eran tal como yo cuando entré en la academia: pequeños bribones que se creían capaces de vencer al sistema.

La lección más importante

Luego de cuatro años en la academia me presenté como voluntario en el Cuerpo de Marina porque la guerra de Vietnam continuaba. Fue en la Escuela Naval de Aviación donde aprendí dos lecciones que definieron mi vida y que me han reportado muchos beneficios.

1. Una de las partes más emocionantes del entrenamiento era aprender a luchar avión contra avión. La aeronave que pilotábamos era un T-28 Trojan, un monomotor clásico de la Segunda Guerra Mundial. Era grande, rápido e inmisericorde. Muchos estudiantes murieron porque estaba diseñada para ser ágil y maniobrable. Si no eras un buen piloto, podía matarte.

    Un día volaba solo y al acecho de mi instructor, quien me atacaría por sorpresa. De manera súbita, empecé a escuchar gritos a través del auricular del casco: "¡Pum, pum, pum, pum!" Era él, indicándome que la batalla había comenzado. De inmediato hice lo que me enseñaron: cambiar la mezcla de combustible a normal para proteger el motor, y llevar la aeronave hacia arriba y hacia la derecha, y darle la vuelta, tratando de sacudirme al enemigo.

    En vez de perderlo, seguía escuchando: "¡Pum, pum, pum! ¡Te atrapé, idiota!" No pude librarme de él. Subí, giré, bajé en picada e intenté entrar en pérdida, pero nada funcionó. Casi no podía ver porque la visera del casco estaba cubierta de sudor. Durante cerca de 10 minutos mi instructor me persiguió sin que pudiera librarme de él.

De vuelta en tierra rendimos el parte de la misión. Mientras el instructor describía mi vuelo con las manos empecé a sentir náuseas, y no por las violentas maniobras que acabábamos de realizar sino porque comprendí cuán mal piloto era y cuánto me faltaba por aprender.

En ese momento, el instructor dijo algo que no olvido: "El problema de este negocio es que no hay segundos lugares. Sólo un piloto sobrevive". Ése fue un momento decisivo de mi vida. Después de aquel día practiqué, practiqué y practiqué.

Tiempo después, en Vietnam, escuché esas palabras varias veces, sólo que ahora era la realidad. Los disparos eran verdaderos, no el instructor gritando: "¡Pum, pum, pum!" por su radio.

Si actualmente tengo éxito en los negocios no es porque sea brillante o porque nunca fracase; es porque en mi mundo no hay segundos lugares. Supongo que Donald tiene una filosofía similar.

2. El otro momento decisivo tuvo relación con el riesgo. Cada vez que escucho a alguien decir: "Invertir es riesgoso", sé que en realidad esa persona no está preparada y no está a la altura de la empresa.

Después de ese día de vuelo con mi instructor me di cuenta de que el combate es la prueba máxima para la voluntad y la instrucción. No hay segundos lugares y el ganador es el mejor preparado. Cambié mi manera de pensar: "Combatir no es riesgoso; lo riesgoso es no estar preparado".

En el mundo de los negocios y las inversiones soy fanático de la práctica y la preparación. Practico para reducir riesgos; mejoro mis habilidades para reducir riesgos; estudio para reducir riesgos; juego para ganar, y el premio es para quien juega con menor riesgo y mayor confianza.

Si necesito correr un riesgo procuro que sea pequeño. Antes de invertir dinero real en mi primer propiedad, asistí a un taller para inversionistas. Luego de aquel taller estudié más de cien propiedades. En cualquier lugar de Hawai a donde fuera, los agentes inmobiliarios decían: "Eso que buscas no existe". Después de meses de buscar, finalmente encontré una pequeña propiedad en la isla Maui. Era un condominio de una sola recámara, cerca de la playa, y costó sólo 18 mil dólares. Fue mi primera inversión. Desde entonces he analizado decenas de miles de inversiones posibles y he comprado sólo unas cuantas.

> ...me di cuenta de que el combate es la prueba máxima para la voluntad y la instrucción.
>
> Cambié mi manera de pensar: "Combatir no es riesgoso; lo riesgoso es no estar preparado".
>
> Comprendí que ser empresario no es riesgoso; lo riesgoso es no estar preparado.
>
> ROBERT T. KIYOSAKI

Después de perder mi negocio de carteras de nylon para *surfistas*, volví a una disciplina de estudio, práctica, estudio, práctica. Descubrí que ser empresario no es riesgoso; lo riesgoso es no estar preparado.

Saber que en mi mundo no hay segundos lugares y entender que el mayor riesgo es no estar preparado, han sido los dos factores más importantes en mi búsqueda de la riqueza.

Casi todos invierten dinero pero no tiempo. Donald y yo invertimos mucho tiempo antes de invertir mucho dinero. Nos preparamos para invertir. Comprendí que ser empresario no es riesgoso; lo riesgoso es no estar preparado.

Robert T. Kiyosaki

La respuesta de Donald

Aunque me enviaron a la escuela militar porque de joven fui un poco agresivo, lo que ahí asimilé se relaciona más con aprender el arte de la negociación que con la disciplina o la canalización efectiva de la energía. Era una magnífica lección de negocios disfrazada.

Tuve un enfrentamiento con un sargento instructor de la Marina, y comprendí que jamás podría igualarlo o vencerlo físicamente, por lo que debí usar el cerebro para manejar la situación.

Debía congraciarme con él de alguna manera pero no estaba dispuesto a ceder, así que busqué una forma de ganármelo. Pronto encontré mi primera oportunidad: yo era muy buen jugador de beisbol y capitán del equipo, y él era el entrenador. Supe que contribuiría a su buena imagen si jugaba lo mejor posible, y lo hice. Teníamos un gran equipo y aprendí a dirigirlo eficazmente. Ése fue el primer paso.

El segundo fue demostrarle que lo respetaba (lo que no fue difícil, pues así era), pero que eso no me intimidaría. Pienso que él respetó eso y se dio cuenta de que no tenía caso seguir acechándome. Así, establecimos una relación desde un punto de fortaleza y mutuo respeto. Ésa fue otra gran lección de negocios, en especial para la negociación.

A la fecha soy amigo de aquel sargento instructor, Theodore Dobias, y encontrarme con él en la Academia Militar de Nueva York fue muy afortunado para mí. También lo fue asistir a una escuela militar, aunque al principio la idea no me emocionaba. Más tarde descubrí que había disfrutado los retos y la disciplina, y nunca perdí el respeto por el tiempo que ahí aprendí. Quienes me conocen saben que odio retrasarme y que no me gustan las personas que se retrasan.

La escuela militar reforzó lo que mi padre siempre nos había enseñado: que debíamos ser respetuosos. Yo respetaba al señor Dobias y eso me sirvió, y aprendí a respetar el tiempo, lo que también me ha servido. Mi padre era un auténtico capataz y hombre de negocios, y yo estuve listo para trabajar con él después de ese entrenamiento.

Otra lección importante de la escuela militar fue que las excusas son inaceptables. Uno aprende a no quejarse y a mantener la ecuanimidad y a perseverar. Cuando más adelante enfrenté dificultades y presiones, no me dejé vencer. Sabía que la mejor manera de enfrentar los problemas era simplemente seguir adelante, persistir y continuar trabajando en las soluciones. Ésa es una lección valiosa.

Mientras estuve en la escuela militar, mi padre acostumbraba enviarme citas inspiradoras cada semana. Muchas de ellas siguen inspirándome ahora; entre ellas:

Para saber mandar es preciso saber obedecer.
—Aristóteles

Nunca digas a las personas cómo hacer las cosas. Diles lo que deben hacer y su ingenio te sorprenderá.
—George S. Patton

No ordenes lo que no puedas hacer cumplir.
—Sófocles

Somos lo que hacemos día tras día. La excelencia no es acto sino un hábito.
—Aristóteles

Mediante estas citas de distintas épocas, mi padre me inculcó valores de liderazgo. Esas lecciones se establecieron en mi subconsciente y salen a la superficie cada vez que enfrento situaciones en que pueden ayudarme. Por eso las citas siguen gustándome: pueden ser un remedio infalible para el pensamiento negativo o confuso. Así, cuando las personas me escuchen citar o referirme a los grandes pensadores de la historia, sabrán que es algo que empezó a edad temprana y que he continuado. Asimismo, que se inició mientras estaba en la escuela militar.

> Mientras más aprendes, más te das cuenta de cuánto ignoras.
>
> DONALD J. TRUMP

Otro momento decisivo que viví en la escuela militar se relaciona con la historia. Tenía un compañero que siempre estudiaba por iniciativa propia la Segunda Guerra Mundial. Era un fanático de la historia y un alumno serio. Un día le dije: "Debes ser un experto en la Segunda Guerra Mundial por todo el tiempo que has dedicado a su estudio". Nunca olvidaré su respuesta: "No, simplemente me he dado cuenta de cuánto desconozco". Entonces me explicó que para entender la Segunda Guerra Mundial debía estudiar la Primera Guerra Mundial, y después estudiar la situación mundial antes de la guerra; yo comprendí que sería un proceso muy largo. Entonces dijo: "La historia me ha hecho tener humildad; sé que nunca llegaré a saber todo". Viniendo de una persona tan instruida como él, sus comentarios causaron gran impresión en mí.

Como resultado estudiaba historia en mi tiempo libre y procuraba leer lo más posible. Adquirí un hábito que conservo hasta hoy, que es preguntarme: "¿Qué puedo aprender que ignoraba hasta ahora?" Es una manera de que mi mente siga siendo curiosa y despierta. Aristóteles tenía razón: La excelencia puede convertirse en un hábito.

Cuando años después ingresé en Wharton, los hábitos adquiridos en la escuela militar me ayudaron mucho. Como ya he mencionado, dedicaba mi tiempo libre a estudiar ejecuciones de hipotecas, bienes raíces y todo de cuanto podía echar mano, además de las materias obligatorias. No quería simplemente sobrevivir haciendo lo "suficiente"; quería hacer más, y cuando salí de la universidad me sentí preparado para el mundo real, donde hacer lo suficiente en realidad no es suficiente.

Una última y decisiva lección que aprendí en la escuela militar se expresa en las palabras de uno de los filósofos griegos que conocí gracias a mi padre:

> *La mayor victoria es la conquista de uno mismo.*
> —Platón

Aprendí a ser parte de un todo. La escuela militar me dio la oportunidad de entender cómo ser parte de una totalidad sin perder mi identidad. Esto ha sido una gran ventaja en los negocios porque me ha permitido desvanecerme cuando ha sido necesario. En ocasiones, el panorama es más claro si no estás en él. Una gran lección. Alguien dijo que soy como un camaleón a la hora de negociar, que puedo mimetizarme para aparecer y desaparecer a voluntad. Esa habilidad proviene de mis experiencias en la escuela militar.

En general, se me considera una persona de mentalidad férrea, y es verdad. Es otro beneficio que obtuve en el tiempo que pasé en la escuela militar. No me gusta quejarme, soy tenaz y muchas veces simplemente no cedo. Si he hecho mi tarea, he trabajado duro y he sido diligente, sé que tengo todo lo necesario para defenderme. Puedo ser un adversario difícil.

Dado mi aprecio por las citas, concluiré con una del legendario entrenador y miembro del salón de la fama del futbol americano profesional, Vince Lombardi: "La calidad de vida de una persona es directamente proporcional a su compromiso con la excelencia, sea cual sea el campo en que se desempeñe".

Donald J. Trump

Tu respuesta

¿Qué aprendiste en la escuela militar que ha contribuido a definir tu vida?

Tal vez no hayas asistido a una escuela militar pero, ¿formaste parte de los Boy Scouts, de las Girl Scouts o de otro club donde hayas aprendido la importancia de la disciplina y el liderazgo? ¿En qué te han ayudado esas experiencias? O bien, ¿en qué áreas de tu vida te hubiera beneficiado utilizar las habilidades de autodisciplina y liderazgo?

_____

_____

_____

_____

¿Qué aspecto de tu vida mejoraría si aplicaras mayor disciplina (por ejemplo, en la administración del tiempo o del dinero) y/o más habilidades de liderazgo?

_____

_____

_____

_____

Capítulo 18

¿QUÉ LECCIÓN DECISIVA APRENDISTE DEL DEPORTE?

La respuesta de Robert

De niño jugué beisbol en la Pequeña Liga y futbol americano en la Pop Warner. A los 12 años empecé a jugar golf; a los 15 lo dejé por el *surf,* y en bachillerato de nuevo jugué futbol americano.

En la academia fui capitán del equipo de remo y también jugué futbol americano.

En la escuela de aeronáutica conocí el *rugby.* Éste es mi juego, el único que me ha apasionado. He viajado por el mundo jugándolo y cuando fui demasiado viejo para practicarlo, viajé por todo el mundo para ver los grandes *test matches:* los he visto en Sudáfrica, Australia, Nueva Zelanda, Escocia, Irlanda e Inglaterra.

De cada deporte aprendí algo distinto, algo importante que ha influido en mi vida.

1. En la Pequeña Liga aprendí a jugar duro pese a ir perdiendo. Nuestro equipo era una versión temprana de *Bad News Bears.* Durante la mayor parte de la temporada perdimos, pero jugábamos duro y mejorábamos en cada partido. Al final vencimos a uno de los

mejores equipos de la liga. La razón por la que ganamos es que ellos se volvieron fanfarrones y nosotros nos volvimos mejores.

2. Al jugar golf pude controlar mis emociones, mis pensamientos y mi cuerpo. El golf es simple en teoría, pero es de los deportes más duros en la práctica. En los negocios utilizo el autocontrol que uso en el golf.

3. Me encantaba el *surf*. Con él aprendí a calcular la duración de los ciclos de olas. Como inversionista, a menudo utilizo la intuición desarrollada en el *surf* para saber cuándo entrar en un mercado y, sobre todo, cuándo salir.

4. En la academia practiqué el remo porque fue el deporte más doloroso que pude encontrar. La escuela era tan difícil que necesitaba una actividad muy dolorosa que me hiciera olvidar las presiones militares y académicas que enfrentaba. Del remo aprendí la importancia de la precisión en el trabajo en equipo; es un deporte que exige perfecta sincronía. El reto del remo es que nuestra energía acumulada se agota en los primeros minutos. Para que el bote ganara era importante que cada persona diera todo de sí, con precisión, aunque estuviera físicamente exhausta. Si alguien pensaba siquiera en abandonar, lo más probable es que su remo chocara contra otro y la carrera se perdiera.

5. En el futbol americano aprendí la importancia de que cada miembro de un equipo conozca su deber y, sobre todo, lo lleve a cabo. También aprendí la importancia de llevarme bien con personas que no me agradaban y apreciarlas por sus habilidades y no por su personalidad.

6. El *rugby* es como un basquetbol con tacleadas. Es un deporte con mucha fluidez. Aunque es el abuelo del futbol americano, en el *rugby* el tamaño no es importante. Hay personas grandes jugando con otras pequeñas. Se calcula que en futbol americano

los jugadores juegan aproximadamente un total de diez minutos por juego. El resto del tiempo lo ocupan agrupándose y en otras actividades ajenas al juego en sí. En el *rugby*, debido a que el juego rara vez se detiene, los jugadores corren la mayor parte de tiempo. Si importar cuán cansado estés, debes seguir corriendo en favor del juego y del equipo.

7. También soy cinta negra en Tae Kwon Do. Con él aprendí la importancia del chi, la energía interna que fluye por nuestro cuerpo.

Aunque he aprendido muchas lecciones importantes con la práctica deportiva, la más importante que recuerdo fue jugando futbol americano en el bachillerato. Cuando cursaba el tercer año, nuestra escuela tenía un gran equipo. Como había muchos jugadores buenos, permanecí en la banca durante casi todos los encuentros.

Resultaba muy vergonzoso salir de la cancha al final del partido con un uniforme completamente limpio. Los miembros del equipo que sólo calentábamos la banca solíamos tropezar "sin querer queriendo" y hundir las rodillas en el lodo sólo para ensuciarnos un poco. Hacia mediados de la temporada ya no fingíamos tropezar y simplemente embarrábamos el lodo sobre nuestros uniformes.

Conforme avanzaba la temporada y yo seguía en la banca, empecé a pensar que no le caía bien a mi entrenador. Suponía que no me ponía a jugar porque no le agradaba. Hacia la mitad de la temporada pensé en renunciar. Me sentía ofendido.

Una noche, después de un entrenamiento muy intenso, el asistente del entrenador se me acercó, puso una mano sobre mi hombro y dijo: "Quiero hablar contigo".

Este asistente del entrenador era Herman Clark, ex jugador de la NFL. Era un hombre en verdad grande. Trabajaba ahí como voluntario por puro amor al juego. Con el tono apacible y dulce que lo caracteriza, me dijo:

—¿Sabes por qué el entrenador no te pone a jugar?

—No —respondí—. No lo sé. Hago todo bien, me presento a los entrenamientos, corro vueltas extra. Soy tan bueno como Jesse.

Jesse era la persona con quien competía para mi posición.

—Sí, es cierto —dijo el señor Clark—. También eres más talentoso y rápido que él.

—¿Y entonces por qué él juega y yo no?

—Porque tiene más corazón. Jesse quiere la posición más que tú. En la vida el talento no basta. Si quieres ocupar una posición como iniciador debes subir a un nivel completamente nuevo. Tienes el cuerpo pero te falta el espíritu.

Aunque aún quería renunciar tomé muy en serio las palabras del señor Clark. Las siguientes dos semanas entrené como nunca antes, con pasión y concentración. Hice más tacleadas e incluso intercepté dos pases durante el entrenamiento, algo difícil para un jugador de la línea defensiva. Aunque todavía no jugaba y seguía en la banca, me sentía mejor conmigo mismo.

> Una vez que transformé mis pensamientos y mi actitud, mis acciones cambiaron y, en consecuencia, mis resultados.
>
> Robert T. Kiyosaki

Un día, durante un partido que jugamos como visitantes en otra escuela, Jesse se fracturó el brazo. El entrenador volteó hacia la banca y examinó a los candidatos. Finalmente, me miró y me dijo: "Estás dentro".

Aquel fue un momento decisivo. Ahora sé que si quiero lograr algo en la vida, todo depende de mí. No hay nadie que se interponga. Si quiero algo, sé que desearlo no basta; debo hacer lo necesario para ser un ganador antes de poder serlo. A menudo me repito: "La vida es una estafa cuando esperas obtener lo que quieres". Hay un mundo de diferencia entre esperar ser un iniciador y ser un iniciador.

Al inicio de este libro escribí sobre el siguiente proceso:

PENSAMIENTOS ➤ ACCIONES ➤ RESULTADOS

La lección que aprendí del señor Clark fue que para modificar mis resultados debía redefinir quién era y replantear mi compromiso con el juego. Una vez que transformé mis pensamientos y mi actitud, mis acciones cambiaron y, en consecuencia, mis resultados.

Cuando me siento inseguro y pienso que el mundo es injusto, que no reconoce mis talentos o que las personas están en mi contra, simplemente recuerdo mi charla con el señor Clark. Entonces trabajo para mejorar mis pensamientos, mis acciones y mis resultados.

Ideas ganadoras

Joe Montana, uno de los más grandes jugadores en la historia del futbol americano, me envió un ejemplar autografiado de su libro *The Winning Spirit: 16 Timeless Principles That Drive Performance Excellence*. Es un libro magnífico para quien esté comprometido con el triunfo.

Para quienes no conozcan a Joe Montana, fue *quarterback* del equipo 49's de San Francisco, que bajo su guía ganó cuatro Supertazones. Figura en el salón de la fama del futbol americano y fue considerado por *Sports Illustrated* el más grande jugador de ese deporte en los últimos 50 años. A continuación transcribo algunos fragmentos de su libro:

Al ver a mis hijos participar en competencias deportivas a lo largo de los años, he notado una creciente tendencia a dar palmaditas en la cabeza y decir: "Buen trabajo, todos son unos ganadores". Y a entregar listones de participación a cuantos se pararon de la cama y llegaron al juego. No es la manera en que yo fui educado, y en mi papel de padre no transmito ese mensaje. Creo que es injusto que un padre sea el observador desprovisto de sentido crítico de un joven que desea mejorar y elevar su nivel de juego. Un padre no sólo debe ser un porrista sino un entrenador. Y creo que es un error decir a la siguiente generación que es digna de felicitación por el simple hecho de haberse presentado.

Los deportes de competencia son una de las mejores maneras de prepararse para la vida, pues reflejan la intensa competencia del mundo que nos rodea. Nunca acepté en mi equipo, en los deportes o en los negocios, a personas que no desearan apasionadamente superar a la competencia y ganar.

Si ganar no fuera importante, las personas no llevarían el marcador.

Nos guste o no, vivimos en un mundo que lleva el marcador.

Esto es lo que dice acerca de ganar Supertazones:

Hace poco, después de dar un discurso, una persona del público me preguntó qué edad tenía cuando gané mi primer Supertazón. "Doce años, y he ganado miles desde entonces. Todos excepto cuatro", expliqué, "los gané en el patio trasero de mi casa en Monongahela, Pennsylvania, a unas millas de Pittsburg".

En otras palabras, ensayó ganar el Supertazón miles de veces en el patio trasero de su casa. Esto es lo que dice acerca de la preparación individual:

Las personas se preparan de diferentes maneras. Lo que funciona para unas puede no servir para otras. Las hay que esperan hasta el último minuto, las que necesitan cierto grado de miedo como motivación, y las que quieren eliminar todas las distracciones, estar en completo silencio y apartarse del mundo. Algunas se preparan con música de fondo o en compañía de otras personas, y otras necesitan ensayar una y otra vez hasta sentirse seguras. Sea cual sea el método, el objetivo de una buena preparación es el mismo: aprestarnos para un desempeño óptimo, para jugar o trabajar a nuestro máximo nivel.

Y finalmente, esto es lo que considera la clave de la preparación:

Creemos firmemente, y así lo enseñamos, que en el ámbito de la preparación nada supera a la *repetición*. Ya sea en los deportes, realizando los mismos ejercicios una y otra vez, o en los negocios, repasando los argumentos de venta o puliendo una presentación, la preparación nos da una sensación de dominio y confianza que podemos trasladar al mundo real.

Lo que dice Joe Montana es una de las lecciones más valiosas que he aprendido del deporte. Las personas me preguntan: "Jugué una vez tu juego *CASHFLOW*. ¿Qué me recomiendas hacer ahora?"

¿Puedes creerlo? Juegan una vez y sienten que conocen el juego. Cuando les sugiero que lo jueguen al menos diez veces más y que enseñen a diez personas a jugarlo, me miran con extrañeza. Cuando veo esa mirada sé que esa persona desconoce lo que hace falta para ganar. Como dice Joe Montana: "Nada supera a la repetición".

Es por esto que no diversifico mis inversiones ni mis negocios. Me concentro —sigo una ruta hasta alcanzar el éxito— y practico, practico y practico.

Unas palabras finales de Joe Montana:

Todo aquel que ha alcanzado el éxito en su actividad conoce la importancia de la práctica y la preparación. Para destacar en un área en particular debemos aprender a practicar con atención y concentración. En la práctica está la oportunidad de trabajar en nuestras debilidades y mejorar. Cuando trabajamos para sobresalir en algo, no basta cumplir con lo que se espera; debemos esforzarnos constantemente por superar nuestras propias expectativas. Tampoco debemos comenzar y abandonar un régimen de práctica; cuando practicamos debemos ser consecuentes.

Ésta es la razón por la que mi padre rico me hizo jugar *Monopolio* una y otra vez, hasta el día en que vislumbré mi futuro. Actualmente, todo lo que hago es jugar *Monopolio* en la vida real. No importa cuán rico sea, sé que siempre puedo mejorar, y para mí, mejorar mi juego es mucho más importante que el dinero.

La importancia del golf

Aunque no soy un gran golfista, he aprendido mucho acerca de los negocios y de la naturaleza humana en el campo de golf.

Mi carrera como golfista empezó cuando tenía ocho años. Mis padres solían llevarnos al campo en la Isla Grande de Hawai, donde visitaban a un viejo amigo. Como a cualquier niño, me aburría permanecer en la sala de estar entre los adultos, así que salía para buscar algo que hacer. En el pórtico de la casa de su amigo había un juego de palos de golf. Tomé un *driver* de la bolsa y empecé a golpear con él las piedras que estaban en el camino que llevaba a la casa. Después de maltratarlo, tomé uno de sus hierros y seguí golpeado piedras.

Ni qué decir que al amigo de mis padres no le emocionó mi debut en el golf.

A los 12 años retomé el juego. Asistía a una escuela primaria repleta de niños ricos, y la mayoría de sus padres pertenecían al country club. Mi padre y mi padre rico no pertenecían a él porque ninguno era rico en esa época. La única manera en que el hijo de mi padre rico, Mike, y yo podíamos entrar al campo era juntándonos con nuestros amigos ricos cuyos padres eran miembros.

No pasó mucho tiempo antes de que el *head professional* del country club nos dejara claro que estábamos abusando de su hospitalidad. Nos dijo que si nuestros padres no eran miembros, no podíamos jugar. En ese momento, Mike y yo empezamos la primera negociación importante de nuestras vidas. De alguna manera conseguimos que el *head professional* nos permitiera ser miembros del country club. A cambio de la membresía, debíamos fungir como *caddies* un número determinado de *rounds* al mes. Nuestros padres quedaron perplejos cuando les dijimos que éramos miembros del country club a los 12 años, un club que ellos no podían pagar.

Entre los 12 y los 15 años, Mike y yo jugamos golf y trabajamos como *caddies* siempre que teníamos la oportunidad. Muchas veces, al terminar la escuela, Mike y yo pedíamos a los automovilistas que nos acercaran al country club. Trabajábamos como *caddies* para cumplir con el trato y jugábamos cada vez que podíamos.

Con el tiempo, el trabajo de *caddy* se convirtió en buena fuente de ingresos. Recibíamos un dólar por bolsa cada nueve hoyos. Pronto cargábamos dos bolsas cada uno por 18 hoyos, lo que sumaba cuatro dólares al día. Era mucho dinero en esa época. A los 15 años, Mike y yo habíamos ganado lo suficiente para comprar tablas de surf, así que dejamos el golf por el momento.

Dos razones para jugar golf

En la actualidad juego golf ocasionalmente. Lo hago principalmente porque Kim es una apasionada del juego. De hecho, juega en los *tees* para hombres y me supera, lo que no es bueno para mi ego masculino. Mi desempeño como golfista es más bien modesto: obtengo entre 85 y 95 en mis días buenos y menos en los malos. No practico como sé que debería.

Aunque el golf no me apasiona, hay dos razones por las que es esencial para quienes desean ser ricos:

1. *Los juegos reflejan el comportamiento.* La mayoría de los golfistas estarán de acuerdo en que la virtud del golf es que es un espejo, un reflejo de las pautas de comportamiento auténticas de la persona. A menudo, cuando quiero saber con quién estoy haciendo negocios,

invito a la persona a jugar golf. En esas ocasiones, el resultado me preocupa menos que su manera de jugar.

Algo a lo que presto atención es la manera en que golpean la pelota. ¿Tiran fuerte para proyectar la pelota lo más lejos posible o lo hacen de manera controlada? ¿Hacen trampa? ¿Mienten respecto a su marcador o mueven la pelota sin usar los palos?

Hace un tiempo, el amigo de un amigo quería que yo invirtiera en su compañía. Después de revisar sus finanzas lo invité a jugar golf. Él aceptó encantado y al poco tiempo nos vimos en su country club. Aquel sábado no me preocupaba su puntuación; yo estaba ahí para ver cómo jugaba. Era un golfista muy bueno que hacía tiros rectos y potentes. Todo iba bien hasta que uno de sus tiros cayó en el *rough,* cerca del *green.* Seguramente pensó que yo no estaba atento, pues lo vi mover la pelota. Como el pasto era alto, necesitó dos golpes para salvar el *rough* y salir al *green.* Cuando le pregunté su marcador me dijo que era uno sobre par. Cuando le pregunté si había contado su segundo golpe en el *rough,* en vez de hablar con sinceridad, negó que hubiera dado un segundo golpe. En ese momento empecé a dudar de la información de su estado financiero.

He visto cómo juega Donald Trump al golf. Juega tal como hace negocios: con tiros rectos y potentes. Asimismo, es muy preciso en sus tiros.

Yo golpeo la pelota de manera irregular. Por eso creo que soy mejor en los deportes de equipo que en el golf. Me encanta el remo, el futbol americano y el *rugby* porque me desempeño mejor en equipo. En los negocios soy igual; por eso soy muy cuidadoso al elegir a los miembros de mi equipo.

2. *Se cierran más tratos en el campo de golf.* Mis dos padres jugaban golf y ambos eran muy buenos. Mi padre pobre jugaba con sus amigos, sus colegas maestros, por diversión. Mi padre rico jugaba para hacerse rico. Me decía: "En el campo de golf se cierran más tratos que en la sala de juntas". Y agregó: "Mientras más difícil sea la negociación, más relajado debe ser el entorno".

Me tomó algunos años crecer y madurar para asimilar plenamente la sabiduría de esas palabras. Actualmente, si una negociación se complica, propongo a la persona que juguemos golf para discutir el asunto. En el ambiente relajado del campo de golf, la negociación tiene más tiempo para desarrollarse, y cuando el entorno es relajado suele haber más flexibilidad de pensamiento. Parece que el espacio abierto del campo de golf favorece la mentalidad abierta.

En conclusión

Aunque no soy un golfista apasionado, estoy entregado a ganar en el juego de los negocios. El golf es el juego de los negocios. No me tomo el golf con la seriedad de otros jugadores, pero me tomo muy en serio el juego de los negocios. Por eso soy miembro de tres country clubs. Un country club es el mejor lugar para hacer negocios, así como para encontrar con quién hacerlos.

P.D. Como todo gran hombre de negocios, Donald me invitó a jugar en uno de sus campos de golf, el Trump National Golf Club de Los Ángeles, cuando acordamos escribir este libro.

La respuesta de Donald

Los deportes que más he jugado a lo largo de los años son beisbol, tenis y golf. Son juegos que requieren delicadeza, coordinación y concentración. Actualmente me gusta ver el beisbol y el tenis, pero soy un apasionado del golf. He construido fabulosos campos de golf debido a esa pasión.

La lección que aprendí de esos deportes es la importancia de los instintos. La resistencia y la técnica son necesarias, pero los verdaderamente grandes tienen un "instinto" que no puede explicarse. Recuerda la famosa descripción de Wayne Gretsky acerca de su éxito en el *hockey:* simplemente patinaba hacia donde iba el disco. Es una imagen maravillosa para entender el instinto.

Esta declaración parece simple, pero sólo hasta que empiezas a reflexionar sobre ella. ¿Cómo sabía a dónde iba el disco? ¿Por qué los demás no sabían a dónde iba? Bueno, porque él tenía algo especial: instinto.

Conocí deportistas que entrenaban más duro que nadie pero nunca destacaron. Eran capaces, dedicados y competentes pero carecían de ese "algo" adicional. Yo fui un excelente jugador de beisbol y sabía que tenía un sentido innato de la coordinación. Nunca seré Babe Ruth, pero percibí qué hacía falta para ser grande en ese deporte.

El tenis es un combate entre dos personas, y entendí que el propósito es destruir al otro. Sólo hay un ganador. Es un juego feroz. ¿Alguna vez has visto al famoso jugador suizo Roger Federer? Él posee el instinto al que me refiero. Andre Agassi dijo de él:

Es el mejor contrincante al que me haya enfrentado. No hay a dónde ir. No puedes hacer nada más que tirar a las calles, tirar a los *greens* y tirar *putts.* Cada tiro tiene ese sentido de urgencia.

Intentes lo que intentes, él tiene una respuesta potencial y eso es porque ha movido los hilos necesarios para hacerte tomar esa decisión.

Resulta interesante que Andre Agassi haya utilizado términos del golf para describir el juego de Roger Federer, pues el golf es primordialmente un juego cerebral. Requiere técnica pero sobre todo un uso amplio de la mente. Roger Federer controla el juego y sabe instintivamente cómo manejar a sus oponentes. Es al mismo tiempo fiero y cortés, y se considera un privilegio jugar contra él. El tenis consiste en gran medida en conocer al oponente tanto como a uno mismo. Ésa es otra de las virtudes de Federer.

El golf es una forma de diversión para mí, en el sentido en que hacer negocios lo es también. El campeón de golf Phil Michelson dice que el mejor consejo de golf que ha recibido se lo dio su padre, quien le dijo que se divirtiera. Incluso cuando practica, se divierte y lo disfruta. Yo me identifico con eso, y es un consejo valioso para todo lo que hagas.

He aprendido mucho sobre la integridad de las personas al jugar golf con ellas. Ésa es la razón por la que muchos tratos se cierran durante y después de un juego de golf. Para jugar este deporte se requiere cierta conducta, y las personas que se apegan a ella suelen ser buenos socios. Algunos lo llaman etiqueta; yo lo llamo honestidad. Un juego de golf puede ser un buen indicador de esa virtud.

El golf también exige flexibilidad. Mantener el equilibrio puede marcar la diferencia entre un buen juego y uno malo, y ocurre lo mismo en los

> La precisión, el instinto y el ritmo son indispensables para un desempeño extraordinario.
>
> Donald J. Trump

negocios. Sé flexible; no te aferres a pautas establecidas. Cada juego, cada trato, serán diferentes. Mantente en forma, prepárate, practica y sé consciente de que habrá variables que deberás enfrentar.

Nick Faldo, uno de los grandes de todos los tiempos en el golf, afirma: "Ya sea que le pegues a la pelota lento, suave o fuerte, lo indispensable es el ritmo [...]. El ritmo es el pegamento que une todos los elementos del *swing* del golf". Siempre he prestado atención al ritmo en los negocios, la vida y el golf, y todos deberían escuchar este consejo, sea cual sea la actividad que desarrollen o el deporte que practiquen.

Estos tres deportes me han dado elementos para entender los negocios y la vida, ya sea al verlos o al practicarlos. La lección principal que aprendí de todos ellos es que la precisión, el instinto y el ritmo son indispensables para un desempeño extraordinario.

Tu respuesta

¿Qué lecciones decisivas has aprendido al ver o practicar deportes?

_____

_____

_____

_____

Capítulo 19

¿QUÉ APRENDISTE EN LOS NEGOCIOS?

La respuesta de Robert

Es imposible aprender a andar en bicicleta con sólo leer un libro. Ocurre lo mismo con los negocios: los libros y las clases son una buena manera de conocer nuevas ideas pero, lo mismo que aprender a andar en bicicleta, aprender sobre los negocios requiere la práctica.

Ya conoces el dicho: "Mientras más alto llegas, más dura es la caída". Tanto Donald como yo hemos caído. La suya fue una caída mucho más grande y más sonada; la mía no fue tan grande ni tan sonada, pero no por ello menos dolorosa.

Después de recibir mi capacitación en ventas en Xerox, dos amigos y yo fundamos el negocio de carteras de nylon y velcro para *surfistas*. Por desgracia, el negocio resultó un éxito arrollador. Digo por desgracia porque el éxito se nos subió a la cabeza. Éramos tres muchachos solteros de veintitantos años que nos habíamos anotado un gran éxito. Nuestros productos aparecieron en las revistas *Runners World, GQ* e incluso *Playboy.*

Un día, uno de mis socios apareció en un flamante Mercedes 450 SL. Al preguntarle por qué había comprado el auto, respondió: "Porque somos ricos. ¿Por qué no van y compran el auto de sus sueños?" Así lo hicimos; Larry compró un 450 SL, como John, y yo un Porsche Targa plateado con interiores en negro.

Probablemente conozcas el resto de la historia. Manejábamos autos rápidos y salíamos con mujeres aún más rápidas. Pero el negocio que había crecido rápidamente cayó más rápido. En menos de tres años pasamos de pobres a ricos, y de ricos a muy pobres. Tuvimos éxito pero estábamos terriblemente endeudados debido a nuestras pérdidas. (Si te interesa conocer más sobre las muchas lecciones que he aprendido como empresario, te sugiero leer *Antes de renunciar a tu empleo* [Aguilar, 2007]. Este libro contiene mucha información valiosa para empresarios. Es informativo y divertido al mismo tiempo.) Cuando nuestros ingresos aumentaron, pensamos que nuestro IQ financiero lo haría también. En realidad, lo único que aumentó fue nuestra estupidez.

Aquel fracaso fue uno de muchos momentos cruciales que he vivido en los negocios. La bancarrota y la pérdida de casi un millón de dólares fue una llamada de atención.

Hasta aquel momento no era partidario de la educación, no la creía importante. En la escuela estudié lo mínimo necesario para aprobar y estaba satisfecho con ser un alumno de C. Y mi padre pobre me decía frecuentemente: "Avanzas a base de zapatos lustrados y sonrisas".

Luego de aquel fracaso financiero a los treinta y tantos, entendí que me estaba quedando atrás en la curva del aprendizaje. Veía a personas de mi edad más aventajadas en la vida, simplemente porque habían tomado en serio su educación y su profesión. Aquel fracaso me hizo comprender que debía convertirme en alumno, para estudiar como no lo había hecho antes.

En vez de huir de mi fracaso, dediqué varios años a reconstruir el negocio. Quise hacerlo para aprender de mis errores: ¿qué pasé por alto? ¿Qué no observé? Se dice que la sabiduría que da la experiencia es irrefutable; para mí, no sólo fue irrefutable sino dolorosa. Tuve que hacer frente a todas las mentiras que me había dicho a mí mismo y a los demás. Luego de pocos años de humildad, el negocio de las carteras de nylon se puso de nuevo en pie. Era exitoso y rentable. Fue la mejor capacitación en negocios y la mayor lección de humildad que he recibido.

En 1980, durante ese proceso, asistí a un seminario donde se presentaba el doctor Buckminster Fuller. Mi vida cambió de nuevo. En 1984, aun cuando mi negocio era exitoso y rentable, renuncié y me fui de Hawai con Kim. Me dediqué a la docencia, una profesión que no respetaba y de la que había jurado jamás ser parte. De 1984 a 1994, Kim y yo viajamos por el mundo enseñando sobre creación de empresas e inversión. En 1994, gracias a que pusimos en práctica lo que enseñábamos, nos retiramos, libres financieramente. Kim tenía 37 años y yo 47.

> Luego de aquel fracaso financiero a los treinta y tantos, entendí que me estaba quedando atrás en la curva del aprendizaje. Veía a personas de mi edad más aventajadas en la vida, simplemente porque habían tomado en serio su educación y su profesión. Aquel fracaso me hizo comprender que debía convertirme en alumno, para estudiar como no lo había hecho antes.
>
> Robert T. Kiyosaki

Durante dos años estuve recluido en las montañas del sur de Arizona, cerca de un pueblito llamado Bisbee, donde desarrollé el juego *CASHFLOW* y escribí *Padre rico, padre pobre*. En 1996 salió al mercado el juego *CASHFLOW*, y el 8 de abril de 1997, en mi cumpleaños 50, se presentó *Padre rico, padre pobre* en una pequeña fiesta en la casa de Sharon y Michael Lechter. A mediados de la década de 2000 me llamó uno de los productores del programa de Oprah Winfrey. Subí al escenario para conversar con Oprah, y el resto es historia.

Así pues, la pérdida de aquel negocio de carteras de nylon y velcro para *surfistas* fue un momento crucial de mi vida. De no ser por eso, tal vez no sería alumno ni maestro.

La respuesta de Donald

Ser visionario

Quisiera contarles sobre uno de mis éxitos en los negocios, uno que tardó 30 años en desarrollarse.

Así como nosotros analizamos el futuro de la economía para estar preparados, la revista *New York,* en su edición de junio de 2006 llamada "2016, la Tierra del mañana", hace una predicción de cómo será Nueva York en diez años. Recuerdo el escándalo que provoqué anteriormente, cuando hablé de construir Trump Place en el Upper West Side de Manhattan, a orillas del río Hudson. Es un hermoso complejo de 16 edificios residenciales y un parque. Pues bien, ahora predicen que en 2016 el West Side cerca de Javits Center será más grande que la ciudad de Minneapolis, así que yo no estaba tan equivocado el construir viviendas en esa parte de la ciudad. Ser visionario puede ser una ventaja de vez en cuando, en especial después de enfrentar resistencia, y ésta es una de esas ocasiones.

Una de las razones por las que Robert y yo señalamos ciertas cosas es porque las consideramos inminentes. Como dije antes, no es nuestra intención propagar el miedo sino guiar a algunos de ustedes en la dirección correcta, antes de que sea demasiado tarde y se pregunten:

"¿Por qué no lo vi venir?" Por fortuna, nuestro historial de éxitos nos pone en posición de hablarte de lo que puede suceder en el futuro.

Yo tuve que ser muy obstinado con aquella urbanización del West Side que acabo de mencionar. De hecho, esperé 30 años para verla realizada, pero sabía que sería importante para el futuro de Nueva York. Conozco a esta ciudad y tuve razón.

Piensa en Mark Burnett. Vio una dirección nueva para la televisión y también sufrió años de rechazo. La gente simplemente no entendía lo que quería hacer, pero él insistió porque sabía que tenía razón. Cuando finalmente los ejecutivos de la televisión comprendieron lo que deseaba, ¿quién creó un nuevo género y un nuevo capítulo en la historia de la televisión? Mark Brunett.

Es difícil definir la visión. Normalmente consiste en estudiar la historia de algo y conjeturar hacia dónde irá en diez, veinte o más años. Sí, implica un riesgo, pero con frecuencia los innovadores aciertan. Otro ejemplo perfecto es Leonardo da Vinci. Sus ideas e inventos se adelantaron por siglos. La comprobación de sus dones visionarios tardó siglos, pero se comprobaron. Thoreau dijo: "Si construiste castillos en el aire, tu trabajo no tiene por qué desaparecer; ahí es donde deben estar. Ahora coloca debajo los cimientos". La visión sigue siendo visión hasta que te concentras, haces el trabajo y la plantas en la tierra, donde puede ser de provecho.

Recuerdo la frustración que sentía Robert al ver que muchas cosas que le resultaban claras, no lo eran para otras personas. Dijo que la peor parte era cuando parecía que los demás no querían escuchar nada al respecto. Preferían seguir en la ignorancia —o

> La visión sigue siendo visión hasta que te concentras, haces el trabajo y la plantas en la tierra, donde puede ser de provecho.
>
> DONALD J. TRUMP

al menos en la inconsciencia— antes que estar informados. Y nos preguntamos: ¿es demasiado para las personas?

Creemos que no; de otra manera, no dedicaríamos nuestro tiempo a pensar y escribir sobre el tema. Tenemos razones para hacer lo que estamos haciendo. ¿Has pensado acerca de 2016? Nosotros sí. Sigue leyendo. Henry Kissinger dijo con razón: "La historia no conoce lugares de descanso ni mesetas".

Robert T. Kiyosaki y Donald J. Trump

Tu respuesta

¿Qué has aprendido de tus éxitos en los negocios, y de los éxitos de otras personas?

_____

_____

_____

_____

¿Eres dueño de tu propio negocio? Si no es así, ¿te gustaría serlo? ¿Qué ingredientes consideras los más importantes para el éxito de un negocio?

_____

_____

_____

_____

¿Qué admiras de los dueños de negocios exitosos que conoces?

_____

_____

_____

_____

Capítulo 20

¿Qué piensas sobre la relación del dinero con Dios y la religión?

La respuesta de Robert

En mi juventud había dos temas que me confundían relacionados con Dios, la Iglesia y la religión. El primero era que algunas personas iban al cielo y otras no, aunque creían en el mismo Dios. Recuerdo haber preguntado a un maestro en el catecismo: "¿Cuál es la diferencia entre nuestra iglesia y la católica?" Yo tenía ocho años y asistía a la iglesia protestante a la que pertenecían mis padres. Me sorprendí cuando mi maestro dijo: "Bueno, los dos creemos en Jesucristo, pero los católicos no van al Cielo".

La respuesta me dejó anonadado. Cuando pregunté por qué, el maestro simplemente dijo: "No pertenecen a la iglesia correcta".

Preocupado y más confundido, pregunté a mi compañero de clase católico si podía acompañarlo a su iglesia. Durante los meses siguientes asistí a una iglesia católica y descubrí que la congregación estaba formada por personas buenas que creían en el mismo Dios en que creía mi familia. Dejé de asistir al catecismo y pregunté a mis padres si en su lugar podía investigar acerca de las religiones de mis compañeros de clase. Ellos estuvieron de acuerdo.

Durante los días siguientes pregunté a mis compañeros a qué iglesia pertenecían y les pedí que me permitieran acompañarlos a sus servicios religiosos. Asistí a iglesias o templos luteranos, metodistas, evangélicos, budistas y sintoístas. En el pueblito donde crecí no tenía compañeros judíos ni musulmanes, pero después asistí a servicios religiosos en sinagogas y mezquitas.

Todavía me preocupa que haya tantas personas que creen seguir la religión "correcta" y que los demás pertenecen a religiones "equivocadas". Creo firmemente en la libertad religiosa, por eso me preocupa que haya quienes digan que sólo ellos irán al Cielo y que son los únicos que siguen al Dios verdadero. Tal vez por esto ha habido tantas guerras religiosas. En mi opinión, la idea de una guerra santa es un oxímoron.

Fe en Dios

En Vietnam adquirí una fe muy firme en un poder superior. Hubo muchas ocasiones en que mi muerte o la de un amigo parecía inminente, pero milagrosamente escapábamos ilesos.

En los negocios, estoy convencido de que si trabajo con honradez y cumpliendo una misión, un llamado, la energía de un ser supremo trabajará en mi favor. Creo que si engaño, miento o no soy franco, reduzco el poder de eso que los indios norteamericanos llaman el Gran Espíritu. También creo que mientras más me esfuerzo por trabajar según los estándares legales, éticos y morales más elevados, más participará el poder del Gran Espíritu en mis negocios.

La regla de oro

Profeso gran respeto por la regla de oro: "No hagas a otros lo que no quieras que te hagan a ti". Cuando me siento ofendido, enojado o culpo a los demás, en lugar de tomar represalias me pregunto: "¿Cómo me gustaría que me tratara esta persona en este momento?" Eso no quiere decir que siempre haga lo que sé que debo hacer, pero al menos lo considero. Por ejemplo, hace tiempo tuve una riña con un amigo. Me gustaría que me llamara para disculparse, por lo que yo debería llamar primero y disculparme, pero sigo resistiéndome y no lo he llamado para aclarar el malentendido.

Encuentra tu camino

Me gusta lo que la religión hindú llama *dharma,* que tiene que ver con seguir por voluntad propia el sendero que un ser supremo ha establecido para nosotros. Cuando decidí enseñar y dedicarme a una profesión a la que mi corazón quería dedicarse, mi vida cambió drásticamente. En *Antes de renunciar a tu empleo,* mi libro sobre creación de empresas, escribí sobre mi decisión de ser maestro y toda la buena fortuna que he disfrutado desde que tomé esa decisión. Uno de los regalos que recibí del Cielo fue que mi esposa, Kim, llegó a mi vida en el momento en que decidí enseñar.

Tengo una gran fe en Dios, en un poder más elevado. Sólo cuestiono algunas creencias que las religiones tienen acerca de Dios y de quién tiene el acceso al Cielo. En mi opinión, nuestra tarea principal es lograr que la vida en la Tierra se parezca lo más posible a la vida en el Cielo.

La segunda confusión

La segunda confusión se relacionaba con Dios y el dinero. Todavía recuerdo que la madre de un amigo, quien era muy rica, siempre llegaba a la conclusión de que el dinero era malo. Yo me preguntaba por qué si pensaba eso, no daba todo su dinero a la iglesia a la que asistía.

No sabía si querer ser rico era contrario a Dios. Incluso me preguntaba si los pobres iban al Cielo y los ricos no. Esta confusión entre Dios y el dinero me atormentaba.

La respuesta la encontré en un campamento de verano organizado por la iglesia, cuando llevaron a un joven ministro para la juventud. Todavía recuerdo el día que llegó al campamento. Los líderes de mayor edad quedaron boquiabiertos al verlo llegar con una guitarra colgada a la espalda, pantalones de mezclilla, playera y botas vaqueras. Debe tomarse en cuenta que esto ocurrió en Hawai a principios de los sesenta, y los únicos que vestían así eran los delincuentes juveniles de las películas. Por supuesto, a los muchachos les agradó inmediatamente.

En vez de sermonear y decirnos qué hacer y qué no, el joven ministro nos hizo cantar y bailar. En vez de enseñarnos a sentirnos avergonzados o culpables, nos enseñó a sentirnos bien con nosotros mismos.

El ministro principal de la iglesia tenía la apariencia de un frijol seco y a menudo nos advertía sobre los peligros potenciales de la carne. Así, cuando llegó el joven y alegre ministro, la tensión entre ambos se hizo evidente. Durante una de nuestras fogatas nocturnas formulé algunas de mis típicas preguntas sobre el dinero. El ministro mayor afirmó que: "El amor al dinero era el origen de todo mal", y que: "Era más fácil que un camello pasara por el ojo de una aguja que un rico entrara al Cielo". Sentí que mi espíritu se hundía y me sentí culpable por querer ser rico.

El ministro joven tenía una perspectiva distinta del tema. En vez de despotricar contra el dinero nos contó la historia del hombre rico y sus tres sirvientes, conocida como la parábola de los talentos, que aparece en el evangelio de Mateo. Antes de salir de viaje, el hombre rico dio a sus siervos dinero (talentos). A uno le dio cinco talentos, a otro dos y al tercero uno.

El siervo que recibió cinco talentos inmediatamente se puso a negociar con ellos y ganó otros cinco; el que recibió dos talentos ganó dos más, y el que recibió uno, cavó un hoyo en el suelo y lo enterró.

Al regresar del viaje, el hombre rico dijo a los siervos que había duplicado su dinero: "Bien hecho, siervo bueno y fiel. En lo poco me has sido fiel, al frente de lo mucho te pondré; entra en el gozo de tu señor".

En esta parte de la historia, el ministro joven dijo:

—Fíjense en las palabras "entra en el gozo de tu señor". ¿Qué creen que signifiquen?

Varios aventuramos respuestas hasta que una joven dijo:

—Nuestro señor quiere que seamos ricos. ¿A nuestro señor le alegra que seamos ricos, cuando compartimos en este mundo de abundancia?

El joven ministro sonrió pero no respondió, y dijo:

—Permítanme leerles lo que dijo el siervo que enterró su talento.

Diciendo esto, puso a un lado la guitarra, abrió su Biblia y leyó la respuesta del siervo: "Señor, sé que eres un hombre duro, que cosechas donde no sembraste y recoges donde no esparciste. Por eso me dio miedo, y fui y escondí en tierra tu talento. Mira, aquí tienes lo que es tuyo."

El joven ministro alzó la vista para ver si seguíamos escuchando y dijo:

—El siervo afirmó que su señor era un hombre duro y que por eso no hizo nada.

—¿Quieres decir que culpó a su señor? —preguntó la misma joven.

El joven ministro de nuevo sonrió y leyó la respuesta del señor: "Siervo malo y perezoso".

—¿El señor lo llamó malo y perezoso? —preguntó otro de los que estaban alrededor del fuego—. ¿Porque no multiplicó su dinero? ¿Quieres decir que lo llamó malo y perezoso porque no multiplicó su dinero?

El joven ministro sólo sonrió y continuó leyendo: "Sabías que yo cosecho donde no sembré y recojo donde no esparcí; debías, pues, haber entregado mi dinero a los banqueros, y así, al volver yo, habría cobrado lo mío con los intereses. Quitadle, por tanto, su talento y dádselo al que tiene los diez talentos".

—Entonces, ¿el señor recompensó al siervo que ganó más dinero? —pregunté.

—¿Es eso lo que entiendes? —dijo el joven ministro.

—Eso me parece —dije—. ¿Eso significa que mientras más dinero gane, más recibiré?

El ministro joven sólo sonrió y rasgueó su guitarra suavemente.

—¿El señor de esta historia es Dios —preguntó otra joven—, y nosotros los siervos?

—¿Dios recompensa más a los ricos que a los pobres? —preguntó otro más.

—Si Dios es el señor de la historia, ¿Dios recompensa al rico y castiga al pobre? —preguntó el joven que estaba sentada a mi lado.

Para entonces, el ministro mayor movía la cabeza de un lado a otro preguntándose cuándo terminaría aquella conversación. El ministro joven sólo rasgueaba su guitarra, dejando que nuestros pensamientos se arremolinaran en nuestras cabezas, permitiéndonos decidir acerca de la enseñanza de la parábola. Finalmente, mientras el fuego crepitaba y el humo se dispersaba en la noche, preguntó:

> En mi opinión, nuestra tarea principal es lograr que la vida en la Tierra se parezca lo más posible a la vida en el Cielo.
>
> ROBERT T. KIYOSAKI

—¿Qué nos dice esto sobre quienes tienen dinero y sobre quienes no lo tienen?

—¿Que quienes no tienen dinero son flojos? —preguntó un joven sentado frente a mí, al otro lado de la fogata—. ¿O que quienes no tienen dinero son malos?

—No, eso no significa —dijo alguien más—. Eso sería demasiado cruel. El mundo está lleno de personas pobres.

—Pero, ¿qué hay de las palabras "entra en el gozo de tu señor"? ¿No significa eso que la riqueza da felicidad?

—No, eso no significa —gritó otro joven campista—. Mis padres dicen que los ricos no son felices, que sólo los pobres y los buenos pueden ir al Cielo. Dicen que el amor al dinero es el origen de todos los males.

—Muy bien, muy bien —dijo el ministro joven para calmar la discusión que empezaba a caldearse—. Déjenme terminar la lectura.

Dejando su guitarra a un lado, terminó la lectura: "Porque a todo el que tiene, se le dará y le sobrará; pero al que no tiene, aun lo que tiene se le quitará".

El fuego crepitaba en el silencio. Nadie dijo nada. Ambos ministros, el joven y el mayor, permanecieron callados.

—¿Eso significa que los ricos serán más ricos y los pobres más pobres? —preguntó una joven.

Ninguno de los ministros habló.

—Eso sería injusto —añadió la joven—. Dios debería dar a quienes no tienen nada; debería ser generoso con los pobres.

—Sí, sería justo —dijo otra persona—. Es terrible decir que "a todo el que tiene, se le dará y le sobrará; pero al que no tiene, aun lo que tiene se le quitará".

—¿Esto significa que los perezosos son malos? —preguntó una voz suave desde la oscuridad—. ¿Por eso aun lo que tienen se les quitará?

La conversación alrededor de la fogata continuó hasta que el fuego se consumió. Vertiendo agua sobre los carbones, el ministro joven dijo: "Hora de acostarse. Todos deben hallar sus propias conclusiones acerca de la parábola. Algunos seguirán pensando que el dinero no es importante; otros pensarán que los ricos son malos o que los pobres tienen más posibilidades de ir al Cielo. Sea cual sea, la conclusión a la que lleguen determinará el resto de sus vidas".

Aunque tal vez no haya comprendido el significado cabal de la parábola, sí entendí que el señor dio el dinero a quien lo había multiplicado; también que el señor había creado a partir de la nada. En otras palabras: era creativo y la creatividad es infinita, por lo que el dinero es infinito, abundante. Y ser creativo y tener abundancia era el gozo del señor. En cuanto a lo que ocurre a quienes no multiplican su dinero y por qué se les quita lo poco que tienen, no estoy seguro del significado. Tengo mis dudas. Sin embargo, las palabras que el ministro joven dijo aquella noche me parecieron convincentes: la conclusión a la que llegara afectaría el resto de mi vida.

La diferencia entre Dios y el oro

Mi padre rico me enseñó la diferencia entre Dios y el oro: "Si quieres parecerte a Dios y convertir cualquier cosa en oro, debes conocer la diferencia entre Dios y el oro". Y añadió: "La diferencia entre Dios [*God*] y el oro [*gold*] es la letra 'l'. La 'l' significa perdedor [*loser*], saqueador [*looter*], pésimo líder [*lousy leader*] y mentiroso [*liar*]. Si no eliminas estos calificativos de tu carácter nunca adquirirás el toque de Midas: la capacidad de convertir todo lo que toques en oro".

La respuesta de Donald

He notado que las personas con una fe profunda son más centradas y productivas. Tienen un sentido del propósito que no puede destruirse y no se desaniman fácilmente. Sean judíos, cristianos, budistas, musulmanes o de cualquier otra religión, muestran una concentración y dedicación que desafía al análisis de negocios.

Tengo empleados que por motivos religiosos deben concluir labores antes del atardecer del viernes, por lo que este día deben salir temprano. Son individuos trabajadores y yo respeto su devoción y fiel observancia. Cuando han viajado conmigo, he programado la llegada de mi *jet* el viernes temprano para no interferir con este requisito. Ellos tienen sus prioridades y yo puedo sacrificar un par de horas en la oficina con ese fin. Sé que son devotos y que no sólo buscan salir temprano.

Yo crecí en una familia cristiana y aprendí a respetar las creencias de los demás. Todos teníamos y tenemos amigos de creencias diferentes. Creo que esto nos ha ayudado a comprender al mundo y a quienes lo habitan. La comprensión puede sustituir al odio, y ésta es

> Nunca he pensado
> que la prosperidad
> sea mala o que deba
> evitarse.
>
> DONALD J. TRUMP

la solución para algunas de las guerras que ha padecido este planeta.

A menudo las personas me envían biblias, ya sea porque me consideran un maestro o porque creen que las necesito. Sé que me he opuesto a algunas enseñanzas, en particular cuando digo que si alguien te aplasta debes aplastarlo. Esto se opone a la lección de "poner la otra mejilla", pero así son las cosas en este negocio.

En muchas ocasiones sigo uno de los preceptos que me gustan: "Sed, pues, prudentes como las serpientes y sencillos como las palomas". Siento que esto modera mi carácter y agudiza mi inteligencia.

No soy un erudito en el tema, pero entiendo por qué las personas pueden dedicar décadas a estudiar la Biblia. Hay en ella mucha sabiduría, muchas lecciones y mucha historia. Mi padre era amigo del doctor Norman Vincent Peale, a quien conocí, y cuyo libro recomiendo: *The Power of Positive Thinking*. (Él ya no está con nosotros, pero su esposa, Ruth, cumplirá 100 años en septiembre de 2006.)

Tener fe significa creer en un poder más grande que uno. Yo tengo la certeza de que ese poder existe, y eso me da la fuerza para perseverar en cualquier circunstancia. Es una idea que tienen los líderes porque la necesitan. Saben que no son omniscientes ni omnipresentes, pero realizan su mejor esfuerzo para quienes los rodean y se esfuerzan en valorar todos los aspectos al tomar decisiones.

Tengo un cuadro de una galaxia y lo miro con frecuencia porque me recuerda cuán pequeños son mis problemas en comparación con los del universo. Al verlo recupero la proporción de las cosas y me siento menos presionado. Sigo siendo responsable ante mi familia, mis empleados y mis negocios, pero sé que aunque soy famoso y exitoso, hay un poder mucho más grande que yo. La fe te da la confianza para seguir adelante y al mismo tiempo te enseña humildad.

Tu respuesta

¿Cuáles son tus ideas respecto a Dios y la religión?

_____

_____

_____

_____

¿Cómo influyen tus creencias religiosas en tus sentimientos acerca del dinero?

_____

_____

_____

_____

¿Crees en un mundo de abundancia o en un mundo de escasez?

_____

_____

_____

Parte 4

¿Qué harías si estuvieras en mis zapatos?

Una de las cosas más peligrosas que puedes hacer es decir: "Tengo 10 mil dólares. ¿Qué debo hacer con ellos?" El problema con anunciar que no sabes qué hacer con tu dinero es que atraerás a millones de personas que sí saben qué hacer con él: llevárselo.

La mayoría de las personas quiere escuchar una fórmula mágica. Son quienes suelen seguir el consejo de los asesores financieros: ahorrar, cancelar las deudas, invertir para el largo plazo y diversificar. Si estás buscando a alguien que te diga qué hacer con tu dinero, la mayoría te dirá que lo mejor es gastar lo menos posible. Si esto te resulta atractivo, adelante.

Las personas que buscan una respuesta mágica son quienes invierten para no perder. Les asusta cometer errores. Si te da miedo cometer errores, busca a alguien que te dé una respuesta mágica y entrégale tu dinero.

Donald y Robert creen en la educación financiera, no en respuestas fáciles que se ajusten a todos. Asimismo, prefieren aumentar constantemente lo que ganan a trabajar para gastar lo menos posible.

En esta parte del libro, Donald y Robert ofrecen consejos a grupos específicos sobre cómo tomar la delantera mediante la educación financiera.

Capítulo 21

AÚN SOY ESTUDIANTE, ¿QUÉ DEBO HACER?

La respuesta de Robert

Si estás en la preparatoria o eres más joven, te sugiero que te concentres en divertirte. Si observas cómo juegan los cachorros de gatos y perros te darás cuenta de que en realidad están aprendiendo muchas habilidades que necesitarán en la vida adulta. Diviértete, juega y aprende.

Me dan lástima los niños cuyos padres los preparan para Harvard desde el jardín de niños. En Hawai, padres ricos pagan mil dólares mensuales para que sus bebés de seis meses asistan a escuelas que ofrecen desde guardería hasta educación preparatoria. Es su decisión, pero no me gustaría ser uno de esos niños.

Yo no supe que era pobre hasta que asistí a la escuela. Lo peor era que decir a mis padres, a otros adultos o a los maestros que yo quería ser rico era malo. En mi familia, querer ser rico, desear tener dinero, era sacrílego. Sé que en muchas familias y grupos esto sigue siendo así.

Si perteneces a una familia o círculo social en que querer ser rico sea considerado malo o incluso pecaminoso, guarda silencio. No contraríes a los adultos, no vale la pena. Busca en la escuela o en

> La mayoría de las personas tiene problemas con el dinero porque en la escuela sólo aprenden a *trabajar por dinero*. Pocas aprenden a poner al dinero a trabajar para ellas.
>
> ROBERT T. KIYOSAKI

internet amigos que piensen como tú y sé auténtico sin violar los valores de tu familia. Tu familia es importante.

Si tu familia te apoya en tu deseo de ser rico, invítalos a tu viaje. A menudo, son los jóvenes quienes llevan a sus padres a seminarios como los que impartimos juntos Donald y yo. Muchas veces se me han acercado padres y madres para decirme mientras señalan a sus hijos e hijas: "Leyeron su libro y quisieron que los trajera a este seminario. De no ser por ellos, no estaría aquí".

Recuerda: el dinero en sí no es bueno ni malo, aunque todos conocemos personas que hacen cosas malas por él. Muchos temen que si te gusta el dinero te volverás codicioso, lo que efectivamente ocurre a algunas personas. No olvides que si decides ser rico también puedes decidir ser una buena persona rica y generosa.

Tuve la suerte de que mis amigos ricos no fueran esnobs. Eran amables con todos. Cuando jugábamos beisbol o futbol americano, éramos un equipo, ricos o pobres. Sé que actualmente las cosas son distintas. Muchos jóvenes se reúnen en camarillas que discriminan a quienes son menos afortunados. Si decides ser rico, te pido que seas amable y respetuoso con todos y no te conviertas en un esnob.

Dos desafíos en la escuela

En la escuela enfrenté dos desafíos. El primero fue que su intención era programarme para que consiguiera un empleo. Los maestros asumían que yo sería un empleado del cuadrante E. Yo quería ser empresario. Por fortuna, en la actualidad las escuelas tienen clubes de negocios y planes de estudios para alumnos que quieren ser empresarios. En mi época había unos pocos clubes, pero los dirigían personas que no sabían nada de negocios.

El segundo desafío fue que las escuelas castigan a quienes cometen errores. ¿No es absurdo? La manera en que aprendemos es cometiéndolos. Yo aprendí a andar en bicicleta, a montar patineta y a *surfear* cayéndome una y otra vez. Si me hubieran castigado por caer, nunca habría aprendido. Cuando cometas un error, por favor no mientas ni finjas no haberlo cometido, como hacen muchos adultos. Aprende de tus errores y te educarás más rápido que quienes procuran evitarlos o fingen no cometerlos.

Dos magníficos ejercicios

Ejercicio 1
Éste es un ejercicio excelente para cuando tengas edad suficiente y tus padres estén de acuerdo. Consiste en presupuestar y comprar los alimentos de tu familia para una semana. Digamos que el presupuesto de tu familia para la alimentación de una semana es de 100 dólares. Planea el menú y compra la comida sin salirte del presupuesto y satisfaciendo a todos con el menú. Hazlo varias veces hasta que sepas presupuestar bien y tu familia esté satisfecha con tu elección de platillos. Éste es un magnífico ejercicio para aprender a presupuestar.

Cuando yo lo hice tenía 15 años y sólo escuché quejas. Aunque no me salí del presupuesto, mi familia se hartó de *hot dogs* y frijoles. Después de hacerlo comprendí mucho mejor a mi mamá.

Ejercicio 2

La mayoría de las personas tiene problemas con el dinero porque en la escuela sólo aprenden a *trabajar por dinero.* Pocas aprenden a poner al dinero a trabajar para ellas.

Una vez que aprendas a presupuestar los alimentos puedes aprender a ganar dinero con el dinero. Este ejercicio es fácil si eres creativo y difícil si no lo eres. Todo lo que debes hacer es ver cuánto tiempo te toma duplicar diez dólares. Puedes prestarlos a un amigo y cobrarle un dólar mensual de interés, con lo que te tomaría diez meses duplicarlos. O puedes comprar algo y venderlo en internet. Si eres bueno podrías duplicarlos en un día. El reto es descubrir cuántas maneras diferentes existen de ganar dinero a partir del dinero.

La mayoría de los adultos tienen problemas económicos porque no tienen idea de cómo hacer esto. Sólo saben ir a trabajar, recibir un salario y gastar lo que ganan. Para ser rico necesitas conocer las diferentes maneras que hay de ganar dinero a partir del dinero.

Aprendiz y mentor

Donald y yo tuvimos como mentores a nuestros padres ricos. Tal vez por esta razón Donald tiene su exitoso programa de televisión *El aprendiz.* Hace años, antes de que existieran las escuelas reguladas por el gobierno, los jóvenes aprendían como aprendices de un mentor. Este sistema era el principal vehículo del conocimiento. Desde la época de las cavernas, los niños aprendían su oficio como aprendices de mentores adultos.

Actualmente, en vez de mentores tenemos maestros. Aunque hay similitudes entre unos y otros, también hay diferencias. Una de ellas es que los maestros enseñan materias, mientras un menor es alguien a quien quieres imitar, un modelo de conducta.

Una de las dificultades que tuve en mi infancia fue que mi padre era maestro, y aunque lo amaba, no quería ser como él cuando creciera. Mi padre me enseñó muchas cosas invaluables: la importancia del honor, el amor al estudio, la honestidad y el valor de desafiar a un sistema de gobierno corrupto, aun si esto significaba perder su empleo. He procurado seguir muchas de esas enseñanzas en mi vida actual, pero no quería ser como él, un maestro del sistema de gobierno. No quería necesitar un empleo ni esperar que el gobierno se hiciera cargo de mí cuando me retirara. Quería ser un emprendedor rico que invirtiera en bienes raíces. Por eso busqué un mentor, mi padre rico.

En la actualidad soy maestro. La diferencia es que soy un empresario dueño de un negocio educativo. Si no hubiera sido aprendiz de mi padre rico, dudo que hubiera llegado a ser un empresario que invierte en bienes raíces, oro, plata y petróleo. En otras palabras, al buscar un mentor pude encarnar lo mejor de mis dos padres.

Recuerda la diferencia entre maestros y mentores. Si eres afortunado y un mentor que te agrada decide aceptarte como aprendiz, respétalo por el tiempo que te dedica y la sabiduría que te imparte.

En la vida conocerás a toda clase de personas. A unas las amarás y a otras desearás no haberlas conocido. Sin embargo, de todas puedes aprender.

Un comentario sobre la escuela

Aunque a mí no me gustaba la escuela, no sacaba buenas calificaciones ni he utilizado mucho de lo que estudié, recomiendo a los jóvenes completar su educación, al menos hasta terminar cuatro años de universidad. ¿Por qué? Por las siguientes razones:

1. Las épocas de bachillerato y la universidad te permiten madurar. Yo creía conocer todas las respuestas cuando estaba en bachillerato y la universidad, pero cuando salí de la escuela descubrí cuánto ignoraba.

2. La universidad es una especie de boleto. Significa que has logrado algo; que te concentraste durante cuatro años. De no tener una licenciatura no habría podido ingresar a la escuela de aviación de la Marina. Cuando era piloto de helicóptero, a menudo permití a mis jefes de grupo que volaran la nave. La mayoría eran mejores pilotos que yo, pero como no tenían una licenciatura, el boleto, el ejército no les permitía volar.

3. La universidad te da la oportunidad de explorar muchas materias y aficiones. En la academia me sorprendió cuánto disfrutaba estudiar economía. Si no hubiera asistido a la universidad, no sabría mucho sobre las tendencias económicas globales ni sobre el lenguaje que usan los economistas. Saber un poco sobre la diferencia entre PIB y PNB o las diferencias entre M1, M2 y M3 —los parámetros para medir la oferta monetaria—, ha marcado una diferencia significativa en mi situación económica.

¿Qué debo estudiar?

Siempre que los jóvenes universitarios me preguntan qué deben estudiar, recomiendo dos materias:

1. Contaduría
2. Derecho mercantil

No las recomiendo porque piense que todos deban convertirse en contadores o abogados, sino porque ofrecen la oportunidad de ver el interior de los negocios y las inversiones. Comprender estas dos materias es como ponerse unos lentes de rayos X y ver lo que la mayoría no puede ver.

Los asesores financieros pueden convencerte de que les des tu dinero porque saben que tú crees que ellos ven lo que tú no. Quieren que pienses que ellos tienen información privilegiada. Pues bien, algunos la tienen pero la mayoría no. La mayoría de los asesores financieros son vendedores (razón por la cual se les conoce como agentes). Como ya dije, la mayoría no invierte en lo que recomienda.

Una de las ventajas de asistir a la escuela y estudiar diferentes materias es que aprendes la disciplina y el "idioma" particular de las diferentes profesiones. Por ejemplo, cuando asistí a la escuela de aviación aprendí la disciplina de los pilotos y su jerga. Cuando estuve en la academia aprendí la disciplina necesaria para vivir en un barco y ser oficial. Asimismo, que en el mundo de la navegación no se habla de derecha e izquierda sino de estribor y babor.

Al estudiar contaduría aprendes a leer números y palabras específicas de ese campo. Quienes han leído *Padre rico, padre pobre* recordarán que mi padre rico tenía una definición distinta de la palabra *activo* que mi padre pobre. Por eso mi padre pobre consideraba su casa un *activo* y mi padre rico consideraba la suya un *pasivo*. Mi padre rico entendió las definiciones de esa palabra; mi padre pobre no. Esa distinción marcó una gran diferencia en la vida de ambos. Todavía me encuentro con periodistas financieros y vendedores que quieren discutir conmigo la definición de activo y pasivo.

A propósito, la razón por la que la mayoría de las casas son pasivos es que en contaduría hay tres declaraciones básicas: 1) la declaración de ingresos, que se ilustra a continuación:

INGRESO
GASTO

2) el balance general, que se ilustra a continuación,

ACTIVOS	PASIVOS

y 3) el estado de origen y aplicación de efectivo. Es a esta forma a la que muchas personas, incluso algunos contadores, no prestan mucha atención. Si eres inversionista —a diferencia de muchos contadores— deberás prestar mucha atención al estado de origen y aplicación de efectivo. Como cualquier empresario o inversionista sabe, el flujo de efectivo es la clave.

En el juego *CASHFLOW,* el estado de origen y aplicación de efectivo es el siguiente:

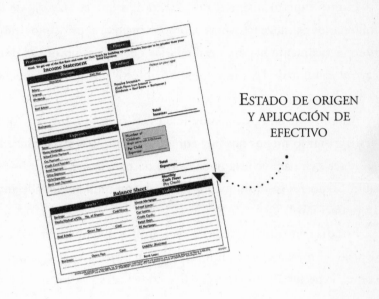

ESTADO DE ORIGEN
Y APLICACIÓN DE
EFECTIVO

Hace poco estuve en el programa de televisión *20/20,* donde no se han hecho comentarios favorables de mí y mis libros. Entre los invitados había varios autores financieros del agrado del programa. Un experto financiero, que antes del año 2000 recomendaba fondos de inversión en el campo de la tecnología, se había convertido en 2006 en experto en bienes raíces. En el programa *20/20* recomendaba a las personas comprar la casa de sus sueños. Este antiguo experto en fondos de inversión y ahora ducho en bienes raíces ayudaba a una pareja con dificultades económicas a comprar la casa de sus sueños. Les decía que la casa era un activo, en plena burbuja de los bienes raíces, cuando las tasas de interés iban a la alza y las ejecuciones hipotecarias se multiplicaban. ¿Puedes creerlo? Según él, la casa era un activo porque estaban tirando a la basura el dinero que pagaban de renta. Como inversionista profesional, yo habría recomendado a la pareja seguir rentando hasta que el mercado se estabilizara.

El otro experto financiero en *20/20* dijo que la mayoría de los millonarios conducen Toyotas. Como mencioné al principio de este libro, actualmente hay más millonarios que nunca porque el dólar cayó y el valor de las casas aumentó. Efectivamente, hay muchos millonarios, pero en papel.

Ahora bien, no hay nada de malo con tener un Toyota. Yo no deseo gastar lo menos posible, como sugieren los otros autores. Yo quise ser rico para vivir la buena vida, no para gastar lo menos posible. Si quieres gastar lo menos posible como millonario, adelante. Es tu decisión.

Estudia contaduría y derecho mercantil, y aprende sobre las tendencias del mercado para que no te engañen personas que se presentan como "expertos" (o son presentados como tales por los medios de comunicación) pero no son inversionistas.

El presentador del programa, un periodista avezado, se quejó de que en mis libros yo no daba respuestas específicas. No ofrezco respuestas como: "Dame tu dinero y diversifica, diversifica, diversifica, de modo que yo gane más comisiones", ni: "Compra una casa porque estás desperdiciando el dinero de la renta", porque prefiero enseñar a las personas a pensar por sí mismas. Hay momentos en que conviene más rentar que poseer, y cada quien debe ser capaz de determinar qué es lo mejor para uno. Aunque estoy de acuerdo en que poseer una casa es importante, saber cuándo, dónde y con qué tasas de interés comprar también lo es. Así como cualquier comprador conocedor sabe cuándo son las ventas, a un inversionista conocedor no le gusta comprar a menos que haya una venta. Sugerir a la pareja comprar una casa mientras el mercado de bienes raíces estaba en su punto máximo y pagarla aunque esto significara no tomar capuchinos me parece una manera absurda de abordar la adquisición de una casa.

Lo mejor es que las personas aprendan a pensar por sí mismas a través de la educación financiera, que vean con ojos de rayos X en vez de que alguien más los jale de la nariz. Toma cursos de contabilidad y derecho mercantil aunque no tengas planes de ser contador o abogado.

Un comentario acerca del flujo de efectivo

El flujo de efectivo es importante porque es el factor principal que deben controlar empresarios e inversionistas. Como dije antes, la razón por la que me gustan los bienes raíces y comprar o desarrollar negocios, es porque tengo el control. La mayoría de los inversionistas creen que invertir es riesgoso porque invierten en vehículos sobre los que no tienen control, como ahorros, acciones, bonos y fondos de inversión.

Si analizas el diagrama del estado financiero verás por qué el control del flujo de efectivo es tan importante para los inversionistas profesionales y los dueños de negocios.

INGRESO
GASTO

Un factor que refleja un IQ financiero alto es que el flujo de efectivo llegue al cuadro de ingreso. Un factor que refleja una baja inteligencia financiera es un exceso de efectivo que fluya desde el cuadro de gastos.

Estados Unidos y muchos estadounidenses están en problemas financieros porque no han sido capaces de incrementar el flujo de efectivo a su cuadro de ingreso y han perdido control sobre el efectivo que fluye de su cuadro de gastos. Asimismo, en vez de crear activos, continuamente crean más pasivos, lo que acelera el flujo de efectivo desde el cuadro de gastos. Una persona que tiene una deuda excesiva en tarjetas de crédito, hipoteca su casa para pagar las tarjetas y luego vuelve a endeudarse con la tarjeta, es un ejemplo de alguien que ha perdido el control.

Mi padre rico me recomendaba dedicar algunos años a aprender a vender, tocando puertas, porque quería que controlara el efectivo del ingreso que fluía a mi estado financiero. Muchas personas tienen problemas financieros porque no saben de ventas o mercadeo. Ya habrás notado que Donald Trump es posiblemente el mejor vendedor del mundo. Su marca significa dinero, y atrae dinero.

Curiosamente, mi padre rico decía que el cuadro más importante era el de gastos: "La mayoría gasta y se hace pobre. Si quieres ser rico debes saber cómo gastar para hacerte rico". En el diagrama de la página siguiente comprenderás por qué lo decía:

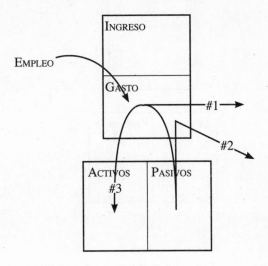

Estos son los tres controles básicos del cuadro de gastos. Una de las razones por las que nuestro país y millones de personas tienen problemas es que todo lo que tienen son los flujos de efectivo #1 y #2. Si quieres ser rico, sin importar cuánto ganes, debes tener el flujo de efectivo #3.

Como ya dije, *USA Today* realizó una encuesta y descubrió que el mayor temor en Estados Unidos no era el terrorismo sino quedarse sin dinero después del retiro. ¿Será porque la mayoría de los asesores financieros y las personas tienen mentalidad de ahorradores? El flujo de efectivo #3 es el diagrama de la mentalidad de ahorrador. Para ser rico y no vivir gastando lo menos posible, una persona necesita la flecha de flujo de efectivo #4. Es la flecha que tenemos Donald y yo:

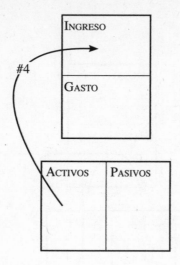

Trabajemos o no, el efectivo sigue fluyendo desde nuestros activos. Mientras más trabajamos para enriquecer este cuadro de activos, más ganamos. Donald y yo tenemos dinero más que suficiente que recibimos del flujo de efectivo #4. No necesitamos trabajar, pero elegimos seguir haciéndolo para tener más activos, lo cual nos hace más ricos.

Permíteme dar un ejemplo relacionado con las actividades de mi esposa. En 1989, Kim adquirió su primera inversión, una casa de dos recámaras y un baño en Portland, Oregon, con valor de 45 mil dólares. Su estado financiero tenía el siguiente aspecto:

Después de valorar miles de propiedades y comprar unas 25, realizó su siguiente inversión en 2004: compró una propiedad comercial por aproximadamente ocho millones de dólares, con un enganche de un millón que pidió prestado; así que la compra estuvo financiada por deuda al 100 por ciento. Su flujo de efectivo neto tenía este aspecto:

En otras palabras, mensualmente recibe un ingreso neto de 30 mil dólares, y como es ingreso pasivo, paga menos impuestos que alguien que recibe un salario de 30 mil dólares. Es una inversión excepcional, y aunque este tipo de inversiones existen, son poco comunes. Pero tener educación financiera y visión de rayos X rinde frutos. Si haces cuentas, los rendimientos de esta inversión son infinitos. Sin duda alguna supera el diez por ciento de rendimientos que presumen los asesores financieros.

Los inversionistas en bienes raíces y los empresarios pueden sacar mayores rendimientos de su dinero porque en estos campos se permite la creatividad. En general, el control y la creatividad son tabú en vehículos como cuentas de ahorro, acciones, bonos y fondos de inversión.

En 2005, Kim encontró otra inversión. Esta vez tuvo que dar como enganche un millón de dólares de su dinero, pero también le aporta un rendimiento neto de 30 mil dólares mensuales. Actualmente, su ingreso pasivo, el cual no proviene del trabajo, supera el millón de dólares anuales.

Por esto recomiendo a los estudiantes tomar cursos de contabilidad y derecho mercantil en la universidad. Una vez que te gradúes de la universidad, empieza a practicar. Deberás convertir tu educación en experiencia. Mientras más practiques, más aprenderás y más experiencia adquirirás. Comprobarás que los riesgos se reducen y que tus rendimientos aumentan.

Kim escribió un libro llamado *Mujer millonaria* (Aguilar, 2007), y se ganó el derecho de hacerlo. Le tomó cerca de 10 años ser muy buena, y yo diría que se está sumando a las filas de los expertos. El subtítulo del libro lo dice todo: "Porque odio que me digan qué hacer". A mí me consta que es cierto. La razón por la que se hizo millonaria es que quiere la libertad para vivir la vida a su manera.

El banco me da intereses

Alguno de ustedes dirá: "Bueno, mis ahorros me dan intereses". El problema con los ahorros, repito, es que es más lo que pierde el dólar como valor que el interés que genera. Con los ahorros tienes muy poco control sobre tu ingreso o sobre los rendimientos de tu dinero.

Es muy probable que quienes se retiren con ingreso fijo sufran el aumento de la inflación, lo que reducirá el valor de su dinero y sus ahorros.

Yo prefiero aprender a controlar mi ingreso y los rendimientos de mi dinero a darlo a un banco. Tengo algo de dinero ahorrado como reserva, pero no espero vivir de él.

Exhorto a las personas a adquirir una mentalidad de inversionista y no una de ahorrador. Si lo haces, dormirás mejor cuando seas mayor.

En conclusión

Si estás en la universidad, busca educación básica en contaduría y derecho mercantil. Una vez que termines la escuela, invierte algo de tiempo en convertir esa educación en experiencia. En teoría, aprender a controlar el flujo de efectivo del ingreso, los gastos, los activos y los pasivos suena fácil, pero en realidad no lo es. Convertir la teoría en experiencia resulta fundamental.

El derecho mercantil representa las reglas del juego. Todos los juegos tienen reglas, y los juegos profesionales siempre tienen un árbitro. Muchas veces he tenido problemas, pero no porque sea un criminal sino porque no conocía las reglas o porque tenía un asesor que no las conocía tampoco. Las reglas son importantes, y mientras más pronto las conozcas, mayores posibilidades tendrás de ganar el juego.

Si eres bueno para presupuestar y para controlar el efectivo que fluye a tu cuadro de activos, tendrás más posibilidades de ser rico. Si eres bueno para presupuestar y entiendes el control y el apalancamiento, podrás ser muy rico sin necesidad de un empleo bien pagado. Hay muchas personas que tienen empleos bien pagados pero que son pobres porque no saben cómo presupuestar ni apalancar y no tienen el control.

Así pues, toma cursos de contaduría y derecho mercantil. Un conocimiento elemental de estas materias te ayudará a elegir buenos contadores y abogados. (Por cierto, los adultos pueden hacer lo mismo en la escuela nocturna o en las universidades de su localidad. Y, sin importar la edad, cualquiera puede unirse a un Club de *CASHFLOW,* o formar uno, y tomar el control de su educación financiera).

El sitio de internet www.RichKidSmartKid.com, de The Rich Dad Company, pone a disposición de las escuelas herramientas para la educación financiera sin costo alguno. Es nuestra manera de hacer accesible este tipo de educación para todos los niños.

La opinión de Donald

Justo esta semana recibí una carta de un profesor de la Universidad Georgetown, quien conocía a mi hijo Eric y había sido su maestro durante la carrera. Eric se graduó hace un mes de la escuela de negocios, y aunque yo sabía que era un estudiante serio, debo decir que no sabía cuán dedicado era.

El profesor mencionaba que durante todos los años que había enseñado, Eric fue el único alumno que entregaba sus tareas una semana antes de lo requerido. La ética laboral de Eric también llamó la atención de todos sus demás maestros. También recibió un premio por excelencia en negociación y arbitraje (entre otros). El maestro decía que sin duda alguna se destacaba en la multitud, y no porque mida 1.95 metros. Por supuesto, me sentí muy orgulloso al saber de este desempeño excepcional.

Ya mencioné que para destacar hay que hacer más de lo que se espera de uno. Yo estudiaba en mi tiempo libre, y es exactamente lo que haría si estuviera de nuevo en la universidad. No importa qué estés estudiando; sea lo que sea, investiga más. Lee todo lo que puedas, aprende todo lo que puedas, todos los días.

Conocí a un estudiante de literatura que no sólo leía todos los libros requeridos y algunos más, sino que estudiaba por su cuenta los CliffsNotes. Le pregunté por qué lo hacía si ya había leído el libro (y, conociéndolo, leía todo minuciosamente). Él me contestó: "Así puedo comparar lo que ellos dicen con lo que yo pienso, y puedo montar en mi cabeza un debate entre las dos fuentes. Al final estoy familiarizado con la obra". No me sorprende que se haya convertido en un brillante y erudito abogado. Se preparó siendo escrupuloso y haciendo más de lo que se esperaba.

Exígete más. No te conformes con hacer "lo suficiente". El mundo actual es competitivo y se mueve tan rápido que deberás aumentar tu nivel de resistencia si deseas permanecer en la competencia o incluso participar en ella.

Además, la tecnología avanza y cambia constantemente, y también debes mantenerte al paso. Debes saber qué ocurre, y con todo lo que está sucediendo tienes un gran cometido.

Tu segunda gran tarea es mantenerte al tanto de los sucesos mundiales. No seas negligente a este respecto. Todos hemos oído del mercado global. Pues bien, ya está aquí, así que empieza a conectarte. Lee al respecto y mantente al día con los asuntos internacionales.

> No desatiendas tus habilidades para la vida, que deben incluir una dosis saludable de educación financiera.
>
> Donald J. Trump

En la última temporada de *El aprendiz* había un muchacho llamado Lenny, originario de Rusia. Una de las tareas para los aprendices consistió en componer un *jingle*. Pues bien, él nunca había escuchado hablar de ellos; no sabía qué era un *jingle*. Algunos no le creyeron, pensaban que estaba haciéndose el tonto, pero no era así, puesto que empezó a tararear y dijo que agregaría algunas campanas.

Intentaba comprender qué era un *jingle* pensando en el villancico "Jingle Bells" ["Suenen campanas"]. Debo darle crédito por haberse esforzado, pero esto demuestra la conveniencia de conocer algo antes de intentarlo.

Afrontémoslo: hay mucho que conocer en este mundo. Si estás en la universidad y quieres ser un jugador destacado en la arena mundial, presta atención y realiza un esfuerzo extra, todos los días. No esperes a que las oportunidades te lleguen.

Como dijo Louis Pasteur: "El azar favorece a las mentes preparadas".

En tercer lugar, no desatiendas tus habilidades para la vida, que deben incluir una dosis saludable de educación financiera. Tu inteligencia financiera puede tener un profundo impacto en tu calidad de vida, sean cuales sean tus intereses. No permitas que la ignorancia obstaculice o arruine tu proyecto de vida. Conviene pensar como un constructor y saber que cada centímetro de un edificio, o cada aspecto de tu vida, debe tomarse en cuenta. En la construcción no podemos ser desordenados ni decir: "Espero que todo salga bien". Eso es preparar el escenario para un desastre. Necesitamos saber.

Una de las razones por las que se me considera un gran constructor es que soy minucioso. La minuciosidad no es una posibilidad, es un requisito. No creas que la educación financiera es una posibilidad, a menos que quieras verte en graves problemas más adelante. Empieza por revisar tu situación financiera una vez a la semana. Considéralo algo tan necesario como lavar la ropa.

Finalmente, dedica un tiempo a determinar tus objetivos y concentrarte. Debes descubrir tus ambiciones y pasiones. Una buena pregunta que debes plantearte es:

¿Qué haría si no necesitara dinero?

Antes de ir a la universidad tuve que elegir entre el cine y los bienes raíces. Me interesaban ambos y antes de decidirme por Wharton consideré seriamente asistir a la Universidad del Sur de California a estudiar cine. Me encantan los bienes raíces y no me arrepentí de mi decisión, pero seguí cultivando mi interés por la industria del entretenimiento, lo que me preparó para cuando entré inesperadamente en ella años después. Presta atención a lo que te interesa y quizá ese interés sea recompensado más adelante.

Otra pregunta que puede ayudarte a concentrarte es: ¿Qué emprenderías si tu éxito estuviera garantizado? Tu respuesta puede ser descabellada, sensata o puede resultarte totalmente sorpresiva. Puedes guardarla para ti. Hace cien años, si alguien hubiera contestado: "Quiero caminar en la Luna", lo habrían considerado un loco. Hoy sabemos que en realidad era posible. Al afinar tu concentración tal vez descubras que tienes algo de visionario.

Para poner estas ideas en práctica necesitarás recursos, lo que nos lleva de nuevo a la inteligencia financiera y a las habilidades para la vida. Aprende sobre el dinero y sobre cómo puede trabajar para ti; entonces pon manos a la obra para que tus sueños se conviertan en tu realidad.

Capítulo 22

Soy adulto y no tengo mucho dinero, ¿qué debo hacer?

La respuesta de Robert

Para la generación de mis padres, la de la Segunda Guerra Mundial, las reglas para el éxito eran simples: "Ve a la escuela, consigue un empleo, trabaja duro y la compañía y el gobierno se harán cargo de ti cuando te jubiles". Ellos gozaban de aumentos de sueldo regulares y promociones porque la economía de Estados Unidos estaba en crecimiento, el petróleo era barato y éramos los líderes del mundo capitalista. Nuestro dólar era firme y después de la Segunda Guerra Mundial, muchos países nos debían dinero. Actualmente, casi todo se ha invertido.

Las reglas del dinero han cambiado. Como ya se ha mencionado, en 1971 nuestro dólar dejó de ser moneda y se convirtió en medio de cambio, lo que significa que el gobierno puede imprimirlo más rápido de lo que tú puedes ahorrarlo. El segundo cambio ocurrió en 1974, cuando las grandes corporaciones anunciaron a sus empleados que no se harían cargo de ellos de por vida.

En 1996 hubo otro cambio en la legislación conocido como Ley de Reforma de las Telecomunicaciones. Este cambio sigue afectando las reglas del dinero actualmente porque facilita que los negocios contraten trabajadores en China, India, Irlanda y el resto del mundo.

Cuando yo era niño, las únicas personas amenazadas por la competencia extranjera eran los obreros. Como sabrás, muchos trabajos de fábrica se fueron al extranjero. Después de la Ley de Reforma de las Telecomunicaciones de 1996, los empleos para oficinistas y profesionales también se fueron al extranjero.

Muchos centros de atención telefónica ya no están en Estados Unidos sino en países como India. Esto es porque la Ley de Reforma de las Telecomunicaciones permitió a compañías como Global Crossing, que ya no existe, tender kilómetros de fibra óptica por todo el mundo. Ahora es mucho más barato llamar a alguien en Asia o en Europa del Este que en otra ciudad de Estados Unidos.

Esta ley favorece a las personas de los cuadrantes D e I y afecta a muchos de los cuadrantes E y A. Muchos han padecido esta exportación de los empleos. Aunque ha ocurrido desde hace años, la ley de 1996 aceleró el proceso. Actualmente, este cambio afecta incluso a médicos, abogados y contadores.

En 2001 ocurrió algo más: China fue admitida en la OMC (Organización Mundial de Comercio). Una vez más, esto favorece a los cuadrantes D e I pero puede ser una amenaza para E y A.

Pedir un aumento

La consecuencia del Acta de Reforma de las Telecomunicaciones y de la admisión de China en la OMC es que pedir un aumento puede costarte el empleo. Seas obrero u oficinista, la persona que compite por tu puesto puede vivir a miles de kilómetros; en un momento en que la inflación sube, el precio de la gasolina sube y el costo de la vivienda está por las nubes.

Tal vez alguien diga: "Mi empleo es seguro. Soy maestro y alguien tiene que estar en el salón para enseñar". Sí, hay muchos empleos así, incluyendo los de policía, recepcionista, bombero, camarera, conserje, funcionario y otros; algunos empleos incluso están protegidos de los extranjeros. Pero recuerda: los obreros y oficinistas que están perdiendo sus puestos se convertirán en competidores locales para el tuyo.

Simplicidad o complejidad

Si eres adulto y no tienes mucho dinero, tienes dos posibilidades básicas:

1. Gasta lo menos posible.
2. Aumenta tus ingresos.

Dicho de otra manera:

1. Simplicidad.
2. Complejidad.

Tengo muchos amigos que han simplificado: sencillamente disminuyen su nivel de vida. Una pareja del sur de Arizona construyó su propia casa de adobe, por lo que no tiene hipoteca. Su casa está fuera de la red de suministro de servicios: tienen su propia fuente de energía solar, un pozo, crían ganado y están fuertemente armados. El marido tiene una pensión del ejército y va a la ciudad una vez al mes por lo imprescindible. Llevan una vida simple y son muy felices.

Muchos *baby boomers* van a vivir a México o Costa Rica en busca de esa vida simple a un costo menor.

Donald y yo hemos elegido una vida más compleja. Hacemos negocios 24/7 —las 24 horas los siete días de la semana— porque tenemos intereses en todo el mundo. Tenemos varias casas y estamos en comunicación constante con nuestro centro de operaciones y viajamos con frecuencia.

Kim y yo amamos nuestra vida. Tenemos amigos en todo el mundo y nuestro estilo de vida favorece las relaciones a distancia, sean personales o de negocios.

La vida de la mayoría de las personas se ubica entre estos dos extremos. Actualmente, cualquiera puede comprar fácilmente cien acres de terreno, desconectarse de la red de suministro y seguir en contacto con el mundo, y vivir el estilo de vida 24/7 si lo desea.

La razón por la que es importante elegir en este momento la simplicidad, la complejidad o ambas, es que cualquiera requiere tiempo, dinero y planificación. Conozco a muchas personas a quienes les gustaría desconectarse de la red de suministro y salir del bullicio de la vida actual, pero no tienen el tiempo necesario o los cien acres de tierra.

Como adulto debes saber qué estilo de vida quieres. Ninguno es bueno o malo, la cuestión es: empieza a planificar ahora antes de que sea demasiado tarde, especialmente si quieres vivir en tus cien acres de tierra o en una isla tropical. Te sugiero que empieces a buscar tu paraíso ahora. La vida es demasiado corta para no soñar en tu paraíso, sea cual sea el aspecto que guarde para ti. Hay cosas más importantes que el dinero.

Donald y yo no recomendamos el ritmo frenético de nuestras vidas, aunque nos encanta. Nosotros lo elegimos y queremos que tú elijas el tuyo.

Si no estás listo para retirarte al rancho o la playa y te atrae una vida más agitada y más rica en el aspecto financiero, tal vez necesites aumentar tu complejidad. Esto significa incrementar tu conciencia financiera del mundo que te rodea así como de tu mundo inmediato. Por ejemplo, cuando me levanto necesito saber cómo están los mercados de Asia y Europa. ¿Cuál es la relación del yen con el dólar? ¿Cómo está el petróleo? ¿Qué hay del gas natural, el oro, la plata y mis compañías en China y Sudamérica?

> La complejidad competitiva implica ser estudiante del mundo del dinero, las personas y los negocios 24/7/52.
>
> ROBERT T. KIYOSAKI

También significa libros y revistas de negocios como *Forbes, Fortune, TIME* y *The Economist,* sólo para mantenerse informado. Kim y yo siempre asistimos a talleres sobre inversiones y finanzas, no sólo para conocer personas sino para mantenernos al tanto de las ideas innovadoras y para encontrar nuevas tendencias de inversión. Complejidad significa conocer y realizar negocios con diversas personas. En el mundo de la empresa y las inversiones de gran apalancamiento puedes encontrar desde personalidades interesantes hasta bribones.

Nuestras vidas implican también estar en contacto con la prensa todo el tiempo. La prensa es buena con nosotros 90 por ciento de las veces, pero siguiendo la regla 90/10, 10 por ciento promete publicar un artículo justo sobre nosotros y termina por acuchillarnos por la espalda, miente en vez de decir la verdad, distorsiona en vez de informar. Como solía decir mi padre rico: "La libertad de expresión no implica que debas decir la verdad".

Para decirlo de manera simple, la complejidad competitiva significa ser estudiante del mundo del dinero, las personas y los negocios 24/7/52: 24 horas al día, los siete días de la semana, las 52 semanas del año. Para mí es como el domingo del Supertazón todos los días del año. No conozco juego más emocionante, frustrante, a veces decepcionante y gratificante. Si eres torpe, el juego recupera todo lo que habías ganado; si eres listo, el juego abre las compuertas y el dinero brota en borbotones hacia ti.

Dos extremos

Esos son los dos extremos. Estamos en un país libre y es tu elección. Yo hice la mía hace años cuando estaba en quinto grado y leía sobre los grandes exploradores como Colón, Marco Polo y Leif Erickson. Soñaba con seguir sus pasos por todo el mundo y es exactamente lo que he hecho. La diferencia es que ahora puedo revisar mis propiedades electrónicamente en menos tiempo del que tomó a Colón salir del muelle. El mundo actual es un mercado 24/7. Billones de dólares cambian de manos todos los días. Por eso me divierto cuando veo personas que buscan empleo, aumento de sueldo o se preguntan qué harán con unos pocos dólares extra. Obviamente, viven en un mundo distinto al mío. Actualmente, una persona puede vivir en el rincón más remoto del planeta y hacer negocios con el resto del mundo.

Quienes viven en un mundo libre tienen la posibilidad de elegir la clase de mundo en que desean vivir. En vez de enfadarme con la globalización, como hacen muchos, prefiero esforzarme para mantenerme a su paso. Hace poco supimos de los disturbios en Francia, con los cuales se exigía seguridad laboral. Los estudiantes querían que el gobierno legislara para que fuera imposible que las empresas despidieran a sus empleados. Aunque entiendo sus preocupaciones y su deseo de seguridad laboral, me temo que esos jóvenes no viven en esta nueva realidad.

Cuando la gente me pregunta qué debe hacer, le recomiendo viajar a Francia, luego a Nueva York y Los Ángeles, después a Hong Kong, Singapur, Shangai e India, en seguida a Dubai, Praga, Londres y Dublín, y luego volver a casa. Serán los mejores 25 mil dólares que podrían gastar.

Un amigo de Arizona que siempre toma sus vacaciones en Europa decidió seguir mi consejo y recorrió el mundo. A su regreso, todo lo que dijo fue: "Increíble. Me abrió los ojos. No puedo creer cuán rápido se mueve el resto del mundo. Hong Kong y Shangai me impresionaron. Si los trabajadores estadounidenses vieran cuán rápido trabajan los asalariados asiáticos, y por sueldos mucho menores, se darían cuenta cuán duro *no* están trabajando. Y en Europa, los ricos están en muy buena forma porque operan más globalmente que los estadounidenses. Pero muchos otros trabajadores europeos están en el medioevo. En vez de avanzar están retrocediendo". Así pues, viaja y observa la aceleración del mundo del dinero, conocida como globalización.

Ganar en las olimpiadas del dinero

A quienes empiezan sin nada y quieren ser ricos les sugiero que imaginen que quieren ganar una medalla olímpica de oro. Una vez establecido el objetivo de ganar la medalla, la siguiente pregunta es: ¿de cuál olimpiada, la de verano o la de invierno? Continúa con: ¿en qué disciplina, carrera de 100 metros, waterpolo, remo, patinaje artístico, esquí alpino, lanzamiento de martillo, tiro? Una vez que eliges la disciplina, estudia, practica, contrata un entrenador, participa en competencias menores y dedica tu vida a ganar.

Si no estás dispuesto a dedicar tu vida a ganar, dudo que tengas oportunidad de triunfar en las olimpiadas o de ser rico.

Recuerdo que las tres materias que reprobé en la escuela fueron inglés, mecanografía y contaduría. En la actualidad soy conocido principalmente como escritor, dedico la mayor parte de mi tiempo a mecanografiar y escribo sobre contabilidad. Aunque no soy muy bueno en ninguna de las tres actividades, estoy dedicado a ganar.

Evalúa los hechos

Si eres adulto, es momento de ser sincero contigo mismo y preguntarte: ¿estoy a la delantera del mundo o me estoy quedando atrás? Si te estás quedando atrás y prefieres estar ahí, empieza a simplificar tu vida. Tal vez necesites gastar lo menos posible, como recomiendan la mayoría de los asesores financieros.

Si decides sumarte a la globalización y ser más complejo, recomiendo dar los siguientes pasos:

1. Busca amigos, viejos o nuevos, o únete a un club de personas que piensen como tú.
2. Viaja más. Realiza viajes para aprender y madurar. Observa el mundo.
3. Lee los siguientes libros:

The World Is Flat, de Thomas Friedman
The Dollar Crisis, de Richard Duncan
A Whole New Mind, de Daniel Pink
The Coming Economic Collapse, de Stephen Leeb
The America We Deserve, de Donald Trump

Si no vas al paso, lee y estudia estos libros a la brevedad: te darán una visión interesante del mundo, una visión muy distinta a la que describen nuestros políticos y asesores financieros. Al estudiar estos libros, de preferencia en un grupo, verás más allá de los problemas de nuestro mundo; verás el nuevo mundo que está surgiendo y la infinidad de oportunidades que ofrece para que seas más rico de lo que jamás imaginaste.

En vez de vivir la vida como un avestruz, como la mayoría de las personas, tal vez prefieras volar como un águila y disfrutar la vida que sólo diez por ciento de la población conoce.

Frecuenta a personas que piensen como tú

En The Rich Dad Company nos complace ver que las personas han formado sus propios clubes de *CASHFLOW*. Un club de *CASHFLOW* es un grupo de personas que se reúne para jugar e invertir tiempo en su educación financiera. Estos clubes son independientes de The Rich Dad Company y se organizan por su cuenta.

Hay dos clases de clubes: los comerciales y los didácticos.

1. Los clubes comerciales de *CASHFLOW* se forman frecuentemente porque el fundador utiliza el juego *CASHFLOW* para presentar al grupo, pero también los productos que venden. Por ejemplo, una compañía de bienes raíces utiliza el juego como herramienta educativa, pero también para presentar a las personas el personal y los servicios de la compañía.

   Es importante recordar que estos clubes no están afiliados a The Rich Dad Company. Son totalmente independientes. Todo lo que pedimos a dichos clubes comerciales es que informen desde el principio a los nuevos miembros, antes de empezar el juego, acerca de su giro comercial.

   En The Rich Dad Company sabemos que la mayoría tenemos algo que vender; todo lo que pedimos es que se haga con respeto y profesionalismo.

2. Los clubes didácticos de *CASHFLOW* se forman principalmente con el propósito de enseñar a amigos y familiares los principios empresariales y de inversión que me enseñó mi padre rico.

   Recordarás que según el cono del aprendizaje, presentado anteriormente en el libro, una de las mejores maneras de aprender y recordar lo aprendido es hacerlo mediante el estudio de grupo, con juegos y simulaciones. Es lo que hacen los clubes de *CASHFLOW*. Es una manera de aprender juntos y también una buena manera de conocer amigos.

   Te recomendamos encarecidamente que inviertas tu tiempo antes de invertir dinero. Preferimos que aprendas a pescar, a que des tu dinero a vendedores de pescado. Por eso se forman clubes de *CASHFLOW* en los hogares, en las empresas durante la hora de comida, en las escuelas y en las iglesias.

Estos son los dos tipos básicos de clubes de *CASHFLOW*. Si quieres saber si hay uno en tu localidad, consulta nuestro sitio de internet, RichDad.com, donde hay un directorio de clubes. Si quieres formar uno, ponte en contacto con nosotros. Tenemos nuevos productos diseñados especialmente como guías y materiales de apoyo para los clubes *CASHFLOW*.

En conclusión

Si decides vivir en el complejo mundo de la sociedad global, te recomiendo que aprendas las siguientes materias:

1. *Inversión fundamental.* Es la habilidad para leer números. Si vas a invertir en negocios, bienes raíces o acciones, es imprescindible

que sepas leer los números. Son parte importante de la educación financiera.

CASHFLOW 101 fue diseñado para enseñar los elementos primordiales de la inversión basada en el análisis fundamental.

2. *Inversión técnica.* La inversión técnica es esencial en el mundo volátil de nuestros días. Implica saber cómo invertir cuando los mercados van a la alza y cuando van a la baja. Un inversionista técnico sabe ganar dinero sin importar la dirección en que se mueva el mercado.

Sobre todo, la inversión técnica es esencial para enseñar a los inversionistas a invertir con aseguramiento. Como he dicho muchas veces, los inversionistas profesionales invierten con aseguramiento, los aficionados no. Una de mis preocupaciones respecto a los fondos de inversión es que además de que no puedes conseguir préstamos para comprarlos, tampoco puedes comprar seguros contra un *crack* bursátil.

CASHFLOW 202 fue diseñado para enseñar los pormenores de la inversión técnica.

Insisto: si no tienes dinero para comprar estos juegos, simplemente consulta RichDad.com y busca un club de *CASHFLOW* cerca de tu localidad. La mayoría de ellos tienen los juegos y las versiones electrónicas para que puedas practicar, desafiar, conocer y jugar con personas que piensan como tú en todo el mundo.

Lo más importante es que invertirás tu tiempo sin poner en riesgo tu dinero. Cuando sientas que has aprendido lo básico de las inversiones fundamental y técnica, puedes aventurarte e invertir pequeñas cantidades de dinero. Si estudias y practicas con esmero, pronto estarás viajando por el mundo, física y electrónicamente, practicando el juego más emocionante del mundo: el juego del dinero.

La respuesta de Donald

Te sugiero que analices a profundidad tu estilo de vida y la clase de persona que eres. ¿Te gusta la simplicidad? ¿Te gusta la complejidad?

Para mí, el dinero es como la salud. La salud es muy importante para nuestro bienestar. Puedes tener montones de dinero, pero si no tienes buena salud, no te sirve de mucho. El dinero tiene sus limitaciones. Lo digo para que valores lo que tienes.

Si no tuviera dinero pero gozara de buena salud, sé que podría empezar de cero siendo diligente y paciente. El esmero es necesario para incrementar tu IQ financiero diariamente mediante la lectura de publicaciones financieras y el conocimiento de lo que ocurre en el mundo. La paciencia es necesaria para saber que las cosas requieren tiempo, esfuerzo y reflexión.

Me aseguraría de que mis ideas para ganar dinero estuvieran basadas en un análisis de la realidad. Conforme envejecemos ponemos más en juego, con menos libertad de cometer errores graves, aunque también tenemos más experiencia para apoyarnos y tomar decisiones.

Allen Weisselberg, mi gerente de finanzas, me comentó que cuando era un joven maestro recién egresado de la universidad, iniciaba sus lecciones presentando a los alumnos algo que ya conocieran antes de exponerles lo nuevo. Le preocupaba especialmente que los estudiantes de bachillerato no tuvieran conocimientos sobre dinero, lo que le hacía desconfiar de sus conocimientos para la vida en general. Finalmente ideó una manera de hacerles llegar su mensaje. Les preguntó si les gustaba ir de compras. A todos les gustaba. Luego, cuánto dinero representaba 15 por ciento de descuento en unos *jeans*. ¡Le contestaron que el cajero lo calcularía!

Después les preguntó qué pasaría si el cajero no calculara correctamente el descuento. ¿Sabrían ellos la cantidad correcta para corregirlo? Y si no la supieran, ¿cómo sabrían si los están

> El esmero es necesario para incrementar tu iq financiero diariamente.
>
> Donald J. Trump

estafando o no? Pues bien, a los muchachos no les gustó la idea de que los estafaran, así que empezaron a calcular la cantidad correcta. Él les dijo que ese ejemplo les ayudaría a estar preparados o al menos alerta ante lo que ocurría a su alrededor.

Esta lección vale para los adultos. Debemos dedicar tiempo a comprender las cosas por nuestra cuenta o terminaremos a merced de personas que voluntaria o involuntariamente tienen prioridades que no son las que nos convienen a nosotros.

Evalúa tus habilidades, intereses, emplazamiento, inclinaciones, y concéntrate en cambiar tu situación. Mantente abierto a ideas que normalmente no albergarías. Observa que las oportunidades se presentan en empaques diferentes y que muchas cosas maravillosas han llegado después de tiempos difíciles. Tal vez sea poco probable, pero puede ocurrir.

Hagas lo que hagas, no te rindas. Valora lo que tienes y aprovéchalo. Todos tenemos algo que ofrecer, cada persona es única y, como ya dije, yo no acepto excusas. En lo que se refiere a tu vida y al bienestar de tus seres queridos, tú tampoco deberías aceptarlas.

Capítulo 23

Soy un *baby boomer* y no tengo mucho dinero, ¿qué debo hacer?

La respuesta de Robert

La generación *baby-boom,* nacida entre 1946 y 1964, fue muy afortunada en muchos sentidos. Nació justo cuando Estados Unidos se convirtió en el principal poder militar y económico del mundo, pero ahora es testigo del declive financiero, aunque no militar, de este país.

La generación *baby-boom* es la última de la Era Industrial y la primera de la Era de la Información. Es una generación de transición, y esto provoca una división amplia entre los *boomers* que tienen dinero y los que no lo tienen.

Envejecer no es sencillo para los *boomers* que vivieron según las reglas y valores de la Era Industrial. Al terminar la escuela, muchos de ellos entraron a trabajar en empresas de la Era Industrial, como las automovilísticas y las aeronáuticas; hoy en día enfrentan grandes retos financieros en estas industrias, justo cuando están a punto de retirarse.

Los *boomers* que adoptaron las reglas y valores de la Era de la Información tienen mayores posibilidades de envejecer con dignidad y jubilarse en la opulencia. Mientras los *boomers* de las industrias

> Muchos permitimos que el miedo y no el amor dirija nuestras vidas. Por ejemplo, hay quienes trabajan no porque amen lo que hacen sino porque temen ser despedidos o no ganar suficiente dinero. Otros invierten debido al mismo temor: no tener suficiente dinero. Y muchas personas son infelices porque no están enamoradas.
>
> Robert T. Kiyosaki

automovilística y aeronáutica están sufriendo, a quienes trabajaron para compañías como Microsoft y Apple les ha ido muy bien.

Conforme este grupo envejece, la diferencia de riqueza entre *boomers* de la Era Industrial y *boomers* de la Era de la Información se hace cada vez más grande. Su situación en los próximos años dependerá de las reglas del dinero que hayan seguido: las de la Era Industrial o las de la Era de la Información.

Justo cuando la primera oleada de *baby boomers* salía de la universidad, el mundo comenzó a cambiar. Primero fue la guerra de Vietnam, un conflicto costosísimo que dividió y casi desgarró a nuestro país. Luego, en 1971, Estados Unidos se apartó del patrón oro; en 1973 llegó la primer crisis petrolera, y en 1974 se aprobó ERISA.

En 1971, justo cuando los primeros *baby boomers* estaban terminando la universidad, la onza de oro valía 35 dólares; hoy vale 700 dólares. Esto muestra en qué medida el dólar ha perdido su poder de compra.

En 1971, muchos *baby boomers* estaban casándose y comprando casas. En 1968, mi padre pagó 50 mil dólares por su casa. Hoy, la misma casa vale casi dos millones. Aunque este aumento de valor beneficia a los *baby boomers,* dificulta a sus hijos y nietos la compra de una casa propia. Algunos *baby boomers* tienen dificultades para que sus hijos dejen la casa paterna.

Muchos *baby boomers* no cuentan con pensiones debido a los cambios iniciados en 1974. Muchos no tienen los planes de pensión de prestación definida que tenían sus padres, y si los tienen, muchos de esos planes están en dificultades. Sin instrucción financiera por parte de la escuela, no entendieron la diferencia entre los planes de prestación definida, los planes de ahorros y los planes de pensión de sus padres. Millones simplemente dieron su dinero a "expertos financieros" e ignoraban por completo lo que ocurría con su dinero. En 2000, la caída de la bolsa hizo que muchos de ellos se dieran cuenta de que no tendrían seguridad una vez jubilados. Muchos descubrieron que sus "expertos" tenían menos instrucción financiera que ellos.

En 2006, después de comprar SUVs de alto consumo de gasolina, los *boomers* enfrentaron una crisis petrolera, esta vez auténtica y no fraguada por motivos políticos. En 1973, el barril de petróleo valía tres dólares; ahora se espera que alcance 100 dólares o incluso supere esa suma en el futuro inmediato.

El incremento en el precio del petróleo significa que quienes viven con ingresos fijos podrán comprar cada vez menos. ¿Qué pasará con sus ahorros para el retiro si el precio de la gasolina sube a diez dólares el galón?

Ya todos sabemos lo de seguridad social y Medicare. Espero que ningún lector de este libro cuente con que el gobierno se hará cargo de ellos.

Se estima que 80 por ciento de los *baby bommers* no tiene lo suficiente para un retiro holgado. Muchos están en problemas simplemente porque siguieron los planes financieros de sus padres.

Simplemente seguiré trabajando

Algunos *boomers* amigos míos dicen que simplemente seguirán trabajando. Aunque trabajar es una manera excelente de mantenerse vivo y
activo, pensar que se puede trabajar por siempre es un poco obtuso.
¿Qué ocurrirá cuando tu condición física te lo impida? El costo de
los servicios de enfermería en casa es exorbitante. ¿Y qué ocurrirá si
tus hijos no tienen una habitación libre para ti?

Salud, riqueza y felicidad

Mientras estaba en la academia comprendí que mi padre había sido
un hombre verdaderamente exitoso. Después de todo, era superintendente de educación, se le reconocían sus servicios y sus colegas lo
respetaban. Sin embargo, no gozaba de salud, riqueza ni felicidad.

La salud de mi padre se deterioraba porque fumaba entre dos y
tres cajetillas de cigarrillos sin filtro todos los días. Al final, murió
por cáncer pulmonar.

No tenía riqueza. Había ganado mucho dinero pero gastaba en la
misma medida. Intentó ahorrar pero no invirtió. Creo que esperaba
que su pensión de maestro, seguridad social y Medicare se hicieran
cargo de él.

Tampoco era feliz. Mientras más éxito tenía, más sufría las consecuencias de la creciente presión. Pocas veces estaba en casa. Aunque
practiqué deportes la mayor parte de mi vida, él no presenció ninguno de mis juegos. Siempre estaba trabajando, visitando escuelas por
todo el estado y asistiendo a reuniones de asociaciones de padres y
maestros. Por lo mismo, no tenía tiempo para asistir a las reuniones
de la asociación de padres y maestros de sus propios hijos.

La salud y la riqueza se miden en tiempo

Aunque es posible medir la salud y la riqueza, la felicidad es menos cuantificable. Cuando vamos al médico nos toman muestras de sangre, nos miden la presión sanguínea y actualmente nos someten a estudios de resonancia magnética. Así, la salud es más o menos cuantificable. Lo mismo ocurre con la riqueza. Cuando un banco quiere saber si debe prestarte dinero o no, lo primero que hacen es pedirte una solicitud de crédito o un estado de cuenta.

La salud y la riqueza también se miden en tiempo. Por ejemplo, si estás enfermo y el médico te dice: "Te quedan seis meses de vida", tu salud no es nada buena. Si la expectativa promedio de vida es de 75 años y tienes 60, el tiempo se te está agotando.

La revista *Forbes* definió al "rico" como la persona que tiene un ingreso de un millón de dólares al año. Así, ser rico se mide en dinero y la riqueza se mide en tiempo. Por ejemplo, si tienes diez mil dólares ahorrados y tus gastos mensuales son de mil dólares, tu riqueza es de diez meses.

Definición de pobre

En el conocido programa financiero de la televisión *CNBC*, el comentarista informó que se había encontrado con el directivo de una conocida institución financiera. Aunque mencionó el nombre de esa famosa empresa de correduría bursátil, yo no lo haré simplemente porque no vi en persona el informe. En fin; el comentarista dijo: "El memo de la compañía definía a una persona pobre como la que no tiene al menos 100 mil dólares en efectivo para invertir".

¿Puedes creerlo? Eso significa que, según el informe de esa compañía, la mayoría de los estadounidenses son pobres.

Cuando hablé con un amigo que había trabajado para esta institución, él corroboró la información y agregó: "El criterio de los 100 mil dólares lo utilizan no sólo para aceptar clientes sino también para contratar". Me explicó que a la compañía no le interesaba la educación universitaria ni la experiencia de los aspirantes; para ser contratados, éstos debían escribir una lista de conocidos que tuvieran más de 100 mil dólares para invertir. Si tu lista era extensa obtenías el empleo; si no, te rechazaban.

De vuelta a la salud, la riqueza y la felicidad

Menciono la relación entre salud, riqueza y tiempo porque muchas personas tienen más salud que riqueza... y no están muy felices por ello. Si por fortuna tienes riqueza y salud, no sólo puedes vivir más; puedes vivir más y mejor que quienes no tienen salud ni riqueza. Con los avances de la ciencia es imposible predecir qué impacto tendrá la medicina del futuro sobre la salud, si tienes la riqueza necesaria para hacer uso de ella.

¿Cuál es tu opinión?

En mi opinión, la salud es la más importante de las tres. Si estás muerto, la salud y la felicidad pueden ser irrelevantes. El problema es que muchas personas sacrifican unas por otras. Por ejemplo, sacrifican su salud por la riqueza o su felicidad por la riqueza. Todos conocemos a personas que trabajan duro y tienen riqueza pero no cuidan su salud, o que, como mi padre, trabajan duro por dinero y una posición, pero sacrifican salud, riqueza y felicidad.

Las tres son importantes, en especial si eres un *baby boomer* sin mucho dinero y el tiempo se te está agotando.

Éstas son mis sugerencias:

1. *Si no estás haciendo lo que amas, empieza a hacerlo, aunque sea en tu tiempo libre.* Por ejemplo, tengo un amigo funcionario que odia su trabajo pero ama el golf. Cada sábado va al campo de golf de su comunidad y ofrece sus servicios de manera gratuita. Trabaja en la tienda, enseña y ayuda en los torneos. Sólo le faltan unos pocos años para retirarse, pero como ha hecho muchos amigos en el campo de golf, tiene la oportunidad de dedicarse de tiempo completo a este deporte una vez que se jubile.

2. *Empieza a invertir en lo que amas.* Advierte de nuevo la palabra "amas". Sé que muchos han oído que deben trabajar en lo que aman. Pues bien, para invertir es lo mismo. Muchos invierten su dinero en cosas que desconocen por completo, que no les interesan y que no aman.

   Yo invierto sólo en lo que amo. Amo los bienes raíces. Mi esposa, Kim, me dice: "No hay edificio o terreno que no te encante". También amo el petróleo porque trabajé en esa industria cuando estaba en la academia. Lo entiendo. También amo el oro y la plata. Si leíste *Padre rico, padre pobre,* recordarás que a los nueve años intenté acuñar monedas de plata a partir de plomo (actividad conocida también como falsificación).

   Si amas aquello en lo que inviertes, hay mayores posibilidades de que estudies la materia, conozcas los pros y contras, y entiendas sus pormenores. Y mientras más informado estés sobre tus inversiones, más probable será que elijas las que te harán ganar dinero.

3. *Contrata a un entrenador.* En 2005 vi una fotografía de Kim y yo en Hawai. Me impresionó cuán gordo estaba. Parecía un globo. Siempre supe que era pesado, pero me engañaba pensando que no era tan gordo como otras personas y que con sólo ponerme a dieta recuperaría mi peso. Llevo diciéndome esas mentiras alrededor de 25 años.

La impresión que me produjo aquella fotografía me puso en acción. No fue el temor a morir sino el temor a perder tiempo de estar con Kim. No fue miedo, fue amor. Tenía mucho por qué vivir.

También supe que no tenía la fuerza de voluntad para hacerlo por mí mismo. Me había mentido durante 25 años. Necesitaba un entrenador, un mentor, alguien a quien rendir cuentas y me obligara a hacer lo que yo no tenía la disciplina para hacer por mi cuenta.

Un año después pesaba 50 libras menos, pero sobre todo, mi porcentaje de grasa corporal bajó de 36 a 20 por ciento. Para lograrlo tuve que reinventarme.

Los cambios comienzan en la cabeza. Observa de nuevo el siguiente diagrama:

PENSAMIENTOS ➤ ACCIONES ➤ RESULTADOS

Sabía que debía cambiar mis pensamientos y reeducarme en el tema de la salud.

Actualmente, cuando me preguntan cómo logré bajar de peso (qué clase de dieta seguí, qué ejercicios practiqué), respondo que lo más importante no es lo que hice sino que cambié mi manera de pensar.

Ahora como más que nunca. Me divierte ver cómo mis amigos se sorprenden al ver cuánto como.

Si eres un *baby boomer* sin mucho dinero y tu tiempo se está agotando, es momento de cambiar tu vida. Si puedes, contrata un entrenador que te asista, alguien con experiencia que te ayude a reinventar la parte de tu vida que requiere atención.

La felicidad es la clave

El amor es la clave para una vida de salud, riqueza y felicidad. Es más fácil ser saludable si eres feliz. Es más fácil tener riqueza si eres feliz. Y es más fácil ser feliz si amas lo que haces.

Muchos permitimos que el miedo y no el amor dirija nuestras vidas. Comprométete contigo mismo a permitir que el amor dicte lo que harás a continuación. Tienes mayores posibilidades de tener salud, riqueza y felicidad si tus pensamientos y actos están basados en el amor.

El amor no facilita las cosas

Hay quienes creen que hacer lo que amas, invertir en lo que amas o adquirir riqueza a partir del amor significa que las cosas serán fáciles. El amor no es fácil y a veces puede ser doloroso. Muchas personas dejan de amar (a su trabajo, a una persona, a un lugar... puede ser cualquier cosa) porque les resultó doloroso. ¿Cuántas veces hemos oído a alguien decir: "No volveré a amar"?

Tal vez el amor no facilita la vida pero le da sentido.

El amor es espiritual aunque algunas veces resulta doloroso. Cada vez que estoy sufriendo en el gimnasio y quiero renunciar, simplemente pienso en Kim y encuentro la fuerza para seguir adelante. Dos horas de dolor representan una vida más larga y feliz con la persona que más amo, así que aguanto el dolor. Lo mismo ocurre con el trabajo y las inversiones. Si no fuera por el amor, no podría superar el dolor y la frustración que frecuentemente se presentan en el trabajo y las inversiones. Quien diga que el amor es fácil obviamente no ha amado nunca.

Un comentario sobre el *coaching*

The Rich Dad Company cuenta con un equipo bien entrenado de *coaches* profesionales. Si buscas a alguien que te ayude a definir tus objetivos financieros y a responsabilizarte de ellos, consulta a richdad. com y conoce más sobre nuestro programa de *coaching*.

Un comentario final a los *baby boomers*

Para nosotros, los *baby boomers,* ésta es una época emocionante para vivir, y se avecinan tiempos más emocionantes todavía. Que disfrutes muchos años más de salud, riqueza y felicidad.

La respuesta de Donald

Yo me preocuparía. Las cosas no pintan bien en este país para quienes tienen 60 años, a menos que tengan lo suficiente para sostenerse los siguientes 35 años, tomando en cuenta la inflación, el precio de la gasolina y el costo de servicios médicos.

No es que los *baby boomers* hayan sido un grupo indolente —han logrado grandes cosas— pero como dice Robert, si no entraron en la Era de la Información a la mitad de su vida, se han quedado atrás en muchos aspectos. Yo pensaría muy seriamente sobre el futuro. Tal vez pienses: "Pero siempre hemos actuado igual", y lo creo, pero el futuro es totalmente distinto del que se esperaba hace unas pocas décadas.

Dicho esto, y pensando en lo que sugirió Robert, debo decir que una dedicación renovada resulta de la mayor importancia. Empezar de cero no es fácil, pero si lo consideras un reto que puedes superar ya habrás realizado la mitad del trabajo.

Muchas veces ayuda pensar en situaciones peores que las que nosotros enfrentamos como individuos y ciudadanos. Tal vez estés pasando por tiempos difíciles pero no es una hecatombe. Ahora recuerdo mi teoría de "inconveniente *versus* catástrofe". En otras palabras, no pierdas la perspectiva de las cosas y conservarás el equilibrio.

Un aspecto positivo a propósito de la edad es que ya has sobrevivido por 60 años. Eso es un logro por sí mismo. La experiencia da sabiduría, así que llevas ventaja. Tu estrategia deberá incluir ver el futuro desde un ángulo diferente al que tenías a los 25 años.

Aquí es donde entra la creatividad. Todos sabemos que las dificultades y contratiempos pueden guardar oportunidades. Si ves tu situación desde este punto de vista y te concentras en buscar esas oportunidades, tus problemas pueden convertirse en un futuro mejor al que esperabas en primera instancia. Puede ocurrir. Hago hincapié en la importancia de concentrarte en los aspectos positivos de tu situación por un buen motivo: es el factor principal que te permitirá triunfar.

Conozco a una pareja que por diversos motivos perdió su negocio cuando tenían alrededor de 60 años. Representaba el trabajo de toda su vida y su medio de subsistencia para cuando se retiraran. No hace falta decir que estaban preocupados por su situación. Decidieron ir a la estación de esquí donde habían pasado muchas vacaciones maravillosas, tanto en temporada de esquí como fuera de ella. Siempre habían deseado vivir en esa zona una vez retirados. Se hospedaron en la posada donde acostumbraban alojarse, y mientras discutían lo que debían hacer respecto a su situación se presentó una oportunidad con los dueños de la posada. Éstos debían salir de la ciudad debido a una emergencia familiar y pidieron a la pareja cuidar la posada a cambio de una estancia gratuita. La pareja accedió, y para no hacer el cuento largo, les pidieron trabajar ahí como gerentes de tiempo completo. Poco después, la pareja compró la posada. Terminaron con un nuevo negocio que aman y vivieron donde siempre habían deseado. Esto fue mejor que lo que habían planeado y también tuvieron gran éxito económico.

Éste es sólo un ejemplo de cómo los contratiempos pueden generar oportunidades. Hay millones de historias como ésta y no hay razón para que la tuya sea distinta. Observa que esta pareja fue a un lugar que disfrutaban y amaban. Fue inteligente de su parte ir a un sitio que les traía recuerdos positivos para llenarse de energía positiva. Si conoces un lugar así, mantenlo en mente. Puede haber una buena razón por la que lo recuerdes con cariño y quizá sea importante en el futuro.

También conviene preguntarte por qué te gusta cierto lugar. A veces es evidente: es hermoso, representa la época de vacaciones, es romántico o lo que sea. Pero si te lo preguntas una y otra vez encontrarás algo que puede abrirte las puertas de una nueva idea o una nueva profesión.

> No te subestimes ni subestimes tus posibilidades.
>
> Donald J. Trump

También creo que el retiro no siempre es lo mejor. Mi padre decía: "Retirarse es expirar", pues su trabajo lo energizaba. En muchos casos, parece que mantenerse activo prolonga la vida. Quizá tu "contratiempo" dé lugar a una vida más larga y feliz. Quizá tengas más que hacer, y quizá hacer más te dará la satisfacción que el retiro no podría darte. En ocasiones, nuestros planes se desbaratan por una buena razón.

Todos hemos oído de personas que pierden un vuelo y se molestan porque sus planes se trastornan, y después se enteran de que el avión cayó. También de personas que se han salvado del desastre por muy poco en toda clase de situaciones. No seas uno de esos que están a punto de alcanzar el éxito u obtener una segunda oportunidad y no lo hacen porque se rehúsan a considerar las opciones.

Cambiar de dirección con base en nuestros objetivos es importante aunque no estemos en una situación apremiante que nos obligue a ello. Robert y yo creemos firmemente que para alcanzar el éxito debes amar lo que haces. Él aconseja también invertir en lo que amas, justo lo que hizo la pareja en la posada. Ellos tuvieron un presentimiento y fueron al lugar que amaban para energizarse, y fue lo que ocurrió. Eso es predicar con el ejemplo.

Si eres un *baby boomer* y no tienes mucho dinero ahora, agradece la vida que has llevado. La vida tiene todavía muchas aventuras guardadas para ti. No te subestimes ni subestimes tus posibilidades. Ya sea que tengas seis o 60 años, hay muchas oportunidades allá afuera. La buena vida no termina hasta que renuncias a ella.

Quiero terminar con una cita de Steve Forbes que lo dice todo. Steve escribió esto hace unos años en su libro *A New Birth of Freedom*, y es un comentario agudo y pertinente:

La auténtica fuente de riqueza y capital en esta nueva era no son las cosas materiales; es la mente humana, el espíritu humano, la imaginación humana y nuestra fe en el futuro. Ésta es la magia de una sociedad libre: todos pueden avanzar y prosperar porque la riqueza surge del interior.

Capítulo 24

YA SOY RICO, ¿QUÉ CONSEJO TIENEN PARA MÍ?

La respuesta de Robert

Si eres rico, agradece lo que tienes, pero recuerda que el dinero puede ser una bendición o una maldición.

Para la mayoría, ganar dinero es un problema. Si tienes mucho, el problema puede ser conservarlo. Los ganadores de la lotería, estrellas de cine, deportistas profesionales y herederos de fortunas pierden su dinero porque conservarlo puede ser un trabajo tan duro como ganarlo. Te conviertes en blanco de personas que lo quieren. En el tablero del juego *CASHFLOW* (*ver página siguiente*) se ven las tres clases de inversionistas:

1. *La carrera de la rata.* Es donde se encuentra la mayoría de las personas. Si invierten, lo hacen principalmente en activos en papel como ahorros, acciones, bonos y fondos de inversión.
2. *Negocios chicos y negocios grandes.* Aquí es donde la mayoría adquiere su educación financiera. Algunos logran salir de la carrera de la rata.
3. *La vía rápida.* Fue creada en 1933 por Joseph Kennedy, padre del presidente John Kennedy. Se creó para inversionistas ricos con

educación financiera y experiencia. El problema es que muchos ricos no tienen educación financiera y pierden su fortuna por culpa de promotores sin escrúpulos que explotan a quienes tienen dinero.

NEGOCIOS CHICOS Y
NEGOCIOS GRANDES

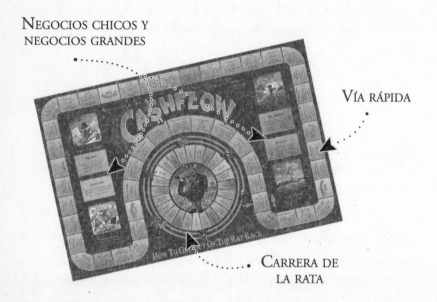

VÍA RÁPIDA

CARRERA DE
LA RATA

Hay dos clases principales de ricos: 1) los que ganaron su dinero y tienen la educación financiera y la experiencia requeridas para invertir en la vía rápida, y, 2) quienes tienen mucho dinero pero poca o ninguna educación financiera y experiencia.

Quienes se han hecho a sí mismos sienten menos temor de perder su dinero porque saben que pueden recuperarlo. Quienes obtuvieron su dinero por otros medios tienen dos posibilidades, las mismas que tienen quienes no tienen dinero: aprender o dar su dinero a un profesional competente y confiable.

Todos los años leemos sobre estrellas de cine o de los deportes que pierden todo por culpa de promotores sin escrúpulos. También sobre ancianos ricos cuyos parientes o cuidadores de confianza les roban. Es una historia frecuente. Y todos hemos oído de personas que se casan y pierden su dinero. Una de las historias más tristemente célebres de los últimos tiempos es la de Anna Nicole Smith, quien a los 26 años de edad se casó con un hombre 63 años mayor. ¡Sin duda fue por amor! Asimismo, Paul McCartney, después de cuatro años de matrimonio, enfrenta un divorcio sin acuerdo prenupcial que puede resultar muy costoso para cuatro años de dicha.

Invertir en la vía rápida

El inversionista promedio cuenta con la Comisión de Valores y Bolsas (SEC, por sus siglas en inglés), la cual examina las inversiones e investiga a los promotores de inversión. Sin embargo, para quienes invierten fuera de la carrera de la rata hay menos protección.

Para los negocios chicos, los negocios grandes y la vía rápida, la educación, la experiencia, la confiabilidad y la integridad resultan esenciales. Si tú o tus asesores carecen de educación, experiencia, confiabilidad o integridad, mejor sigan con los activos en papel supervisados por la SEC.

Pero si cumples los requisitos, invertir en la vía rápida puede ser de lo más emocionante, rentable y divertido. La vía rápida es donde Donald y yo invertimos; es la única que nos interesa.

Ejemplos de negocios de la vía rápida

Los siguientes son negocios que he realizado en la vía rápida:

1. *Al iniciar un negocio como empresario y buscar fondos con inversionistas. Debo ser muy cuidadoso de que los inversionistas con los que hablo sean calificados, acreditados.*

   La definición de inversionista calificado, acreditado, es:

   > Persona que de manera individual (o juntamente con un cónyuge) tiene un capital neto que supera el millón de dólares; persona que tiene ingresos que han superado los 200 mil dólares durante los últimos dos años y que tiene la expectativa de igualar dicho ingreso en el año en curso; o persona que tiene juntamente con un cónyuge ingresos que superan los 300 mil dólares en los periodos mencionados.

   Mi compañía minera en China es un ejemplo de este tipo de inversión, y ha hecho millonarios a muchos de mis inversionistas.

   Como ya sabes, también fundé una compañía petrolera que nunca encontró petróleo, y mis inversionistas perdieron la mayor parte de su dinero. Lo bueno es que algunos que participaron en la compañía petrolera también lo hicieron en la compañía minera de China.

2. *Asociación en bienes raíces.* Kim y yo somos socios en varios proyectos importantes de bienes raíces, proyectos como edificios de 300 apartamentos, comerciales y de oficinas. Kim y yo no somos auténticos promotores inmobiliarios como Donald Trump. Simplemente somos los socios que aportan el dinero a los promotores. Nunca hemos perdido dinero en ninguna asociación de bienes raíces... y toco madera. La clave es asociarse con personas honestas y experimentadas.

3. *Asociación en petróleo y gasolina.* Hay muchas razones por las que me gustan el petróleo y la gasolina:

> FLUJO DE EFECTIVO: si tienes suerte recibes dinero cada mes, tal como ocurre con los bienes raíces.
>
> VENTAJAS FISCALES: si invierto 100 mil dólares en una asociación dedicada al petróleo y la gasolina, Hacienda me permite deducir aproximadamente 70 mil dólares de mis impuestos. Si mi tasa impositiva es de 50 por ciento, esto es como recibir 35 mil dólares del gobierno en flujo de efectivo o para destinarlo a mi inversión.

La otra ventaja fiscal es que por cada dólar que reciba del petróleo y la gasolina, el gobierno me permite una deducción de 15 por ciento adicional (conocida como desgravación por agotamiento de depósitos). Esto significa que pago impuestos por sólo 85 por ciento de los ingresos que recibo del petróleo y la gasolina.

4. *Fondos de inversión privados.* Son los fondos de inversión para los ricos. En general, un fondo de inversión privado se conforma alrededor de un grupo de inversionistas con un excelente historial. Ellos invierten en toda clase de instrumentos, como negocios y adquisiciones grandes de bienes raíces.

En general, el efectivo requerido es mayor que en los fondos de inversión. Uno en el que participé requería un millón de dólares. En menos de tres años recuperamos nuestro dinero más 40 por ciento

> Si no estás haciendo lo que amas, empieza a hacerlo, aunque sea en tu tiempo libre.
>
> ROBERT T. KIYOSAKI

de rendimientos. El monto requerido y los rendimientos varían según el grupo de inversión al que confíes tu dinero.

5. *Fondos de protección.* Se diferencian de los fondos de inversión en que se valen del apalancamiento (dinero prestado) y no están restringidos en cuanto a las inversiones ni a los métodos de inversión. Mi experiencia ha sido variopinta en ellos. Como siempre, su éxito depende principalmente de la manera en que se administra.

6. *Derivados.* El mundo de los derivados es uno que pocas personas conocen, aunque nos conciernen a todos. Warren Buffett dice que los derivados son "armas de destrucción masiva".

No conozco mucho sobre este tipo de inversión, pero sí sé qué es un derivado. Un derivado es algo que procede de otra cosa. Por ejemplo, el jugo de naranja es un derivado de la naranja. Una hipoteca es un derivado de los bienes raíces. Creo que la razón por la que a Warren Buffett le preocupan los derivados es que muchas personas, incluso relacionadas directamente con ellos, no los entienden cabalmente, y son instrumentos apalancados con esteroides. Si hubiera una falla en el sistema, el mundo del dinero se colapsaría como un castillo de naipes.

Un amigo me lo explicó de esta manera: "Es como ser desempleado, pedir prestado para invertir en algo, y usar dinero prestado como garantía para ese préstamo". Esto es lo que hacen quienes hipotecan su casa para pagar sus tarjetas de crédito y siguen usando las tarjetas. Si esto es el misterioso mundo de los derivados, tal vez efectivamente este mundo de finanzas globales sea un castillo de naipes... o de tarjetas de crédito.

En conclusión

Si eres rico, tu trabajo es conservar tu dinero y, si es posible, multi-plicarlo. Sin importar lo que hagas, es muy importante que cuentes con lo siguiente:

1. Testamento
2. Plan del patrimonio
3. Plan en caso de incapacidad
4. Acuerdo prenupcial si vuelves a casarte

La respuesta de Donald

En primer lugar te diría: siéntete agradecido por ser rico; en segundo lugar: ten cuidado; y por último: diviértete mucho.

Es lo que yo hago. En este momento estoy en Los Ángeles en el hotel Beverly Hills con mi hermosa esposa, Melania, y nuestro bebé, Barron, y nos estamos divirtiendo mucho. El clima, las instalaciones y la comida son fantásticos, y Alberto del Hoya nos atiende muy bien.

Estoy aquí parra grabar la sexta temporada de *El aprendiz*. Mark Burnett y su esposa, Roma, viven en Los Ángeles, y mi hija, Tiffany, tendrá su ceremonia de graduación esta semana, así que, aunque soy neoyorkino, ésta es una manera muy agradable de vivir y éste un magnífico lugar donde estar.

> Las obras filantrópicas son de las mejores recompensas que puedes recibir por una vida bien vivida.
>
> DONALD J. TRUMP

No muy lejos está Palos Verdes, en el Océano Pacífico, donde está mi espectacular campo de golf nuevo: el Trump National Golf Club de Los Ángeles. Haré visitas regulares y jugaré golf, y las nuevas casas que dan al campo de golf y al mar están a punto de terminarse. Son unas residencias excepcionalmente bellas.

Tengo muchos proyectos en marcha, y ésta es una de las razones por las que soy rico. La mayor parte de mi riqueza proviene de mi trabajo. No hay nada como eso si quieres que las cosas se hagan. No me siento feliz si no estoy haciendo negocios y aprendiendo cosas nuevas. Durante mi estancia en Los Ángeles también montaremos una oficina de Trump Productions, así que nunca me aburro. La vida puede y debe ser emocionante.

Eso no significa que sea descuidado. Es muy fácil volverse indolente cuando todo va bien; por eso me mantengo concentrado. Tengo hijos que están creciendo y entrando al mundo de los negocios, y no quiero que encuentren un desastre. Es importante responsabilizarse de lo que se tiene.

Estoy en contacto permanente con todos en la Organización Trump para saber qué ocurre allá, y Rhona me mantiene al tanto de lo que pasa con mi agenda. Mis dos hijos mayores, Don Jr. e Ivanka, vinieron acá para el final de *El aprendiz* y para algunos capítulos, así que han sido días de fiesta.

Si eres rico, espero que puedas decir lo mismo de tu vida. La vida es algo para celebrar, especialmente si tienes los medios para hacerlo.

Nunca subestimes tu buena fortuna y recuerda que las obras filantrópicas son de las mejores recompensas que puedes recibir por una vida bien vivida. Ése es mi consejo para los ricos.

Donald, Melania y Barron

Donald y Barron

Don Jr. e Ivanka

Capítulo 25

¿POR QUÉ HAY PERSONAS QUE NO LOGRAN SER RICAS?

La respuesta de Robert

Hay muchas razones por las que una persona que quiere ser rica no lo logra. Entre ellas:

1. Pereza.
2. Malos hábitos.
3. Falta de educación.
4. Falta de experiencia.
5. Falta de orientación.
6. Mala actitud.
7. Influencia negativa de amigos y familiares.
8. Falta de concentración.
9. Falta de determinación.
10. Falta de valor.

Pero hay una razón en especial de la que me gustaría escribir, una que pocas veces se menciona, y es que la persona no encuentra un entorno que respalde su deseo de ser rico.

En *Teach To Be Rich* hablé sobre la posibilidad de que todos seamos genios de nacimiento. En ese paquete —que consta de dos libros de trabajo y tres DVDs— afirmo que cualquier persona debe buscar el entorno más favorable al desarrollo de su genio. El ejemplo que utilizo es que el genio de Tiger Woods se manifiesta en los campos de golf; si él fuera jugador de *jockey,* no sería tan exitoso. Asimismo, Mick Jagger, quien estudió para ser contador, halló su genio en el escenario como un Rolling Stone.

Mi padre pobre era un genio en la escuela; mi padre rico no. El genio de mi padre rico se manifestó en la calle. En mi caso, yo no fui bueno en la escuela. Para mí la escuela era un entorno desfavorable. Igual que mi padre rico, yo encontré mi genio en la calle. Si hubiera permanecido en el mundo de la academia, no habría llegado adonde estoy.

Un entorno adecuado es esencial para desarrollar tu genio. Cuando yo estaba en la escuela de aviación de la Marina, algunos de mis compañeros hallaron su genio pilotando aviones. Uno de ellos se convirtió en general y otros en pilotos de primera clase de aerolíneas privadas. Yo era un piloto promedio. En el futbol americano, algunos de mis amigos encontraron su genio en el campo. Yo era un jugador promedio. Cuando trabajé para Xerox Corporation, uno de mis amigos descubrió su genio en ese mundo y ascendió rápidamente en la jerarquía de la compañía.

Cualquier jardinero sabe que las plantas necesitan buena tierra, agua y temperatura adecuada. Si estos elementos están presentes, la planta florecerá. Ocurre lo mismo con las personas. Cada una necesita determinados elementos para crecer. Sin ellos, es posible que la persona no crezca ni florezca.

Ricos en entornos pobres

Mi padre rico solía decir: "Hay muchos ricos en entornos pobres". Al crecer comprendí mejor a qué se refería.

Mi entorno doméstico

Una de las primeras cosas que descubrí fue que yo había nacido en una familia con un entorno financiero pobre. Eso no significa que no hayamos sido una familia amorosa; lo éramos. El problema era que el entorno no favorecía que uno llegara a ser rico. En mi familia, el deseo de riqueza era tabú. Como familia valorábamos la educación, el servicio público y los salarios bajos. Aunque no se decía expresamente, teníamos la creencia de que los ricos eran malos y que explotaban a las demás personas.

Nunca se habló de inversiones. Para mi familia, las inversiones eran juegos de azar. Gastar lo menos posible y ahorrar era la forma de vida aceptada.

En mi entorno doméstico actual, dinero no es una mala palabra. Enriquecerse es divertido e invertir es un juego. En vez de gastar lo menos posible, buscamos constantemente expandir nuestros recursos, aumentar nuestro ingreso, construir activos y servir a la mayor cantidad de personas que podamos. Asimismo, mantenemos a las personas financieramente negativas al margen de nuestra vida; nos rodeamos de individuos con una mentalidad similar a la nuestra que nos proponen desafíos y nos apoyan. Nuestros amigos también son parte de nuestro entorno.

Mi entorno laboral

Cuando obtuve mi primer empleo, en Xerox Corporation, pronto supe que no era un entorno ideal para enriquecerse. Aunque mis superiores querían que trabajara duro y ganara mucho dinero, su interés principal era mantener felices a sus accionistas, no a sus empleados. Cuando hablaba de iniciar mi propia compañía, mis superiores me decían que trabajar en un negocio propio iba en contra de las políticas de la compañía.

Eso no significa que no me gustara trabajar en Xerox, porque así era. Es sólo que no era el entorno adecuado para que yo me enriqueciera. Aunque gané mucho dinero, las tasas impositivas para los empleados de altos ingresos no favorecían la creación de riqueza.

En todas las juntas semanales de The Rich Dad Company analizamos la manera en que nuestro personal puede enriquecerse. Los exhortamos a asistir a seminarios financieros, a iniciar sus propios negocios y a invertir, no a través de planes para el retiro por parte de la compañía sino mediante sus propios planes de inversión. Varios empleados han renunciado porque no soportan la presión que ejerzo sobre ellos para que adquieran educación financiera y sean libres en lo económico. Me alegra que hayan renunciado porque serán más felices trabajando en un entorno distinto.

Entornos para personas que temen perder

Muchas personas que quieren ser ricas fracasan simplemente porque son ricos en entornos pobres. Por ejemplo, si eres empleado probablemente trabajas en un entorno diseñado para personas que trabajan para no perder, personas que desean seguridad laboral y un salario regular. Los propietarios de dichos entornos suelen no tener problemas para atraer y conservar buenos empleados, empleados que prefieren trabajar para no perder y dar su dinero a expertos financieros en vez de estudiar para ser sus propios expertos financieros. El servicio público es un ejemplo de esto.

Entornos para ganadores

Hay organizaciones que ofrecen entornos para los ganadores, para quienes quieren ser ricos. Pueden encontrarse en el deporte profesional, Hollywood y la industria de la música. El desafío en estos entornos es que debes tener talento, motivación y tenacidad excepcionales. En estas industrias rige la regla 90/10 del dinero; sin duda hay más perdedores que ganadores.

Otros entornos para ganadores son las compañías inversionistas de Wall Street, los bienes raíces, el mercadeo multinivel y otros negocios de alto rendimiento.

Un árbol moribundo

Hace poco, un árbol joven que planté empezó a secarse. Esto me perturbó mucho porque soy amante de los árboles. Llamé a especialistas y expertos que lo fertilizaron, pero el árbol siguió secándose. Finalmente, tomé una manguera y regué las raíces dos veces a la semana durante un mes. De repente, empezaron a brotar hojas nuevas de las ramas moribundas. Todo lo que necesitaba era un poco más de agua. (Al analizar más a fondo descubrí que la manguerilla que regaba al árbol estaba obstruida.) En la actualidad, el árbol está perfectamente sano; sólo necesitaba un entorno en que pudiera crecer. Ocurre lo mismo con las personas: muchas no llegan a ser ricas porque viven en entornos pobres.

Entornos poderosos

Llevemos esta idea del entorno a sus últimas consecuencias. Considera lo siguiente:

1. Si quieres que tu conocimiento crezca: ve a una biblioteca, a una librería o a una escuela.
2. Si quieres que tu salud mejore: ve a un gimnasio, anda en bicicleta o juega más.
3. Si quieres que tu espíritu crezca: ve a una iglesia, busca un lugar tranquilo y medita, o reza más.
4. Si quieres que tu riqueza aumente: ve a un lugar donde las personas estén enriqueciéndose (por ejemplo, una oficina de bienes raíces o de correduría bursátil), únete a un club de inversionistas o forma un grupo de estudio y conoce personas que también quieran ser ricas.
5. Si quieres expandir tus horizontes: ve a lugares donde nunca hayas estado, haz cosas que haya dado miedo hacer.

En ocasiones, la manera más rápida de cambiar y mejorar tu vida es simplemente cambiando tu entorno.

Preguntas finales

Creo que todos nacemos con un genio especial, un don único. El problema es que no todos lo encuentran, simplemente porque no están en el entorno donde ese don puede florecer. Sólo recuerda esto: probablemente nunca hubiéramos escuchado hablar de Tiger Woods si no existieran los campos de golf.

Mis preguntas finales son las siguientes. Contesta sí o no.

1. ¿Tu casa y familia son un entorno propicio para tu genio financiero?
2. ¿Tu lugar de trabajo es un entorno favorable al desarrollo de tu genio financiero?
3. ¿Tienes idea de cuál es tu genio?
4. ¿Trabajas con personas que desean que desarrolles tu genio?
5. Si encontraras tu entorno, ¿estarías dispuesto a trabajar duro para desarrollar tu genio?

Planteo estas preguntas porque el hecho de que tengas un talento no significa que la vida será fácil. Todos conocemos personas talentosas, pero no todas trabajan duro para desarrollar su talento. Sólo recuerda: Tiger Woods (o cualquier otro grande) ha trabajado muy duro para desarrollar su genio.

Mi padre rico decía: "La pereza es la asesina del genio".

Estas cinco preguntas son importantes; te sugiero que las medites y las respondas antes de continuar leyendo.

La respuesta de Donald

El entorno

Sé que soy muy afortunado por haber nacido en la familia en que nací, pues mis padres nos apoyaban mucho y creían firmemente en la educación. Con frecuencia lo llamo "el club del esperma afortunado". Pero conozco personas que aunque crecieron en entornos adversos, lograron sus objetivos y llegaron a ser muy exitosos.

Como dijo Thoreau: "No conozco hecho más alentador que la indiscutible capacidad del hombre para mejorar su vida a través del esfuerzo consciente".

Tal vez debas trabajar más duro y por más tiempo, pero es preferible a inventar excusas y olvidar tus objetivos. Mi padre tenía muy poco al principio; logró cubrir sus necesidades básicas y siguió avanzando con su ética laboral e inteligencia natural hasta ser muy exitoso. Siento mucho respeto por quienes han alcanzado el éxito por el camino difícil.

Como señala Robert, es necesario un entorno adecuado para nutrir nuestros dones particulares. Parte de nuestra responsabilidad es encontrar dicho entorno para prosperar, o al menos usarlo como un peldaño para subir al siguiente nivel. Las experiencias de la vida pueden asemejarse a la escuela; cuando estamos en quinto grado esperamos pasar al sexto, siempre y cuando cumplamos los requisitos. Llegar a una situación en la vida adulta que sea como permanecer décadas en el quinto grado, difícilmente podría llamársele progresar. Tal vez sea cómodo, pero resulta inaceptable para el largo plazo.

Una buena manera de enfrentar un entorno desfavorable es concentrarte en tus objetivos. Las cosas pocas veces son perfectas, y si vives en un entorno doméstico o laboral que no promueve tu éxito, deberás esforzarte más en mantener tu concentración intacta.

Lo principal es que no empieces a concentrarte en los aspectos negativos de tu situación; ¡concéntrate en las soluciones!

Hay muchos ejemplos de personas que han superado grandes privaciones y adversidades y han llegado a ser muy exitosas. Siempre es una posibilidad y tú podrías ser una de ellas. Recuerda que no eres el único que no vive en el entorno ideal. Concéntrate en tus objetivos, ten la disposición de realizar un esfuerzo extra y sé consciente de que tienes el mismo derecho de ser exitoso que cualquier otra persona.

Digo esto porque conozco personas que creen pedir demasiado al querer ser exitosas. Es como si fuera un territorio que no les perteneciera. No sé si les enseñaron que las personas de éxito son codiciosas, egoístas o lo que sea, pero sí sé que es una idea que deben cambiar.

Ser pobre no sirve para nada. De hecho, la pobreza se convierte en una carga para todos en el largo plazo.

Ninguna persona saludable quiere ser una carga para otra. Crear un entorno que ayude a los demás requiere dinero. Estar en posición de realizar obras benéficas es mucho mejor que necesitar de dichas obras. Ésta puede ser una gran motivación para prestar atención y trabajar duro.

La herencia y el entorno son dos factores importantes que influyen en lo que somos, en lo que logramos y en lo que no logramos, pero no son los únicos. Los otros factores son tu responsabilidad y tu elección. Esta idea puede ser una motivación en sí misma.

Tú eres capaz de superar tus desventajas. Todos hemos oído la frase "benigno con el ambiente" y podemos aplicarla aquí. Sé afable en las situaciones que te toque vivir y aprende de ellas, pero sigue avanzando. Por ejemplo, Robert aprendió de sus dos entornos y ambos le fueron útiles en el largo plazo.

No pierdas de vista tus objetivos y eleva tu vida al sitio donde debe estar.

Tu opinión

Dedica un momento a analizar tu entorno.

1. ¿Tu casa y familia forman un entorno que desarrolla tu genio financiero? ¿Cómo lo hace? Si no es así, ¿qué puedes hacer?

2. ¿Tu lugar de trabajo es un entorno que favorece el desarrollo de tu genio financiero? Si lo es, ¿cómo lo hace? Si no, ¿qué puedes hacer al respecto?

3. ¿Tienes idea de cuál es tu genio? Si es así, ¿cuál es? ¿Estás desarrollándolo? Si no sabes cuál es, ¿cómo puedes descubrirlo?

4. ¿Trabajas con personas que desean que desarrolles tu genio? Si es así, ¿cómo te apoyan? Si no, ¿qué puedes hacer al respecto?

5. Si ya encontraste un entorno favorable, ¿estás dispuesto a trabajar duro para desarrollar tu genio? ¿Por qué sí o por qué no?

Ahora vuelve a analizar el cuadrante del flujo de dinero y realiza el siguiente ejercicio:

¿De qué cuadrante recibes la mayor parte de tu ingreso?

_____

_____

_____

_____

Haz una lista de las seis personas con las que pasas más tiempo.

_____   _____

_____   _____

_____   _____

_____   _____

_____   _____

Ahora anota de qué cuadrante recibe cada una de ellas su ingreso. ¿Desarrollan su actividad en el cuadrante al que deseas pertenecer?

Si no, tal vez te convenga cambiar de amigos y buscar otros que obtengan su ingreso del cuadrante que te interesa.

Si tus amigos desarrollan su actividad en el cuadrante al que quieres acceder, es muy probable que tu entorno sea favorable al logro de tus objetivos.

Parte 5

¡Sólo ponte en marcha!

Todos los días están llenos de momentos cruciales. Desde el instante en que despertamos nos definimos personalmente al decidir levantarnos y hacer ejercicio o dormir media hora más. Nos definimos al reportarnos enfermos aun cuando podríamos asistir al trabajo. Nos definimos al ver televisión en vez de leer un libro sobre negocios o inversiones. Y nos definimos al dar nuestro dinero a un vendedor para que lo invierta en vez de aprender a invertir nosotros mismos.

En la Parte cuatro, Robert y Donald ofrecieron sus consejos a personas en situaciones específicas. Ahora, en la Parte cinco, dan recomendaciones más detalladas para invertir en bienes raíces, el mercadeo multinivel y los negocios. Para terminar, abordan la necesidad de desarrollar habilidades de liderazgo. Si no eres capaz de dirigirte a ti mismo, no serás capaz de dirigir a otros.

A Robert y Donald les preguntan frecuentemente: "¿Crees que los bienes raíces son una buena inversión?", o, "¿Crees que las acciones son una buena inversión?"

Su respuesta es: "Depende. ¿Qué tan bueno eres tú?" Lo importante no es si inviertes en bienes raíces, acciones, oro o en cualquier otra cosa. Lo importante es si estás comprometido y si eres bueno en lo que haces. Preguntar si los bienes raíces son una buena inversión es como preguntar si la dieta que alguien sigue es buena, o si la persona con la que alguien se va a casar lo hará feliz.

Ellos agregarían: "Los bienes raíces no son buenas o malas inversiones. Las personas son buenos o malos inversionistas". Invertir no es riesgoso; las personas sí lo son.

El padre rico de Robert decía: "No existen las malas inversiones; lo que hay son malos inversionistas".

Un 90 por ciento de quienes invierten quieren una fórmula mágica, la respuesta que los hará ricos. Eso presenta tres problemas: 1) hay millones de formas en que una persona puede amasar una gran fortuna. Con la creación de internet, más multimillonarios, millonarios y ricos han surgido y seguirán surgiendo. El primer problema es que cada uno debe encontrar la fórmula mágica que le acomode; 2) quienes buscan fórmulas mágicas suelen ser víctimas de quienes las venden, fórmulas como: "Dame tu dinero para el largo plazo y yo lo invertiré por ti"; 3) pocas personas son capaces de seguir una fórmula por mucho tiempo. Por eso hay tantas dietas diferentes en el mercado, cuyos consumidores suelen ser los mismos.

Si eliges ser una de las muchas personas que no desean formar parte del diez por ciento, ya sabes cuál consejo seguir: "Ahorra, liquida tus deudas, invierte para el largo plazo y diversifica". Donald y Robert te sugieren que empieces lo antes posible y ahorres lo más que puedas, pues necesitarás mucho tiempo y dinero para tener éxito con esa fórmula.

Para formar parte del diez por ciento que gana 90 por ciento del dinero hace falta concentración y compromiso, ¡*tu* concentración y *tu* compromiso!

Deberás encontrar tu fórmula mágica.

Capítulo 26

¿POR QUÉ INVIERTEN EN BIENES RAÍCES?

La opinión de Robert

La respuesta, una palabra: control. No conozco ninguna otra inversión que me ofrezca tanto control sobre los aspectos que implican ganar dinero y conservarlo. Como resultado, me da control sobre mi vida.

Como he mencionado anteriormente, muchos creen que invertir es riesgoso porque no tienen control sobre el activo en que invierten. Hay muy poco control sobre ahorros, acciones bonos y fondos de inversión. Recuerda lo siguiente:

$$\text{RIESGO} = \cancel{\text{CONTROL}}$$

A las personas les preocupa la seguridad laboral porque no tienen control sobre su empleo. Pocos empleados ejercen algún control sobre la propiedad de la compañía, cuánto ganan, cuánto pagan de impuestos o sobre el futuro de su empleo.

Además de control, los bienes raíces ofrecen muchas otras ventajas. Si una propiedad se compra al precio adecuado, se financia bien, está en una buena zona y es bien administrada, se gozarán las siguientes ventajas de los bienes raíces:

1. *Flujo de dinero:* se recibe efectivo cada mes.
2. *Apalancamiento:* los bancos hacen fila para prestarte dinero que invertirás en propiedades. Pregunta a tu banco si te prestaría para comprar fondos de inversión.
3. *Amortización:* los inquilinos pagan la deuda.
4. *Depreciación:* el gobierno ofrece refugios fiscales a los bienes raíces porque pierden valor, aunque no es común que lo hagan. En realidad, la razón por la que el gobierno ofrece incentivos por depreciación es que los inversionistas en bienes raíces proveen viviendas.
5. *Creatividad:* el valor de la propiedad aumenta gracias a la creatividad. Por ejemplo, si compro un terreno puedo cambiar la clasificación zonal; o si compro una casa vieja puedo remodelarla; o puedo comparar un bloque de apartamentos y venderlos como condominios individuales.
6. *Expansión:* cuando aprendí a comprar casas individuales empecé a comprar unidades habitacionales. Actualmente, mi esposa y yo sólo compramos propiedades de al menos 250 unidades.
7. *Previsión:* toma alrededor de un año estabilizar un complejo de apartamentos después de comprarlo. Al cabo de ese año, la administración puede deshacerse de los malos inquilinos, realizar las remodelaciones que desean los buenos inquilinos y aumentar lentamente la renta.

Una vez que la propiedad se estabiliza, los cheques empiezan a llegar como por mecanismo de relojería. Esto sin duda es mejor que los vaivenes del mercado bursátil: sentirse bien cuando los precios suben y mal cuando bajan. Me gusta recibir mis cheques mensuales en mi correo.

La clave del éxito en los bienes raíces es la buena administración. Como ya mencioné, la razón por la que muchos inversionistas en acciones, bonos y fondos de inversión no tienen éxito en los bienes raíces, tiene su origen en que son malos administradores o no quieren serlo.

En nuestro plan de inversiones, Kim y yo nos esforzamos por empezar a invertir en edificios de apartamentos con más de 100 unidades simplemente porque con ello podríamos pagar mejores administradores.

Debido a que la buena administración es la clave del éxito en bienes raíces, algunas de las mejores oportunidades se presentan al comprar propiedades cuyos dueños eran malos administradores.

8. *Impuestos diferidos.* Una de las grandes ventajas de los bienes raíces son los impuestos diferidos. Hay muchas maneras en que un inversionista en bienes raíces puede evitar pagar impuestos indefinida y legalmente. Una es la conocida como intercambio 1031 de impuestos diferidos. El año pasado, Kim y yo vendimos un bloque de apartamentos y obtuvimos más de un millón de dólares en ganancias de capital. Siguiendo las reglas del intercambio 1031, pudimos reinvertir ese dinero sin pagar impuestos.

La posibilidad de diferir impuestos no está al alcance de quienes invierten en acciones, bonos y fondos de inversión. Te sorprendería saber cuán rápido puedes enriquecerte si no tienes que pagar impuestos.

9. *Plusvalía:* como el dólar pierde valor, los bienes raíces tienden a aumentar el suyo. Conforme la población aumenta, la demanda también lo hace, lo que a su vez eleva los precios.

Muchos inversionistas invierten por plusvalía (ganancias de capital). En el mercado bursátil, la mayoría procura comprar a bajo precio y vender alto. Esto es invertir por ganancias de capital. En los bienes raíces, a estos inversionistas se les conoce como *flippers.* Los *flippers* también compran bajo y esperan vender alto. El problema de la estrategia de ganancias de capital es que, por lo general, sólo funciona en mercados que van a la alza. Si el mercado va a la baja (mercados bajistas), los inversionistas en activos en papel y los *flippers* están fritos.

En los bienes raíces es mejor invertir por flujo de dinero que por ganancias de capital, pues las leyes fiscales favorecen al inversionista en flujo de dinero.

Por qué plusvalía al último

Hay una razón por la que mencioné plusvalía al último, aunque para muchas personas vaya en primer lugar. Muchos compran casas con la intención de venderlas. Quienes lo hacen deben trabajar más duro y pagar impuestos considerablemente más elevados. Aunque yo lo hago ocasionalmente, prefiero las cinco primeras razones para invertir en bienes raíces. Mi estrategia favorita es comprar una propiedad, comprar otra y comprar otra más. En el largo plazo, trabajo menos, gano mucho más y pago menos impuestos.

Menciono plusvalía al último porque *es la última razón* por la que invierto. Yo no cuento con ella. En mi opinión, comprar propiedades o acciones y esperar que su valor aumente es especular (o jugar), no invertir. Aunque me gusta la plusvalía, no cuento con ella. Invertir por plusvalía resulta especialmente trágico cuando hay un *crack* en el mercado de bienes raíces, lo que ocurre con regularidad.

La razón secreta

Hay otra razón por la que me gustan los bienes raíces: son lentos; no cambian rápidamente. Como dije antes, la generación *baby-boom* es la última de la Era Industrial y la primera de la Era de la Información. Mi problema con la Era de la Información es que soy obsoleto y ya estoy viejo. No tengo dirección de correo electrónico ni quiero tenerla. No sé usar internet ni los aditamentos para hacerlo.

Mis compañías cuentan con sitios de internet y gano millones de dólares por la red. Tengo computadora pero la uso como máquina de escribir; me hace ganar millones de dólares como procesador de textos pero no como computadora.

Lo peor es que me estoy haciendo rápidamente más obsoleto con cada novedad tecnológica. Una vez compré un iPod pero no supe cómo meterle información ni cómo sacarla. Sé exactamente cuándo me volví obsoleto. Fue cuando intenté programar mi videograbadora en los años ochenta; ahí supe que no era un genio de la tecnología.

Por eso dedico más tiempo a los bienes raíces que a intentar mantenerme al paso de la tecnología. Hasta donde sé, durante mucho tiempo todos necesitaremos un lugar para vivir y un lugar para trabajar. Mientras la población crece y el dólar pierde valor, los bienes raíces me funcionarán, siempre y cuando compre las propiedades adecuadas, en buenas ubicaciones, a buen precio, bien financiadas y bien administradas.

El verdadero problema de ser obsoleto aún está por venir. Los jóvenes nacidos después de 2000 acelerarán radicalmente los cambios tecnológicos hacia 2015. Así como los jóvenes de mi generación modificaban autos para mejorar su desempeño, los jóvenes de hoy mejorarán la tecnología actual.

Internet existe desde 1989. Los niños nacidos después de 2000 vivirán una realidad completamente distinta a la mía. Ellos ya no ven televisión ni leen los periódicos. No conocen las fronteras y saben que pueden hacer negocios en todo el mundo a través de la red.

Cuando la televisión llegó a nuestra casa yo estaba en primaria. En los años sesenta los jóvenes se amotinaron en las calles. ¿Por qué? Porque la televisión había llevado la guerra de Vietnam a nuestras casas. Era una guerra real, no la representada por John Wayne y Hollywood. Mi generación vio las realidades de la guerra, cadáveres despedazados de mujeres y niños. Por eso los jóvenes de mi generación se amotinaron; al menos unos cuantos.

No pasará mucho tiempo antes de que esta generación se manifieste. Plantearán preguntas comprometedoras como: "¿Por qué no estamos buscando fuentes alternativas de energía?", "¿Por qué no nos concentramos en reducir el calentamiento global?", "¿Por qué existe la pobreza?", "¿Por qué hay diferentes leyes fiscales para personas distintas?", o, "¿Por qué no enseñamos sobre el dinero en las escuelas?". Si somos afortunados, ellos harán frente a los retos que mi generación ocultó bajo la alfombra.

Las empresas líderes en que millones de inversionistas confían, tal vez no sean líderes por mucho tiempo. Nuevas compañías dirigidas por jóvenes con una mentalidad diferente derribarán a las corporaciones líderes de hoy. Así como en mi niñez GM era la gran potencia y ahora es un engendro agonizante, quizá Microsoft, Dell o Google serán las GM del futuro.

Cuando invierto en bienes raíces no me importa si mi inquilino es GM o Google, un viejo *baby booomer* o el nuevo chico del barrio, siempre y cuando paguen las cuentas.

Es la razón secreta por la que me gustan los bienes raíces: pasará mucho tiempo antes de que se vuelvan obsoletos.

¿A quién pertenecen tus bienes raíces?

Como comentario aparte, pensé que te interesaría saber a quién pertenecen en realidad los bienes raíces.

La expresión *real estate* [bienes raíces] proviene de la palabra *real*, que significa perteneciente a la realeza. Así, la traducción literal de *real estate* es tierra propiedad de la realeza. Eso es porque durante la Era Agraria las personas se dividían en dos clases: la realeza y los campesinos. Como ya se mencionó, la realeza era dueña de la tierra y los campesinos vivían en ella y la trabajaban. Como pago por vivir en esas tierras, cedían a la realeza un impuesto que consistía en un porcentaje de sus cosechas.

Actualmente, seguimos sin ser dueños de la tierra; su dueño es el gobierno. Todos pagamos el impuesto sobre la propiedad. Si dejaras de pagarlo, pronto descubrirías quién es el verdadero dueño de la tierra.

Como puedes ver, las cosas no han cambiado mucho.

Yahoo! Finance

En la actualidad escribo para Yahoo! Finance. Si quieres estar al tanto de mis opiniones respecto al mundo del dinero, consulta el sitio http://finance.yahoo.com, el cual me permite comunicarme mucho más rápidamente que a través de un libro.

La siguiente sección trata sobre otras razones por las que Donald y yo invertimos en bienes raíces. Se relaciona con una de las expresiones favoritas de Warren Buffet: el *valor intrínseco*.

¿De cuántas maneras te enriqueces?

Warren Buffett es conocido por su concepto del valor intrínseco de las acciones. Muchos repiten esa expresión como loros pero pocos saben lo que en verdad significa. En esta sección intentaré explicar de la manera más sencilla posible el valor intrínseco. Si te interesa una explicación más sofisticada te sugiero leer los muchos textos sobre el personaje y sus métodos para invertir.

Cuando comprendas el valor intrínseco entenderás por qué algunos inversionistas ganan mucho más dinero que otros. También descubrirás que puedes hallar valor intrínseco en otras inversiones aparte de las acciones. Explicaré el valor intrínseco utilizando los bienes raíces cono ejemplo. ¿Por qué? Porque son más tangibles que las acciones y más personas podrán entenderlo.

Cuando el inversionista promedio piensa en ganar dinero, normalmente piensa en comprar barato y vender caro. Por ejemplo, un inversionista compra una acción por diez dólares y la vende cuando su valor ha subido a veinte dólares. Cada mañana se levanta y revisa el precio de esa acción.

Muchos inversionistas son adictos al subibaja del mercado. Su día empieza bien si el precio sube y mal si baja. Eso no es lo que hacemos Warren Buffett ni yo. Aunque el precio de un activo es importante, no es algo que

> Quienes tienen visión pueden ver la esencia de los tratos e inversiones, y valoran la transparencia.
>
> Robert T. Kiyosaki

vigilemos diariamente como muchos otros inversionistas. Warren Buffet presta mucha atención al precio cuando compra un negocio. Después de todo, a él no le preocupa si el precio de las acciones sube o baja, o si el mercado de valores está abierto o cerrado. Él no trabaja en el mercado de valores como muchos inversionistas.

En primer lugar, Warren Buffett no sólo es dueño de acciones, es dueño de negocios. En segundo lugar, dicho de manera simple, lo que el señor Bufett busca es un negocio bien administrado cuyo valor aumente con el tiempo. A menudo habla de negocios de este tipo.

El valor intrínseco en los bienes raíces

Utilicemos ahora los bienes raíces como ejemplo, pues creo que es más fácil explicar con ellos el valor intrínseco.

Cuando compro una propiedad sólo me interesa el precio al momento de la compra (igual que al señor Buffett) porque ese precio determina los rendimientos. Lo que busco cuando compro una propiedad son las siguientes cuatro formas de ingreso (flujo de dinero):

1. *Ingreso (flujo de dinero):* con suerte se le llamará flujo positivo de dinero una vez que estén pagados todos los gastos, incluyendo mis pagos hipotecarios e impuestos.

2. *Depreciación (flujo fantasma de dinero):* aparece como un gasto cuando en realidad es un ingreso que proviene de un refugio fiscal. Esto confunde a muchos que empiezan a invertir en bienes raíces. Es un flujo de dinero o ingreso que no se ve.

3. *Amortización:* es un ingreso para ti porque tu inquilino paga tu préstamo. Cuando pagas la hipoteca de tu residencia personal no

es un ingreso sino un gasto. Cuando tu inquilino paga tu préstamo se trata de un flujo de dinero.

4. *Plusvalía:* en realidad es inflación con apariencia de plusvalía. Si tu ingreso por alquiler aumenta, tú como inversionista puedes refinanciar y pedir un préstamo por el valor de la plusvalía como efectivo libre de impuestos, y tu inquilino pagará la amortización del nuevo préstamo. En otras palabras, puede ser flujo de dinero libre de impuestos.

Éste es un ejemplo de valor intrínseco de una inversión bien financiada de bienes raíces, comprada al precio adecuado y bien administrada. Como inversionista en bienes raíces, esto es para lo que invierto. Invierto por mayor valor y flujo de dinero.

Los inversionistas que compran propiedades para venderlas se conocen comúnmente como *flippers,* pero yo los llamo especuladores porque eso no es invertir. Se concentran en ganancias de capital, pero esas ganancias son gravadas con tasas mayores cuando en vez de reinvertir su dinero gastan sus ganancias. A diferencia de dichos especuladores, yo invierto por mayor valor y flujo de dinero.

A Warren Buffet tampoco le gusta vender porque las ventas de acciones implican pago de impuestos y los impuestos reducen su riqueza. Para quienes conocen la fórmula de señor Buffett, lo que le interesa es incrementar sus rendimientos y no compartirlos con el gobierno.

Una razón por la que recomiendo jugar nuestros juegos *CASFLOW 101* y *CASHFLOW 202* es para que las personas se conviertan en mejores inversionistas entrenando su mente para ver lo que los ojos no ven. En otras palabras, para ver el valor real o la falta de valor de cualquier inversión, trátese de acciones, bonos, fondos de inversión, negocios o bienes raíces. También te recomiendo jugarlo al menos diez veces porque mientras más lo juegues, mejor entrenarás a tu mente para ver lo que la mayoría de los inversionistas no ven.

El siguiente diagrama puede ayudarte a entender mejor lo que quiero decir porque permite al cerebro ver lo que los ojos suelen pasar de largo. El siguiente es un diagrama de un estado financiero.

INGRESO
Flujo positivo de dinero (ingreso neto)
GASTO
Depreciación (flujo fantasma de dinero)

ACTIVOS	PASIVOS
Plusvalía (inflación)	*Amortización (mi inquilino paga mi préstamo)*

Éste es un ejemplo simplificado de lo que buscan los inversionistas en bienes raíces. Buscan el valor intrínseco que la mayoría de los inversionistas *amateur* no ven.

Cuando Warren Buffet menciona el valor intrínseco de una compañía se refiere a muchas de estas cosas. Las palabras que utiliza son en ocasiones distintas, pero creo que entenderás mejor con este ejemplo de valor intrínseco en bienes raíces.

Los inversionistas en acciones suelen hablar del *cociente de rendimiento por acción;* los inversionistas en bienes raíces hablan de *tasas de capitalización.* Aunque éstos son indicadores importantes que debemos tener en cuenta, no miden el valor intrínseco, y los inversionistas profesionales buscan el valor, no el precio.

Si quieres experimentar con nuestros juegos *CASHFLOW* sin arriesgar tu dinero, hay clubes de CASHFLOW en todo el mundo. Puedes unirte a uno para expandir tu mente y ver más allá de la capacidad visual.

En conclusión, el inversionista promedio sólo conoce una manera de ganar dinero: comprar bajo y vender alto. Un inversionista profesional prefiere comprar bajo, obtener ganancias de otras fuentes y dejar que el activo crezca por siempre.

El poder de la visión

La educación financiera permite que una persona vea con el cerebro lo que los ojos no pueden ver. Esto es a lo que llamo *visión*. Donald y yo invertimos en bienes raíces porque vemos el flujo de dinero y el valor. Quienes tienen visión pueden ver la esencia de los tratos e inversiones, y valoran la transparencia.

Falta de transparencia

Los fondos de inversión no tienen transparencia. A las compañías que los manejan no se les exige transparencia financiera; no están obligados a declarar sus gastos. No logro comprender por qué las personas invierten en entidades que no declaran sus gastos. Esto es más que actuar como un simple *amateur*; es optar por la ceguera.

Invertir para el largo plazo

Debido a que quienes invierten en fondos de inversión no ven los números, tampoco pueden ver cuánto de su dinero se lleva la compañía que administra esos fondos. La razón por la que los asesores financieros recomiendan invertir para el largo plazo es ésta:

MÁS DE 40 AÑOS

Administradora de fondos de inversión	Tú
80 por ciento de los rendimientos	20 por ciento de los rendimientos
0 por ciento del riesgo	100 por ciento del riesgo
0 por ciento del capital	100 por ciento del capital

La compañía administradora del fondo recibe 80 por ciento de los rendimientos porque cobra honorarios durante toda la relación entre el fondo y sus inversionistas. Los inversionistas asumen 100 por ciento del riesgo y aportan 100 por ciento del capital. ¿Comprendes ahora por qué los bancos no prestan para comprar fondos de inversión, y por qué las compañías de seguros no los aseguran contra pérdidas?

No todas las inversiones son iguales

El trabajo del líder y el maestro es enseñar a ver. Debido a que nuestro sistema escolar no enseña mucho sobre el dinero, la mayoría de las personas, incluidas quienes cuentan con una buena instrucción, no ven por qué algunas inversiones son mejores que otras.

Ahora que conoces las diferencias entre bienes raíces y fondos de inversión podrás decidir cuál inversión es más adecuada para ti.

La respuesta de Donald

Cuando me preguntan por qué me gusta invertir en bienes raíces, me siento tentado a responder: "Porque me gusta respirar". Para mí, los bienes raíces son como el oxígeno: me mantienen en marcha durante la vigilia y también durante el sueño.

Aunque crecí cerca del negocio de los bienes raíces, probablemente hubiera llegado a él de todos modos, pues me gustan muchas cosas sobre él. Soy un constructor nato. Recuerdo haber construido estructuras muy altas de cubos en mi niñez. Pedía prestados a mi hermano los suyos para armar estructuras aún más altas (los cuales hubiera devuelto de no haber usado pegamento). Supongo que construir estaba en mi código genético, y mientras más alto, mejor.

En tanto inversión, los bienes raíces son de los más seguros para depositar tu dinero. No quiebra completamente como otros ramos. Tiene altas y bajas pero, como señaló Robert, difícilmente se volverá obsoleta. La tierra ha adquirido más valor al paso de los siglos. El precio original de Manhattan era de aproximadamente $24. Esto significa 24 dólares, sin ceros.

> Los bienes raíces me apasionan y eso es lo que funciona para mí.
>
> DONALD J. TRUMP

Robert menciona que no le gustan las máquinas, y debo decir que a mí tampoco y que estoy de acuerdo. Ni siquiera tengo intercomunicador en mi oficina. Prefiero gritar: es eficaz y ahorra tiempo. También crea un entorno laboral lleno de energía, y mientras los demás me contesten gritando con fuerza suficiente para que los escuche, todo está bien. Como he dicho. No soy una "calle de un sentido".

Las oficinas de bienes raíces no suelen ser tranquilas. Las personas de los medios de comunicación las llaman zonas de guerra, entre otros epítetos. Y está bien. A veces los negocios son como guerras. Que yo sea combativo significa que estoy preparado para la realidad.

Esto me lleva a otra de las razones por las que me gusta invertir en bienes raíces: es emocionante, complejo, multidimensional y tangible. Puedes ver aquello en lo que invertiste. También se hace más grande y mejor con el paso del tiempo, si sabes lo que haces.

La Torre Trump no se construyó hace tanto tiempo pero ya se le considera un edificio histórico. Es de 1983. Es un logro del que estoy muy orgulloso, y una razón más para afirmar que los bienes raíces son gratificantes. También ha sido satisfactorio en lo financiero, como inversión.

Si voy a invertir mi tiempo y mi dinero, debo hacerlo en algo que me enorgullezca al final del día. Muchos invierten en cosas de las que no saben nada o no les interesan. Está bien, a cada quien lo suyo, pero yo necesito apasionarme. Los bienes raíces me apasionan y eso es lo que funciona para mí.

¿Qué te apasiona?

Tu opinión

¿La inversión en bienes raíces es para ti?

_____

_____

_____

_____

Capítulo 27

¿POR QUÉ RECOMIENDAN EL MERCADEO MULTINIVEL?

La respuesta de Robert

Cuando supe del mercadeo multinivel me opuse a él, pero al abrir mi mente vi que ofrecía ventajas que pocos negocios tienen.

El éxito en la vida es reflejo de tu educación, experiencia de vida y carácter personal. Muchas compañías de mercadeo multinivel ofrecen capacitación para el desarrollo personal en esas áreas clave.

La mayoría de las escuelas preparan a las personas para los cuadrantes E y A, lo que es maravilloso si quieres vivir en ellos. Los programas de estudio de las carreras de administración preparan a los alumnos para empleos bien pagados en el mundo corporativo como E, no como D.

Pero, ¿qué ocurre si estás en los cuadrantes E o A y quieres cambiar, si quieres pertenecer al cuadrante D? ¿Dónde puedes encontrar la educación adecuada para ese cuadrante? Te recomiendo un negocio de mercadeo multinivel. Recomiendo esa industria para quienes desean cambiar y adquirir las habilidades y actitudes necesarias para lograr el éxito en el cuadrante D.

Ser empresario y crear un negocio del cuadrante D no es sencillo. De hecho, creo que es uno de los retos más difíciles que existen. La

razón por la que hay más personas en los cuadrantes E y A es, sencillamente, que esos cuadrantes son menos exigentes que el D. Como
dicen: "Si fuera fácil, cualquiera lo haría".

En lo personal, tuve que aprender a superar mi inseguridad, timi-
dez y temor al rechazo, a recuperarme y seguir adelante luego de un
fracaso. Estas son algunas características que debe desarrollar quien
desee tener éxito en un negocio del cuadrante D, sea de mercadeo
multinivel, una franquicia o una empresa en ciernes.

Una habilidad requerida en cualquier negocio del cuadrante D es
el liderazgo. ¿Sabes superar tus temores y hacer que los demás supe-
ren los suyos para realizar un trabajo? Esta habilidad la aprendí en el
Cuerpo de Marina. Como oficiales de esta institución, era imperativo
que supiéramos llevar a los demás a la batalla, aun cuando a todos
nos aterrorizaba morir.

Conozco a muchas personas del cuadrante A, especialistas o dueños
de negocios pequeños, a quienes les gustaría crecer, pero simplemente
carecen de habilidades de liderazgo. Nadie quiere seguirlos. Los empleados no confían en su líder o el líder no inspira a los empelados
a mejorar.

Como mencioné antes, *Forbes* define al dueño de un negocio
grande, un negocio del cuadrante D, como la persona que controla un
negocio con más de 500 empleados. Esta definición deja en claro por
qué las habilidades de liderazgo son vitales para el cuadrante D.

¿Dónde encontrar un negocio que invierta tiempo en tu educación,
en tu desarrollo personal, y te ayude a construir tu propio negocio? La
respuesta es: en la mayoría de los negocios de mercadeo multinivel.

Construir un negocio del cuadrante D no es sencillo. Necesitas preguntarte: ¿Tengo lo necesario? ¿Estoy dispuesto a salir de mi zona de
comodidad? ¿Estoy dispuesto a que me dirijan y a aprender a dirigir?
¿Hay en mi interior una persona muy rica que está lista parar salir?

Si la respuesta es sí, empieza a buscar negocios de mercadeo multinivel con buenos programas de capacitación. Yo me preocuparía menos por el producto y los planes de compensación, y más por el programa de educación y desarrollo personal de la compañía.

Los negocios de mercadeo multinivel pertenecen al cuadrante D porque cumplen varios de los criterios que busco en un negocio o una inversión. Son los siguientes:

> Una habilidad requerida en cualquier negocio del cuadrante D es el liderazgo. ¿Sabes superar tus temores y hacer que los demás superen los suyos para realizar un trabajo?.
>
> ROBERT T. KIYOSAKI

1. *Apalancamiento*. ¿Puedo enseñar a otras personas a trabajar para mí?
2. *Control*. ¿Tengo un sistema protegido que me pertenece?
3. *Creatividad*. ¿El negocio me permite ser creativo y desarrollar mi estilo y talentos personales?
4. *Expansión*. ¿Mi negocio puede crecer indefinidamente?
5. *Previsibilidad*. ¿Mi ingreso es predecible si hago lo que se espera de mí? Si tengo éxito y sigo expandiéndolo, ¿aumentará mi ingreso con mi éxito y trabajo duro?

¿No es el mercadeo multinivel un esquema piramidal?

A menudo me preguntan si el mercadeo multinivel es un esquema piramidal. Mi respuesta es que las empresas son esquemas piramidales. En las empresas sólo hay una persona en la cima, el presidente por lo general, y todos los demás abajo.

El siguiente es un ejemplo de la típica pirámide corporativa.

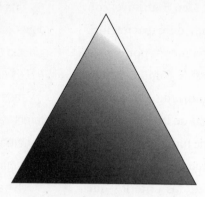

Compárala con el sistema de negocios de una empresa de mercadeo multinivel:

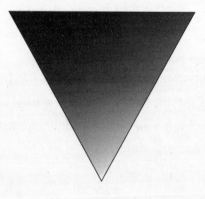

Un negocio de mercadeo multinivel auténtico es lo opuesto a un modelo de negocios tradicional. El negocio de mercadeo multinivel está diseñado para llevarte a la cima, no para mantenerte en el fondo. Un negocio de mercadeo multinivel auténtico no tiene éxito si no lleva a su gente a la cima.

Otros aspectos que deben mencionarse

Aspectos a considerar:

1. *Incremento de los refugios fiscales:* si inicias un negocio de mercadeo multinivel en tu tiempo libre y conservas tu empleo, empezarás a disfrutar de las ventajas fiscales de los ricos. Una persona con un negocio de medio tiempo puede deducir más impuestos que un empleado. Por ejemplo, puedes deducir gastos del auto o gasolina y algunos de alimentos y entretenimiento. Obviamente, necesitas asesorarte con un contador para que conozcas la legislación específica para tu situación, pero el costo del contador es deducible de impuestos. En la mayoría de los casos, los empleados no pueden deducir los honorarios de un contador. En otras palabras, el gobierno ofrece un refugio fiscal si buscas asesoría sobre cómo pagar menos impuestos.

2. *Conoce a personas con intereses similares.* Una ventaja que tuve fue que mis amigos también querían estar en el cuadrante D. Cuando empecé, casi todos mis amigos del cuadrante E pensaron que estaba loco. No entendían por qué no quería un empleo regular o un pago fijo. Un aspecto importante para acceder al cuadrante D es rodearse de personas que pertenezcan a él y que quieran que tú lo hagas también.

3. *Date tiempo.* En cualquiera de los cuadrantes, alcanzar el éxito requiere tiempo.

Así como toma tiempo llegar a la cima de la escala corporativa en el cuadrante E, o convertirse en un médico o abogado exitoso en el A, toma tiempo y dedicación tener éxito en el cuadrante D. A mí me tomó años construir un negocio exitoso del cuadrante D.

Date tiempo. Yo dediqué al menos cinco años a aprender y a convertirme en una persona del cuadrante D.

4. *Las compañías de mercadeo multinivel son pacientes.* Una de las virtudes de los negocios de mercadeo multinivel es que invierten en ti aunque no tengas éxito.

En el mundo corporativo, si no alcanzas el éxito en seis meses o un año, es probable que te despidan. En el mundo del mercadeo multinivel, la mayoría de las compañías trabajarán contigo en tu desarrollo, siempre que estés dispuesto a invertir tu tiempo. Después de todo, quieren que llegues a la cima.

5. *Sistemas de apalancamiento funcionales.* Estos sistemas ya están probados, lo que te permite poner manos a la obra inmediata-

mente en lugar de tratar de construir los sistemas internos de una compañía nueva.

En conclusión

Después de abrir mi mente pude ver algunas de las extraordinarias ventajas que la industria del mercadeo multinivel ofrece a quienes desean más de sus vidas.

En general, cuesta mucho menos empezar en una compañía de mercadeo multinivel que construir un negocio por cuenta propia.

La respuesta de Donald

El mercadeo es una herramienta poderosa, y el mercadeo multinivel puede incrementar ese poder, siempre y cuando estés motivado. Piensa en un producto y elimina todo el trabajo de la agencia publicitaria. Te corresponde a ti hacer el mercadeo y la publicidad.

Es un trabajo difícil pero puedes lograrlo si te apasiona hacerlo por ti mismo y mantener tu impulso y motivación en niveles altos. Requiere espíritu empresarial; es decir, concentración y perseverancia. No recomiendo el mercadeo multinivel a quienes no saben motivarse.

Otro aspecto importante del mercadeo multinivel es que es social por naturaleza, así que si no eres social o extravertido, yo pensaría dos veces antes de intentarlo. La sociabilidad es requisito.

Igual que en la publicidad, no sirve de nada una campaña publicitaria maravillosa si el producto no es igualmente bueno. Piensa también que si decides convertirte en distribuidor, serás legalmente responsable por las quejas que presenten sobre el producto, la com-

> **Comprueba que el producto sea digno de tu energía.**
>
> DONALD J. TRUMP

pañía y las oportunidades. Pero sobre todo, comprueba que el producto sea digno de tu energía y devoción totales; de otro modo será una pérdida de tiempo.

Robert menciona que para el mercadeo multinivel es importante que salgas de tu zona de comodidad, y que debes darte tiempo suficiente. Son aspectos importantes a considerar. También estoy de acuerdo en que las habilidades de liderazgo son fundamentales para el éxito. Es necesario que estés dispuesto a tomar las riendas y a lograr que las cosas se hagan.

Como en cualquier otra actividad, aprende todo lo que puedas sobre lo que harás antes de comenzar. El mercadeo multinivel ha demostrado ser una fuente viable y provechosa de ingresos, y sus desafíos podrían ser perfectos para ti. Hay notables ejemplos de éxito, al cual se ha llegado mediante la dedicación, el entusiasmo y el producto adecuado, combinados con el momento oportuno. Al igual que con otros temas que ya hemos tratado, aquí hay factores tangibles e intangibles, pero el éxito no es un completo misterio, y lo mismo ocurre con el mercadeo multinivel.

Muchos hemos oído sobre los grupos de enfoque, una herramienta de investigación de las agencias publicitarias con la que ponen a prueba nuevos productos. Salen a distintas partes y preguntan a las personas comunes qué les gusta y qué no les gusta sobre un producto nuevo. Conviene pensar en la idea del grupo de enfoque al elegir un producto. Que a ti te guste no significa que gustará a los demás. Resulta importante hallar un común denominador en el interés que despierta el producto.

Mi consejo sobre el mercadeo multinivel es que investigues y después pongas lo mejor de ti en tu producto. Es difícil vencer un entusiasmo auténtico, y las probabilidades estarán de tu parte.

Tu opinión

¿El mercadeo multinivel es para ti?

_____

_____

_____

_____

Capítulo 28

¿POR QUÉ RECOMIENDAN CREAR UN NEGOCIO PROPIO?

La respuesta de Robert

Observa de nuevo el cuadrante del flujo de dinero:

Las mayores diferencias entre los cuadrantes son los valores. Mi padre pobre no tuvo éxito en los cuadrantes A, D e I porque en su instrucción como maestro asimiló los valores del cuadrante E. Carecía de las habilidades y los instintos de supervivencia requeridos para triunfar en la calle. No estaba preparado para los otros tres cuadrantes, y cuando el gobernador lo inhabilitó para trabajar en el gobierno comprendió quién controlaba su vida.

Lo bueno de que mi padre rico hiciera su fortuna en los cuadrantes D e I fue que me guió mental y emocionalmente de los cuadrantes E y A a los D e I, igual que el padre de Donald lo guió a él. Aunque hubo muchos errores en el camino, la sabiduría y la tutoría de mi padre rico me ayudó a superarlos.

Me encanta ser empresario

Aunque al principio la pasé difícil, me encanta ser empresario. Me encanta crear negocios, la creatividad, las personas que conozco, los retos y las recompensas. El precio de la educación y la experiencia fue alto, pero valió la pena.

No regresé a navegar buques petroleros ni a volar aviones porque la emoción de aprender esas profesiones había terminado para mí. Lo más emocionante fue tomar por primera vez el timón de un buque y aterrizar mi primer avión. Una vez que dominé esas actividades, la curva de aprendizaje se volvió más fácil y con el tiempo terminó. Como piloto de aerolínea u oficial de un barco, este día sería muy similar al de mañana.

Me encantan los retos nuevos que enfrento cada día como empresario. Me encanta la emoción del inicio y del desarrollo. Una vez que el negocio está en marcha, disfruto el reto de la expansión y el crecimiento. Cuando el negocio está creciendo, me encanta el reto de integrar miembros nuevos al equipo en favor de la estabilidad y el crecimiento del negocio, lo que lo vuelve predecible y rentable.

Como empresario, cada día es emocionante, nuevo y educativo. Siempre estoy aprendiendo algo nuevo, incluso en los días malos. Donald piensa igual; por eso tiene tantos proyectos de negocio en marcha. Es un verdadero empresario. Para ser un empresario auténtico hay que ser listo y amar el aprendizaje. Si no te gusta aprender, lo más seguro es que tu negocio no crezca, pues tú no estás creciendo. Cuando un negocio está en declive o estancado, a menudo es porque su dueño está en declive o estancado.

Mirar al espejo

Un negocio propio es el mejor espejo donde uno puede verse. Es como el golf: te da retroalimentación inmediata cada vez que golpeas la pelota. Si eres bueno, tu negocio te hará más rico que a Tiger Woods. Como sabes, los empresarios exitosos son los hombres más ricos del planeta. Y si eres malo, no te dejarán inscribirte al country club. Lo sé por experiencia. Hoy día me ofrecen muchas membresías honorarias en country clubes; hace unos años, esos mismos clubes no me hubieran permitido traspasar la puerta.

Recuperar el control

Una de las razones por las que muchos se sienten inseguros es que en la escuela no les enseñaron la importancia del control de sus vidas. Por ejemplo, cuando eres empleado tienes muy poco control sobre cuánto ganas, si te ascienden, si te dan un aumento, cuándo sales de vacaciones e incluso cuándo sales a almorzar.

En 1974, cuando se aprobó ERISA, antecedente de los plantes 401(k), muchos empleados del cuadrante E fueron obligados a convertirse en inversionistas en el cuadrante I. El problema, una vez más, fue la falta de instrucción y experiencia. Debido a que la mayoría de los empleados, incluso los que cuentan con una buena instrucción, tienen

> Una de las razones
> por las que muchos
> se sienten inseguros
> es que en la escuela
> no les enseñaron
> la importancia del
> control de sus vidas.
>
> Robert T. Kiyosaki

muy pocos conocimientos financieros, con frecuencia invierten en activos en papel como ahorros, acciones, fondos de inversión y bonos. El problema es el mismo: como inversionistas, no tienen control sobre esos activos.

Otro aspecto sobre el que los empleados tienen poco control son los impuestos. Las personas de los cuadrantes E y A suelen pagar impuestos mucho más elevados que los profesionistas de los cuadrantes D e I.

La razón, una vez más, es el control. Hacienda y el régimen tributario del país ofrecen más control a quienes están en los cuadrantes D e I porque son personas importantes para el crecimiento y la estabilidad económica de la nación. Las del cuadrante D proveen empleos y las del I proveen capital para negocios, infraestructura, exploración, energía y bienes raíces.

Muchos se sienten inseguros respecto a su futro simplemente porque tienen muy poco control sobre sus empleos, inversiones e impuestos.

Con frecuencia conozco personas de distintas nacionalidades que me dicen que las leyes de su país son distintas. No es lo que yo he visto. Tengo negocios en China, Japón, Corea, Canadá, Australia, Sudamérica, Israel, Medio Oriente y Europa, y he hallado ventajas fiscales similares para los cuadrantes D e I en la mayoría de los países desarrollados o en desarrollo. Hay algunas diferencias, pero la regla de oro que dice: "Quien tiene el oro hace las reglas", predomina en todo el mundo.

Aprender a tomar el control

Actualmente es más sencillo que nunca entrar en los cuadrantes D e I. Tenemos herramientas tecnológicas que facilitan el apalancamiento y la expansión de nuestra base de operaciones en todo el mundo. Por ejemplo, la computadora e internet hacen que ser un empresario nacional o internacional sea más fácil y barato. Por menos de mil dólares puedo comprar una computadora y acceder a los mercados mundiales como dueño de negocios o inversionista. La pregunta es: ¿tienes la educación, experiencia, actitud y valores necesarios para ser un inversionista nacional o internacional?

Cómo adquirir educación y experiencia

Si las escuelas no nos enseñan a ser empresarios o inversionistas, ¿cómo se adquiere la educación y experiencia necesarias para el éxito en los cuadrantes A, D e I?

Mi respuesta y la de Donald son muy similares: asistir a la escuela de negocios o buscar un mentor del que puedas aprender. Como sabes, nosotros tuvimos padres ricos que nos guiaron en nuestro proceso de desarrollo.

En el capítulo anterior, Donald y yo escribimos sobre los beneficios del mercadeo multinivel. En mi opinión, las mayores ventajas de un negocio de mercadeo multinivel son la instrucción y el bajo costo de entrada. Si en verdad te interesa ser empresario, te sugiero buscar una compañía de mercadeo multinivel con un buen programa de entrenamiento, y dedicar al menos cinco años de tu vida a aprender los valores esenciales del cuadrante D.

El poder de las franquicias

Si tienes más dinero y estás listo para establecer un compromiso mayor, considera comprar una franquicia. Si es buena, los dueños dedicarán mucho tiempo y energía a entrenarte para que administres el negocio y los sistemas del negocio.

Todos hemos oído sobre McDonald's. Es uno de los sistemas de franquicias más famosos del mundo. Muchas veces consideré comprar una franquicia de McDonald's, no tanto por el dinero sino por sus programas de entrenamiento. Tal vez hayas oído sobre la Universidad Hamburguesa, su reconocida escuela que prepara a las personas para el mundo real de los negocios. Pero uno de los problemas de las franquicias de McDonald's es el alto costo de entrada, que a menudo rebasa el millón de dólares.

El poder de los mentores

En lo personal, conozco los retos, las frustraciones, las recompensas y el trayecto del lado izquierdo del cuadrante, E y A, al lado derecho, D e I. Por eso, en The Rich Dad Company contamos con programas más avanzados para quienes desean alcanzar el éxito en los cuadrantes D e I. Los programas que ofrecemos son los siguientes:

1. *Rich Dad's Coaching.* Contamos con un equipo de *coaches* entrenados profesionalmente cuyo único objetivo es ayudarte a lograr tus metas financieras o de inversión, a iniciar tu propio negocio o a desarrollar el que tienes. Es un programa personalizado que ha producido resultados fenomenales en la vida de los participantes. Creo que su magia reside en que los objetivos establecidos son tuyos: objetivos que rebasan tu realidad actual, que exigen lo mejor

de ti y que cuando los alcances cambiarán tu vida. Para mayor información sobre este programa visita www.richdadscoaching. com

2. *Rich Dad's Education.* Mientras la mayoría de los asesores financieros recomiendan la diversificación, en Rich Dad recomendamos la concentración. Todos los grandes han sido personas muy concentradas.

En el futuro cercano, Rich Dad's Education ofrecerá cursos y seminarios de nivel universitario para quienes deseen concentrarse en áreas específicas de los negocios o las inversiones. Por ejemplo, un curso que me emociona especialmente es para convertirse en promotor inmobiliario de terrenos vírgenes. O tal vez prefieras convertirte en experto en opciones de compra de acciones o en ejecuciones hipotecarias. Como sabes, hay muchas maneras en que una persona puede enriquecerse, siempre y cuando esté concentrada.

3. *Rich Dad's INSIDERS.* Muchas personas me han pedido que sea su *coach* personal, pero el número de tales solicitudes hace imposible la tarea. Por eso, en vez de ofrecer *coaching* a individuos, The Rich Dad Company ha creado Rich Dad's INSIDERS, un foro electrónico en internet.

Por una pequeña cuota mensual, te mantengo informado de lo que veo y de lo que estoy pensando. También mis asesores personales comparten sus conocimientos sobre los temas en que son expertos. Tenemos especialistas en bienes raíces, derecho, oro, petróleo, banca e incluso salud para un alto desempeño.

Como sabes, el mundo cambia rápidamente. Rich Dad's INSI-DERS es la manera en que estoy en contacto contigo y te mantengo al día de lo que creo importante en este mundo.

En conclusión

En el mundo hay dos clases de personas: las que buscan seguridad y las que buscan libertad. Como ya sabrán, seguridad y libertad son exactamente lo contrario. Por eso los que tienen mayor seguridad tienen menor libertad. Esas personas están en la sección de máxima seguridad de la prisión. Si buscas libertad, puedo decir sin temor a equivocarme que la libertad máxima está en los cuadrantes D e I.

Sharon Lechter y Robert T. Kiyosaki

La respuesta de Donald

No siempre recomiendo a las personas iniciar su propio negocio. Algunas simplemente no son empresarios, y creo que es un mal consejo decir a todos que pueden tener éxito cuando probablemente no sea así. Esto no es muy bien recibido en los grupos que me piden que hable de motivación y éxito, pero debo ser honesto. No quiero dar un mal consejo.

Me di cuenta de esto hace alrededor de un año, en uno de mis discursos, cuando un hombre de sesenta y tantos años me planteó algunas preguntas directas sobre cómo podía convertirse en empresario. Tuve que decirle que no siempre es lo mejor que se puede hacer, pues implica riesgo. La idea de aconsejar a un hombre que podía perder todo en esa etapa de su vida me hizo reflexionar sobre los consejos respecto al éxito a toda prueba que normalmente ofrecía. Cada caso es distinto, y me sentiría personalmente responsable si siguiera mi consejo y fracasara. Tenía la impresión de que él no era un empresario nato, y no sólo porque no era un joven apenas empezando. Soy un cauto optimista, pero la cautela está primero.

He recomendado a las personas iniciar sus negocios cuando la situación lo justifica: cuando he visto su ética laboral, su impulso, sus pasiones y su tenacidad, y sé que tienen lo que se necesita. Algunas personas creen que lo tienen pero no es así. Todas las personas a quienes he aconsejado iniciar su negocio han tenido éxito, pero no lo hago siempre.

Una vez dije a una joven que debería iniciar un negocio y lo hizo... ¡al día siguiente! Kim Mogull es muy exitosa en Nueva York con su compañía de bienes raíces, y aún cuenta la historia de cómo empezó. No pasaron más de 24 horas antes de que pusiera manos a la obra. Otra persona que conocí estaba en el lugar equivocado, Wall Street, y le dije que empezaba a parecer un perdedor porque no era muy bueno ahí y se sentía muy mal. Le pregunté qué le gustaba hacer y su respuesta apuntaba al golf. Tomó algunos años de persuasión, pero finalmente hizo el cambio: ha tenido mucho éxito con su negocio de golf y es muy feliz.

Estos dos ejemplos muestran que 1) debes ser bueno en lo que haces; y, 2) debes tener el valor para dar el salto y hacerlo. Todos tenemos horarios distintos, pero la inclinación debe estar ahí.

Una de las primeras cosas que digo a las personas es que ser empresario no es un trabajo de equipo. Debes estar dispuesto a caminar solo un cierto tiempo y a veces un largo tiempo. Robert no tuvo éxito de la noche a la mañana, pero persistió y aprendió, y mira dónde está ahora. Si tienes determinación, créeme, vale la pena.

El orgullo de la propiedad no necesita explicación. Probablemente empieza con nuestra primera bicicleta. Cuando algo es tuyo, hay un factor de lealtad intrínseco para hacerlo funcionar bien. En mi caso, mi nombre está en muchas cosas y mi responsabilidad es comprobar que el producto representa la más alta calidad posible. Esos son mis estándares, y trabajo y vivo como corresponde. Es una integridad de propósito difícil de igualar a menos que tengas tu propio negocio.

Hay ciertos empleados de los que se dice: "Trabaja como si el negocio fuera suyo". Su determinación es tal que parecieran los dueños. Dicha determinación es un requisito si deseas tu propio negocio, empezando porque no hay límites temporales al tu semana laboral: puede ser 24/7 y, en última instancia, la responsabilidad es tuya.

Me gusta esa responsabilidad porque siento que me da control y, lejos de debilitarme, me da energía. Para algunas personas esta presión en menos que agradable, en cuyo caso los exhorto a que sigan siendo empleados.

Las recompensas de tener tu propio negocio son evidentes, no necesitan explicación. Una vez que lo tienes es difícil dar marcha atrás y trabajar para otra persona. Simplemente no es lo mismo. Ser el capitán de tu propio barco puede ser un incentivo para trabajar más duro. Puedes decir todos los días: "¡Es mi responsabilidad, en este instante, aquí, hoy!" Es una sensación maravillosa.

> "Cosecharás lo que sembraste". Y serás tú quien lo haga, eso es algo agradable en qué pensar.
>
> DONALD J. TRUMP

Tener un negocio propio es como cultivar un árbol: es un organismo vivo que pasa por estaciones, tormentas, hermosos días de verano y tormentas invernales, pero sigue creciendo y es en todos sentidos una expresión de ti mismo. Por eso soy cuidadoso con el control de calidad de lo que hago. Si algo te representa, quieres que sea la mejor representación que pueda encontrarse o lograrse. Entonces puedes incluso exigirte más y, créeme, nunca te aburrirás.

Ésa es otra gran ventaja de un negocio propio. Si estás aburrido no podrás culpar a nadie más que a ti mismo, y esa situación no durará mucho. Algunos empleos son aburridos y no hay mucho que hacer aparte de dejarlos. En tu negocio tu tienes el control, lo que te da más libertad.

La libertad es una palabra interesante porque tiene un precio. La mayoría de los dueños de negocios trabajan más horas que sus empleados, ¡pero nunca he escuchado a un empresario decir que preferiría trabajar para otro! ¡Nunca!

Todos hemos oído la palabra "exprésate", en especial en el campo de las artes, pero también se aplica a los negocios, que yo considero una forma de arte. Entre ellos hay muchas cosas en común: disciplina, técnica, perseverancia, etcétera. Pero es la libertad de expresión lo que hace que ser dueño de un negocio sea tan especial. Si tengo la visión de lo que quiero hacer, me dedico a hacerlo realidad. No tengo que pedir permiso a nadie. Es mi juego, claro, debo obedecer las leyes locales, zonales, etcétera, pero la idea y el poder de realizarlo reside en mí. Es una sensación espléndida.

La inspiración tiene una razón de ser: es un motivador. La frustración se presenta cuando no prestamos atención a la inspiración. Si tienes la inspiración y sabes combinarla con esmero y concentración, te aconsejo que consideres tener un negocio propio. Las recompensas son mayores, y ya lo dice el refrán: "Cosecharás lo que sembraste". Y serás tú quien lo haga, eso es algo agradable en qué pensar.

Tu opinión

¿Quieres tener tu propio negocio?

¿Por qué sí o por qué no?

_____

_____

_____

_____

¿Qué significa para ti "libertad"?

_____

_____

_____

_____

Capítulo 29

LOS LÍDERES SON MAESTROS

La opinión de Robert

Hay muchos retos en el horizonte y no podemos ser seguidores; debemos ser líderes.

Hay muchas personas con la mentalidad de merecimiento: personas que esperan que el gobierno solucione sus problemas. Hemos escrito este libro con la esperanza de que tú te conviertas en líder.

¿Qué significa ser líder? Considera las tres definiciones siguientes:

1. *Los líderes son modelos de conducta.* Cuando estaba en la academia y en el Cuerpo de Marina, buena parte de mi entrenamiento en liderazgo se centró en convertirme en un modelo de conducta, alguien a quien mis tropas vieran con respeto y viviera apegado a estándares más elevados.

   Donald Trump cumple sin dudas esos criterios. Al escribir este libro con él pude conocer a una persona a quien había respetado por años. El simple hecho de estar en su presencia ha sido una lección sobre cómo quiero vivir mi vida: apegada a estándares personales más elevados.

Mi padre pobre me aconsejó vivir gastando lo menos posible; mi padre rico me aconsejó trabajar continuamente para incrementar mis recursos. Estar cerca de Donald me ha inspirado a expandir mis recursos más allá de lo que pensé posible para mí. Es lo que hacen los líderes auténticos: te inspiran a ir más allá de lo que crees posible para ti.

Confío en que este libro te inspire a ir más allá de lo que crees posible para ti, a vivir tu vida apegada a estándares más elevados.

2. *Un líder te inspira a ser más grande que tus dudas y temores.* Mi padre rico decía: "El temor es el gran divisor, la línea que separa a los cobardes de los líderes, a quienes fracasan de quienes tienen éxito".

En mis últimos días de entrenamiento en la base del Cuerpo de Marina en Pendleton, California, justo antes de zarpar a Vietnam, el piloto instructor que me enseñó a disparar armas y cohetes dijo: "Los días de escuela casi han terminado. Pronto estarán en Vietnam. Enfrentarán la tarea más difícil que puede enfrentar un líder: pronto pedirán a sus hombres que den sus vidas para que otros puedan vivir. Mi pregunta para ustedes es: '¿Están dispuestos a hacer lo mismo?'" Luego de dejar que mi copiloto y yo reflexionáramos sobre lo que había dicho, agregó: "Si están dispuestos a dar su vida, encontrarán la vida. Por alguna extraña razón, ustedes recibieron la oportunidad de enfrentar un aspecto de la vida del que la mayoría huye. Entrarán en un reino de vida más allá de la vida y la muerte".

Durante mi año en Vietnam enfrenté varias veces el momento del que hablaba mi instructor: enfrenté uno de mis mayores temores y fui más allá de la vida y la muerte.

Obviamente, los negocios y las inversiones no son asuntos de vida o muerte, pero en ocasiones debes elegir entre la muerte del antiguo tú y el nacimiento de un nuevo tú para ser exitoso. Muchas personas dejan de crecer porque temen morir, porque la vieja identidad se rehúsa a suicidarse, por lo que la vida sigue igual mientras el mundo sigue avanzando.

> Los líderes auténticos nos inspiran a ser más grandes y a hacer lo que nos da miedo hacer.
>
> ROBERT T. KIYOSAKI

Los líderes auténticos nos inspiran a ser más grandes y a hacer lo que nos da miedo hacer.

Al hacer un recuento de mi vida, me doy cuenta de que para que naciera el nuevo yo tuvo que morir el viejo yo:

- Cuando decidí ser *rico* tuvo que morir la persona *pobre* que había en mí.
- Cuando quise ser *empresario* debió morir el *empleado* que había en mí.
- Cuando quise ser una persona *esbelta y saludable* tuvo que morir la persona *gorda y perezosa* que había en mí.

Tengo un amigo que suele decir: "Todos quieren ir al Cielo pero nadie quiere morir". Estar cerca de Donald los últimos dos años me ha inspirado para ir más allá del antiguo yo y buscar una vida que pocas personas llegan a conocer.

3. *Los líderes tienen visión y enseñan a otros a ver.* Una vez leí que Winston Churchill podía ver lo que ocurriría en 200 años. Tam-

bién leí que el doctor Buckminster Fuller veía lo que ocurriría dentro de mil años. Cierto o no, todos conocemos personas que no pueden ver lo que ocurrirá pasado mañana. También sabemos que Donald Trump ve rascacielos altos y resplandecientes donde otros sólo ven edificios deteriorados. Por eso Donald es líder y un hombre muy rico. Puede ver lo que otros no.

Mi padre rico me enseñó a ver lo que los demás no veían. Repitiendo una lección importante de este libro, mi padre rico me enseñó a ver las cuatro clases de ingresos que recibe un inversionista en bienes raíces:

| INGRESO *Flujo positivo de dinero* |
| GASTO *Depreciación* |

| ACTIVOS *Plusvalía* | PASIVOS *Amortización* |

Cuando logré ver estas cuatro clases de ingresos entendí cómo podía convertirme en rico. Al enseñarme a ver lo que otros no veían, mi padre rico me dió visión, la visión de mi futuro.

Si comparas esa visión con la realidad de los inversionistas que invierten para el largo plazo en fondos de inversión, serás capaz de ver un futuro muy distinto. Para repetir otra lección muy importante de este libro:

AL INVERTIR ENTRE LOS 25 Y 65 AÑOS DE EDAD EN FONDOS DE
INVERSIÓN, LOS RENDIMIENTOS DEL INVERSIONISTA SON:

MÁS DE 40 AÑOS

Administradora del fondo		Inversionista	
Rendimientos	80%	20%	
Riesgo	0%	100%	
Capital	0%	100%	

¿Quieres ser un inversionista que entregue ciegamente su dinero a una administradora de fondos de inversión, o quieres ser uno que tome las riendas de su futuro mediante el control de las cuatro clases de ingreso?

Los líderes son maestros

Mi padre rico no me dio dinero; me dio el poder de ver. Eso es la educación financiera: el poder de ver con la mente lo que los ojos no ven.

Como hemos dicho, en el mundo del dinero se escucha a menudo la palabra *transparencia*. Algo transparente permite ver en su interior. Cuando un banco te pide tu estado financiero quiere ver tu interior o el de tu compañía. Tu estado financiero es la boleta de calificaciones de la vida real.

Mi padre rico, un gran líder y maestro, me dio una visión para mi futuro pero dejó en mis manos determinarlo. Es lo que hacen los grandes líderes y maestros: ven y enseñan a otros a ver.

Ha sido un honor para mí trabajar con Donald Trump, un gran líder, hombre de visión y gran maestro, un hombre que enseña a los demás a ver.

—Robert T. Kiyosaki

La opinión de Donald

Robert y yo hemos descrito y analizado algunos de los problemas que enfrentamos como individuos y como país. Ambos creemos nuestro deber buscar las soluciones y ser parte de ellas. Espero que hayamos sido suficientemente claros y puedas ver cómo formar parte de la solución.

Como maestros podemos ofrecerte algunas ideas y directrices pero, en última instancia, tú serás responsable de ti mismo. De hecho, ése es uno de nuestros objetivos.

Siempre he destacado la importancia de la concentración, pues es una de las herramientas más efectivas para solucionar los problemas, así como tomar conciencia de algo es el primer paso para el progreso. ¿Cómo puedes solucionar un problema si ni siquiera lo has identificado? Nos hemos concentrado en los problemas para que veas claramente cuáles podrían ser las soluciones, individual y colectivamente.

Mientras escribíamos este libro leímos algunos titulares que confirman el valor de este trabajo. Hemos visto grandes esfuerzos filantrópicos, a los directivos de Enron en la corte, y la situación de la gasolina y el petróleo en la consabida confusión. Sabemos que la situación no cambiará, así que la solución es que nosotros cambiemos.

Una vez dije: "Sin pasión no tienes energía; sin energía no tienes nada". Lo dije hace mucho tiempo pero sigue siendo cierto, y es un pensamiento que me ha mantenido andando al hacer este libro. No es momento de retirarse de la arena mundial. Lo que necesitamos es más pasión y energía para enfrentar lo que está sucediendo. Un pensamiento de Winston Churchill para reflexionar:

> Sabemos que la situación no cambiará, así que la solución es que nosotros cambiemos.
>
> Donald J. Trump

"Nos ganamos la vida con lo que obtenemos, pero hacemos nuestra vida con lo que damos."

Robert y yo esperamos sinceramente que todos ustedes estén algún día en posición de dar, porque eso significará que se han convertido en parte de la solución y que nuestros esfuerzos han valido la pena.

Mientras tanto, debes saber que tomar conciencia es un gran paso en la dirección correcta; sigue trabajando para perseverar en esa situación. Mantengamos nuestros puntos ciegos al mínimo en lo que respecta a nuestra responsabilidad financiera y a nuestra responsabilidad global.

Sé que Robert seguirá avanzando en su camino de excelencia como un gran maestro, y espero que todos ustedes sigan escuchando lo que tiene que decir. El poder es resultado del conocimiento.

Espero que te hayamos dado el poder para triunfar.

—Donald J. Trump

Robert T. Kiyosaki y Donald J. Trump

Conclusión

AUTOEVALUACIÓN

A lo largo de este libro te hemos pedido que compartas tus pensamientos, experiencias, metas y sueños. La razón se encuentra en el cono del aprendizaje. Como puedes ver, "leer" está en la parte más baja del cono y "vivir la experiencia" está en la más alta. Al participar y reflexionar sobre la manera en que los temas se relacionan con tu vida te mueves en la parte media del cono, cerca de donde dice "participar en una discusión". Esperamos que con estas actividades reconozcas y asimiles oportunidades para el cambio positivo en tu vida.

Cono del aprendizaje		
Después de 2 semanas recordamos...		Clase de participación
90% de lo que decimos y hacemos	Vivir la experiencia	Activa
	Simular la experiencia	
	Hacer una representación	
70% de lo que decimos	Dar una plática	
	Participar en una discusión	
50% de lo que escuchamos y vemos	Ver cómo se realiza la actividad en su entorno real	Pasiva
	Ver una demostración	
	Asistir a una exposición	
	Ver una película	
30% de lo que vemos	Ver imágenes	
20% de lo que escuchamos	Escuchar palabras	
10% de lo que leemos	Leer	

Fuente: Cono del aprendizaje, adaptado de Dale, 1969

Es momento de evaluarte. ¿Dejaste en blanco todos esos espacios? Si es así, ¿qué te dice eso sobre tu nivel de compromiso y concentración?

Revisa tus comentarios. ¿Tienen tono negativo (no podría, no puedo, no sé cómo) o positivo (podría, puedo, haré)? Las respuestas negativas tienden a desanimarte y deprimirte; las positivas a motivarte y darte confianza. Si tus respuestas fueron negativas, ¿tienes más trabajo por delante? Si fueron positivas, ¿estás listo para cambiar tu vida?

¿Cuánto tiempo y dinero dedicas actualmente a las inversiones? ¿Te has comprometido a dedicarles más tiempo y dinero? Si no, es posible que no veas mejorías. Si ya lo hiciste, invierte tu tiempo y dinero de manera inteligente en el área que te interesa.

¿Has seleccionado un área donde concentrarte, como bienes raíces, mercadeo multinivel, opciones de compra de acciones o tu propio negocio? Si no, ¿tienes otro plan financiero para ti? No importa en qué decidas concentrarte; sigue instruyéndote y comprométete a triunfar.

¿Estás en un entorno que te apoya y con personas que te impulsarán al éxito? ¿O estás en un entorno y con personas que no te dejarán moverte? ¿Necesitas hacer cambios en tu entorno? Hazlo entonces.

Sólo tú puedes responder estas preguntas. Sólo tú puedes cambiar tu vida.

Pensamientos ➤ Acciones ➤ Resultados

Queremos que seas rico

Donald J. Trump y Robert T. Kiyosaki

AGRADECIMIENTOS

De Donald J. Trump

Trabajar con Robert Kiyosaki y el equipo de Rich Dad ha sido una experiencia placentera y maravillosa. Sharon Lechter, socia y coautora de Robert, ha sido muy atenta y una colaboradora extraordinaria, y le agradezco haber entrelazado las similitudes y diferencias entre Robert y yo. Una tarea difícil y bien realizada. Mona Gambetta ha hecho un gran trabajo al coordinar el lanzamiento del libro. Robert, gracias por una experiencia maravillosa, eres una persona única y un maestro de enorme talento.

Quiero agradecer a mi coautora, Meredith McIver, por su consideración y buen humor; con una agenda como la mía, los necesita. Rhona Graff siempre está presta a ayudarnos y quiero que sepa que la apreciamos mucho.

A Michelle Lokey, gracias por tu diligente trabajo en este proyecto desde el principio, y a Allen Weisselberg, gracias por tus comentarios y ayuda con el impacto educativo de este esfuerzo. Muchos no saben que al inicio de tu carrera, antes de convertirte en director de finanzas de la Organización Trump, fuiste maestro de bachillerato. Ahora lo sabrán. A Keith Schiller, todos apreciamos tu atención y consideración. Kacey Kennedy, gracias por tu ayuda en la coordinación de las fotografías.

A William McGorry y Cevin Bryerman de *Publisher's Weekly*, y a todo su equipo, gracias por su entusiasmo y apoyo desde el inicio de mi colaboración con Robert. Son fantásticos.

Y a mis lectores, ha sido maravilloso pasar este tiempo con ustedes. Sigan aprendiendo, avanzando, y pensando en grande.

De Robert T. Kiyosaki

Ha sido un honor y un sueño hecho realidad trabajar con Donald Trump y su equipo. Es un auténtico icono de nuestra época. Al tiempo exige excelencia en todo lo que hace, su amabilidad y respeto por quienes trabajan para él son insuperables. He aprendido mucho de él y he expandido mi concepción de lo posible. Su equipo es un reflejo suyo en actitudes dinámicas y gran apoyo.

Conocer a Meredith McIver y trabajar con ella ha sido un verdadero placer. Su elegancia clásica sólo puede equipararse a su talento y creatividad. Michelle Lokey ha mostrado un gran apoyo a favor de este esfuerzo conjunto al trabajar con Michael Lechter de abogado a abogado. Mujeres poderosas por derecho propio, agradezco a Meredith y a Michell por involucrarse de manera personal en este proyecto.

También quiero agradecer a Keith Schiller y a Rhona Graff por su entusiasmo y amabilidad durante este año. Ha sido un placer conocer a Allen Weisselberg, director de finanzas de la Organización Trump, y aprender de su pasión por la educación financiera de los jóvenes.

Un agradecimiento especial a mi socia y coautora Sharon Lechter, por moldear nuevamente mis palabras y crear un texto legible. Su talento para combinar el estilo de Donald y el mío hacen de éste un libro único por su perfil e impacto. Su conocimiento editorial es increíble y su visión para el proyecto nos ha ayudado a abrir una nueva senda en el mundo editorial.

Mona Gambetta ha sido de gran ayuda en la producción y promoción del libro. Su entusiasmo sólo es superado por su inquebrantable compromiso con la excelencia. También están quienes dan vida a todo: Melanie Wilke y Kevin Stock crearon una realidad gráfica que superó cuanto habíamos imaginado.

Quiero agradecer también al equipo de *Publisher's Weekly* por su orientación, vasto conocimiento, experiencia y lo más importante de todo: su entusiasmo; en especial a William McGorry, Cevin Bryerman, Hannah Volkman y Rachel Deahl. Un agradecimiento personal a ti, Cevin, por tu guía en el desarrollo de este proyecto.

Y sobre todo, un agradecimiento a ti por tu interés en tu instrucción financiera y por leer este libro.

Sobre los autores

Donald J. Trump
Presidente y director de la Organización Trump

Donald J. Trump es la encarnación misma de la historia de éxito estadounidense. Continuamente establece estándares de excelencia en su campo de acción, sean bienes raíces, deportes o entretenimiento. Es egresado de la Escuela de Finanzas Wharton y comenzó su carrera en los negocios en una oficina que compartía con su padre.

En Nueva York, la firma de Trump se relaciona con las direcciones más prestigiosas de la ciudad, como el mundialmente conocido rascacielos de la Quinta Avenida, la Torre Trump, el Hotel y Torre Internacional Trump —elegido como el mejor hotel de Estados Unidos por la revista Condé Nast Traveler—, la Trump World Tower en la Plaza de las Naciones Unidas, 40 Wall Street y Trump Park Avenue. Tiene también proyectos de desarrollo inmobiliario en Chicago, Las Vegas, Miami, Atlantic City, Los Ángeles y Palm Beach. Las propiedades del señor Trump incluyen cuatro campos de golf premiados —en Nueva York, Nueva Jersey, Florida y California—, así como el histórico club Mar-a-Lago en Palm Beach, Florida. En 2005 se anunció su primer proyecto en Dubai, que recibirá el nombre de The Palm Trump International Hotel&Tower.

El señor Trump y la cadena de televisión NBC comparten la propiedad y los derechos de transmisión de los tres concursos de belleza más importantes del mundo: Miss Universo, Miss Estados Unidos y Miss Estados Unidos Adolescente. Donald J. Trump es estrella y coproductor de la serie de televisión *El aprendiz,* que ha acaparado la atención del país y del mundo entero. En el verano de 2004 inició su programa de radio en Clear Channel, que rompió todos los récords de retransmisión.

El señor Trump es autor de siete libros, todos los cuales se han convertido en *best sellers.* En 2004 se publicó la primera edición de *Trump World Magazine,* y en 2005 inició Trump University Online. El programa de licencias del señor Trump incluye actualmente trajes para caballero, camisas, corbatas, gemelos, relojes, anteojos y perfume. En enero de 2006 hizo su debut GoTrump.com, agencia de viajes en internet.

Robert T. Kiyosaki

Robert Kiyosaki, autor de *Padre rico, padre pobre* —número uno por dos años consecutivos en la lista de libros sobre finanzas de *USA Today,* y éxito clamoroso en todo el mundo— es un inversionista, empresario y educador cuyas ideas sobre el dinero y las inversiones desafían las nociones convencionales. Prácticamente solo, ha desafiado y cambiado la manera en que decenas de millones de personas de todo el mundo piensan acerca del dinero.

Al expresar su punto de vista sobre por qué el "viejo" consejo —obtener un empleo, ahorrar, cancelar deudas, invertir para el largo plazo y diversificar— es "malo" (obsoleto y erróneo), Robert se ha ganado la reputación de ser una persona franca, irreverente y valerosa.

Padre rico, padre pobre es el libro que más tiempo ha durado en las listas de las publicaciones que informan a *Publisher's Weekly: The New York Times, Business Week, The Wall Street Journal* y *USA Today*, y ha mantenido un lugar privilegiado en la famosa lista del *New York Times* por más de cinco años.

Traducido a 46 idiomas y disponible en 97 países, la serie Rich Dad ha vendido más de 26 millones de ejemplares en todo el mundo y ha dominado las listas de *best sellers* en Asia, Australia, Sudamérica, México y Europa. En 2005, Robert entró al salón de la fama de Amazon.com como uno de los 25 autores más vendidos. La serie Rich Dad cuenta actualmente con trece títulos.

Robert escribe una columna quincenal, "Why the Rich Are Getting Richer", para *Yahoo! Finance,* y una mensual titulada "Rich Returns" para la revista *Entrepreneur.*

Antes de escribir *Padre rico, padre pobre,* Robert creó el juego de mesa educativo *CASHFLOW 101,* que enseña las estrategias financieras y de inversión que su padre rico le enseñó durante años. Esas estrategias permitieron a Robert jubilarse a los 47 años de edad.

Actualmente hay más de 1600 clubes de CASHFLOW —grupos de juego independientes de The Rich Dad Company— en varias ciudades del mundo.

Robert Kiyosaki nació y creció en Hawai y es un japonés-estadounidense de cuarta generación. Luego de graduarse en la universidad, en Nueva York, Robert se unió al Cuerpo de Marina y sirvió en Vietnam como oficial y piloto de helicóptero de combate. Después de la guerra, trabajó como vendedor en Xerox Corporation y en 1977 inició una compañía que puso en el mercado las primeras carteras de nylon y velcro para surfistas.

En 1985 fundó una compañía educativa internacional que enseñaba negocios e inversión a decenas de miles de alumnos en todo el mundo. En 1994, Robert vendió este negocio y, gracias a sus inversiones, pudo jubilarse a los 47 años de edad. Durante este breve retiro escribió *Padre rico, padre pobre*. Según sus palabras: "En la escuela aprendemos a trabajar duro por el dinero. Yo escribo libros y diseño productos que enseñan a las personas a lograr que el dinero trabaje duro para ellas".

TRAS BAMBALINAS

Donald, Sharon, Kim y Robert

Sharon, Mona y Kim

Robert, Meredith y Sharon

Justin Abernathy, Kelly Ritchie, Donald Trump, Sharon Lechter, Richard Taylor, Kim Kiyosaki, Robert Kiyosaki y Jason Abernathy

Allen Weisselberg y Michelle Lokey

Rhona Graff

Kacey Kennedy y Keith Schiller

Sharon y Meredith

Kevin Stock y Mona Gambetta

Shannon Crist, Kevin Stock, Mona Gambetta,
Sharon Lechter y Meredith McIver

Queremos que seas rico se terminó de imprimir en marzo de
2007, en Orsa y Asociados, S. A. de C. V., Chopo, núm. 594A,
Col. Arenal, C.P. 02980, México, D. F.